本书获得浙江省社科联出版基金和浙江大学"侨福基金"资助

国家社科基金课题（10BGL047) 部分成果

当代浙江学术文库

DANGDAI ZHEJIANG XUESHU WENKU

刘慧梅 著

CHENGSHIHUA
YU YUNDONG XIUXIAN

城市化
与运动休闲

ZHEJIANG UNIVERSITY PRESS
浙江大学出版社

─→目　录

第一章 绪 论

第一节 研究问题的缘起

一、研究问题的察觉

笔者作为一位出生在小镇,但在城市接受高等教育与工作的研究人员,选择"城市化与运动休闲"这一课题,既有社会大背景也有个人亲身经历的原因。当这两者相互交织在一起时,选择这个课题似乎成为必然。

首先,对休闲研究的关注。最初对这一新领域的关注完全是由于身边的点滴小事。记得在 2001 年,笔者突然发现与生活在同一座城市的朋友几乎一年没有见面了,只能靠平时的电话联络,只有过春节的时候才能聚一聚。周围的很多朋友也忙得无法好好陪伴家人。这种生活节奏的加快和工作时间的增加引起了笔者的思考:"我们社会进步的最终目的是什么?""难道再过几十年后,我们进入一个物质生活极度丰裕却忙忙碌碌,以致没有时间陪伴家人和朋友的时代?"不,那样真将会是一个德格尔所说的"人类异化"的社会,我们绝不能进入那样的社会。由此,尽管知悉个人力量渺小,但笔者仍然决定为此做些什么:了解休闲、关注休闲,倡导休闲与工作的平衡便是笔者对这种社会现象的回应。2006 年杭州世界休闲博览会组委会给笔者提供了一个更多关注休闲的平台。

其次,城市化的影响如影随形。从在一座小镇出生,到进入城市学习、生活和工作,笔者的人生轨迹几乎就是随着城市化的进程而展开,即使在同一座城市也搬过好几次家。在此过程中,笔者发现城市不断向郊区扩展延伸,就连工作的地点也由市中心转移到原来的郊区——现在的新校区和新的城西中心。

在生活的每一天笔者都能感受到城市化的发展,城市化早已渗透到我们生活的方方面面。

第三,城市化对休闲的影响。当休闲与城市化同时成为笔者关注的焦点时,笔者开始思索:"城市化对休闲有什么影响?当城市化不断发展的时候,城市居民的休闲生活有怎样的变化?那些从农村来到城市的人,他们的休闲生活又有什么变化?尤其是当城市急剧发展,科技高度发达,人们从事的体力活动日益减少时,城市化对人们运动休闲的参与有何影响呢?"

二、研究问题的提出

城市化是现代化的重要特征和标志之一,是社会发展的必然。城市化的过程就像一枚硬币的两面。一方面,城市化给人们带来了巨大益处。人们的生活更加便利、资源更加集中、经济更加发达,人们拥有更多的文化、娱乐、体育、教育设施和机会。城市是文明的象征,古往今来,文明都是城市化的。"城市"(city)与"文明"(civilisation)一样古老,或者更确切地讲,是"文明"与"城市"一样古老,两个词有共同的起源——拉丁语"civis"(市民)。① 另一方面,城市化也带来一系列严重问题:环境污染严重、交通拥堵、生活忙碌、压力巨大、人际关系淡漠、归属感缺乏、犯罪率提升,各种风险增加等"城市病"或者城市功能失调症层出不穷。在此背景下,城市化对休闲有何影响呢?对运动休闲有何影响呢?人们从事的运动休闲是增加了,还是减少了呢?

带着这些问题,笔者查阅了大量文献。但是文献无法提供确切的答案,因为这些文献提供了相互矛盾的信息:一方面,城市化给运动休闲的参与提供了更好的设施和场所,人们拥有了更多的休闲和锻炼机会;另一方面,随着城市化的发展,人们越来越忙碌,虽说闲暇的时间似乎比以前更多了,然而人们总是抱怨太忙,没有时间参加运动休闲活动。一方面,环境的恶化,工作、生活的压力把现代人压迫得透不过气来,人们似乎要通过参与运动这样的休闲形式来抵抗环境带来的影响,缓解压力;另一方面,环境的污染、交通的拥挤似乎又限制人们去参加这些活动。总之,城市化既带来了参与运动休闲的推力或者促进因素(facilitators),同时也加剧了参加运动休闲的制约因素(constraints)。那么,这些因素的作用是相互抵消了,从而没有给运动休闲的参与带来显著影响呢,还是其中一种力量会占上风,导致运动休闲参与的变化——增加或者减少呢?

---

① 维克多·马莱."跛脚"的亚洲城市化,http://www.ftchinese.com/story/001006262? full=y,2007-9-20.

同样,城市居民的休闲实践也给笔者提供了两幅截然相反的景象。一幅景象是由于城市化的发展,居民的休闲活动受到影响,减少了对运动休闲的参与。比如,《钱江晚报》上有篇题为"不舍柳莺情"①的报道就讲述了居住在西湖柳浪闻莺旁边的柳莺剑队在经过西湖整体规划建设后,不得不搬到远离市中心的小区,使坚持了 10 多年的剑队难以每天聚在一起练剑。另一篇报道,则描述了"老孙的'城里人'生活"②。来自城市郊区的老孙,也因为城市化的发展(比如,家里的房子还能出租),生活条件得到很大改善,也像城里人一样喜欢上了爬山这项运动休闲活动。

因此,前人的研究成果与市民的休闲实践活动都提供了两幅截然相反的画面。这种局面激发笔者为此进行更深入的观察与思考。笔者曾连续三年关注在杭州举行的"社区奥运会",正如《钱江晚报》对笔者的报道——"'社区奥运会'引出刘博士新课题"③中介绍的那样,对于社区体育的关注使笔者更坚定了深入研究城市化对运动休闲参与影响的决心。所以,本课题的核心研究问题就是探索城市化与运动休闲参与之间的关系。

第二节　国内外相关研究进展

一、国外相关研究进展

运动休闲参与问题一直是西方国家尤其是北美的研究热点,主要原因是北美居高不下的肥胖率以及相伴而来的各种疾病,这些与缺乏运动有关的症状和疾病导致西方发达国家医疗费用急剧上涨。因此,政府部门愿意提供大量研究经费,支持对如何促进人们参与运动休闲进行研究。但是,因为西方城市化已经高度发达,所以目前西方对城市化与运动休闲参与关系的研究数量则相对有限,这些为数不多的研究得出了三种不同的结论。第一种结论认为农村地区居

---

① 徐小翔,杨静. 不舍柳莺情, http://qjwb. zjol. com. cn/html/2006-09/27/content_1223103. htm,2007-10-20.

② 吴名标. 老孙的"城里人"生活, http://qjwb. zjol. com. cn/html/2006-09/06/content_1200500. htm,2007-10-20.

③ 钱江晚报."社区奥运会"引出刘博士新课题. http://qjwb. zjol. com. cn/html/2008-03/19/content_2108712. htm,2007-10-20.

民参与的运动休闲活动比城市居民多（比如，Bertrais et al.，2004；Brown，Young ＆ Byles，1999；Ojiambo et al.，2012）。英格兰健康调查（Prior，1999）显示，生活在城市化地区的女性（比如，伦敦内城、矿区、工业区或市区）比那些城市化低水平地区女性参加的运动休闲活动少，更不活跃。法国的 Bertrais（2004）等人从 1994 年开始对 12735 名法国居民进行长达八年的纵向研究。他们根据 1998 年的数据，对年龄在 45－68 岁的 7404 名居民的运动休闲参与是否达到建议标准进行了分析。结果显示，那些 60 岁以上、受过更高教育的城市居民和农村居民更可能达到建议的锻炼标准。加拿大魁北克心脏健康示范项目（Potvin，Gauvin ＆ Nguyen，1997）的调查结果也显示，农村地区居民比郊区和市区居民参加的体育活动更多。

澳大利亚的 Baumen 等人（1999）利用邮政编码来判定沿海地区和内陆城市居民，调查结果发现沿海居民比内陆城市居民参加的体育活动多 27%。Baumen 等人推测，沿海地区的环境属性，如邻近的休闲空间和有吸引力的、免费的设施，可能会对运动休闲的参与产生积极的影响。他们认为这种有利于获得户外游乐设施的物理环境，可以解释为什么研究中农村妇女能参加更多的运动休闲活动。澳大利亚的另一个研究（Brown et al.，1999）对超过 14000 名 45－50 岁澳大利亚妇女进行了一项纵向研究，其目的是持续 20 年跟踪澳大利亚妇女的健康，并了解影响妇女健康的生活方式和保健因素。Brown 等人通过研究分析比较了生活在城市地区（省会城市和其他大城市）、大农村中心、小农村中心，以及其他农村地区和边远地区（远程中心和其他偏远地区）的女性。数据显示，农村和偏远地区的女性比城市女性参加更多的运动休闲活动。

第二种研究结论认为城市居民比农村居民参与的运动休闲多。最近美国的研究（Parks，Housemann ＆ Brownson，2003；Reis et al.，2004）表明，农村成年人比城市成年人更不太可能拥有建议的体育运动量。另一项研究（Brownson et al.，2000）表明，运动休闲参与和城市化程度呈正相关。这一研究与其他美国研究（Centers for Disease Control and Prevention，1998；Trost et al.，2002）的结果一致。Parks 等人研究了经济水平和城乡地理因素对人们参加运动休闲的影响。根据 1999—2000 年采集的横断面数据，笔者对 1818 名美国成人的锻炼情况进行了分析，结果发现经济水平和城乡地理因素都是影响人们参与运动休闲的重要因素，经济收入低，位于农村的居民参加的运动休闲少，相反，经济收入高，位于市郊的居民参加的运动休闲多。Reis 等人（2004）考察了美国各州运动休闲参与和城市化程度的关系。他们采用 2011 年成人危险行为因子监测系统（Behavioral Risk Factor Surveillance System，简称 BRFSS）的数据，把 137359

名成人的运动休闲参与分成达到建议的锻炼标准、尚未达到标准和不活跃三类，同时，按照美国农业部的城乡分类标准，把调查对象所在地区分成特大城市、大城市、小城市和农村。研究结果发现，大城市居民达到建议锻炼标准的比例最高（49.0%），农村地区达到锻炼标准的比例只有 24.1%。

　　另一项来自欧洲的研究（Van Tuyckom，2011）与上面美国的研究结果一致，认为城市化更高国家居民的运动休闲参与率更高。在该项研究中，Van Tuyckcom 对欧盟 27 个国家的数据进行了分析，结果显示运动休闲参与率除了与经济水平、食品和政策呈正相关，也与城市化水平呈正相关。笔者认为这个结果与加拿大、美国和德国的数据结果是一致的，说明缺乏基础设施是影响运动休闲参与的一个重要因素。与体育健身设施（比如体育馆、户外运动场地、室内游泳池、健身中心等）的距离和可通达性，以及其他城市设计标识（比如交通、照明和人行道的维护等）都会影响人们的运动休闲参与。

　　第三种研究结果发现城乡居民的运动休闲没有显著差别，城市化对运动休闲参与没有影响。Duncan 等人（2009）对澳大利亚的地理位置与运动休闲参与进行了考察。他们根据澳大利亚"区域、偏远和大都市地区"（the Regional, Remote and Metropolitan Areas，简称 RRMA）的分类和邮政编码把受访对象首先分成七类：省会城市、其他非省会的大都市中心（人口超过 100000）、大农村中心（人口为 25000~99999）、小农村中心（人口 10000~24999）、其他农村中心（人口少于 10000）、偏远中心（人口超过 5000）和其他偏远地区（人口少于 5000）。然后进一步把省会城市和非省会大都市中心划为都市地区，其他 5 类划为非都市地区。结果发现都市地区与非都市地区居民的运动休闲参与没有显著差别。

二、国内相关研究进展

　　随着我国城市化进程的加快，国内学者也已开始关注城市化与运动（体育）休闲参与的关系。如丁峰（2002）探究了我国经济体制转型对城市社会体育的影响，指出了当今市场经济体制下城市社会体育由"单位体育"向"社区体育"转变的必然趋势，并对此作出了一些相关剖析；常乃军（2003）指出体育"将在城市化的进程中承担和展示对社会成员新的生存理念形成的教育和培养作用"；张燕中与王静（2003）指出随着城市的发展，城市家庭的体育消费需求也随之逐渐变化；张磊等（2003）则认为可以"发展休闲产业，带动中国城市化进程"；郑笑容（2004）指出了随着城市化的快速发展，人们的休闲时间增加，对社区体育的需求也相应增加，而社会体育在未来的发展应该以社会化、产业化为主。孙岳和马廉祯(2006)对城市化与社会体育的相互关系进行了综述,认为"从总体来看,国内学者从宏观探讨城市化和社会体育发展问题的论著可以说是凤毛麟角,学术含量也有待提高。而对于二者宏观关系的探讨,目前国内暂时无相关专著问世"。该时间段的研究从宏观视角进行探讨的比较多,但是比较粗线条,缺乏理论深度,也缺乏严密论证。

最近几年,国内对城市化与运动休闲参与关系研究趋于深化,尤其在研究方法方面。陈传锋和杨晶晶(2007)在浙江省的宁波、金华、湖州和富阳等地选取了自愿参加调查的 170 名村转居新居民,并调查了 127 名市民作为比较对象。他们对村转居社区居民目前的休闲方式与村转居之前进行了比较,同时还与城镇居民进行了对比,结果发现村转居新居民"自愿参加社区体育健身活动","户外散步、跑步"和以"户外打球"为休闲活动的比率与征地前具有显著差异,即参与比例均比征地前高。但是,又比城镇居民的参与比例低。随后,孙芳萍和陈传锋(2008)对宁波被征地新居民市民化过程中的休闲融合进行研究,通过对一个被征地新居民集中安置社区随机访谈(N=120),发现被征地新居民的休闲活动包括四种类型:消遣娱乐型,学习型,健身型和闲待型。其中健身型主要以锻炼身体为主,该群体主要是老年人,如跳秧歌舞、健身操、打腰鼓、太极、扇子舞、散步、利用健身设施进行健身活动。他们发现,被征地居民的休闲已经体现市民化的特征,人们乐于参加有组织的群体性活动,比如根据他们的观察,下午 1:30 左右,在社区活动中心广场上,30 多个 50 岁左右的妇女在练健身操。早上 6 点 45 分左右,20 多个老年人聚在一起练太极,年龄在 50 到 70 岁左右。这两个实证研究表明农转非居民比农转非之前参加了更多的休闲活动和运动休闲,进而说明了城市化对居民运动休闲参与有促进作用。

但是另一项研究(梁晨,2012)对以户籍(农村户口还是城市户口)来反映城市化对运动休闲参与作用的研究有不同的结果。梁晨使用中国人民大学中国综合社会调查 CGSS 2003 年城市问卷得出的调查数据(N=5894)显示,其中,个人户口的农转非过程(即通过升学、参军、招工、转干、征地、家属随迁、城市扩建/移民、插队/下放/支边/平反返城、工作调配/民转公/组织安排、购房/建房带户口、单位转制/企业迁移、投靠亲戚、购买等方式由农村户口变为城市户口)可以看成市民化过程中的制度因素转变,即农民的市民身份获得;消费方式、闲暇方式等可以看成市民化过程中的社会文化因素。其研究假设制度因素的改变并不能完全带来社会文化因素的改变,即有过户口农转非经历的人在消费方式、闲暇时间使用方式等方面并未完成全面的城市化,即与城市居民的观念存在差异。同时,年龄、性别、受教育程度、政治面貌、个人收入等个人因素和所在地区也作为控制变量在其中起到一定的作用。文中的闲暇方式包括"在休息时间,我总是要听些音乐,或欣赏一些艺术作品"和"我经常去专门的体育场馆或健身房锻炼身体"两个题项。

梁晨讨论的城市化包括两个指标,一是以户籍来分,把研究对象分为有过农转非经历的人、农村户籍人口和城市户籍居民三类,这一分类与陈传峰等人的研究相同。另一个指标是按所居住地分为直辖市/省会城市、地级市、县城和城镇四个不同城市化水平。回归分析结果显示如果没有其他变量,有农转非经历的人与农村户籍人口和城市居民在闲暇方式方面存在显著差异,加入所在地后,不仅不同户籍人口之间的闲暇模式方面存在差异,居住地在地级市、县和镇的人群与居住在直辖市和省会城市的人群的闲暇模式也存在显著差异。但是在控制了年龄、性别、受教育程度、政治面貌四个变量之后,有过农转非经历的人与农业户籍和城市户籍人口在闲暇方式方面的差异就变得不显著了,但不同居住地之间的差异依然显著。进一步控制个人特征、经济地位和社会地位三个变量之后,直辖市/省会城市和地级市之间的差异消失,而县城和镇的人群与前两者之间依然存在差异,这表明城乡之间(县和镇与大城市相比可以看作"乡")的差异是确实存在的,但这种差异并没有以户籍为表现形式,而是以居住地的形式表现出来的。梁晨认为居住地依然可以看作这几类人个人经济地位和社会地位的体现,而经济地位和社会地位才是闲暇方式影响因素。但是研究也有不足之处,即受数据所限,未能区分不同时期的农转非居民。在中国社会所经历过的转型中,不同时期的农转非过程意味着需要完全不同的制度资源、经济资源等,也意味着被转变的群体特征的不同。

以上最新研究在研究方法上采用了访谈和定量分析法,研究结果显示以户籍为指标的城市化对运动休闲参与有影响,但是加入年龄、性别、教育程度等社会人口因素后,这种影响就不显著。但是以居住地为指标的城市化对运动休闲参与的影响仍然显著。

我们对 CNKI 中国知网等文献数据库进行检索,查找到近十年来发表的40 多篇相关论文。通过分析,我们发现我国城市化与运动休闲研究存在以下缺憾:

(1)多数著述仅仅停留在城市化对社会体育、社会体育(包括休闲体育)对城市化的功能和作用等问题进行经验探讨的层面。

(2)尽管少量研究成果涉及城市化和休闲活动参与关系的实证研究,但尚未有研究采用运动休闲参与理论和休闲理论,对城市化与运动休闲参与关系进行深层次的实证分析。

（3）缺乏采用运动休闲参与理论和休闲理论对运动休闲参与的个体因素和环境因素进行深层次探讨，也缺乏城市化对运动休闲参与的个体因素和环境因素影响的分析。

（4）缺少借鉴西方已有研究成果，比如对城市化、运动休闲、运动休闲的个体因素（动机与制约）和环境因素（物理环境和社会环境）的测量，并把西方相关成果本土化的研究。

第三节　研究思路与创新之处

一、核心概念的界定

城市化的定义因不同学科不同领域而异，人口学意义上的城市化是指农村人口逐渐转变为城市人口，即人口由农村向城市集中的过程。地理学意义上的城市化是指农村地域向城市地域的变化，即地域中城市属性逐渐扩大的过程。经济学意义上的城市化强调农村经济向城市经济转化的过程和结果，或者说第一产业不断下降、第三产业不断上升的过程。人是社会活动的主体，也是城市的主体，没有非农业人口在城市的集聚和增长这个基础，就根本谈不上农村地域向城市地域的变化，也谈不上农村经济向城市经济转化，更谈不上农村生活方式向城市生活方式的转化。正因为有着人的存在，城市才显得有意义。因此，城市化的本质定义就是"农村人口不断转化为城市人口的过程"。

运动休闲是大众休闲时代体育运动与休闲活动日益融合的结果。本书运动休闲的定义为：人们在自由时间里以身体运动为主要形式的休闲活动。近年来，学术界讨论"休闲体育"比较多，根据CNKI最新检索，以"休闲体育"为文章名称的论文已经达到1832篇，而以"运动休闲"为文章名称的论文只有220篇。那么本书为何使用后者而未使用前者呢？主要原因有两个，一是笔者认为这两个概念本质不同但外延相同。对于两者的关系，学界有不同观点。有的认为，运动休闲是休闲体育的下位概念（栗燕梅，2008）。还有的认为两者既有区别又有联系，休闲体育本质属性属于体育领域的范畴，运动休闲本质属性属于休闲领域的范畴（段全伟、付志明，2012:205）。笔者认为它们之间是本质不同但外延相同的两个概念。休闲体育的重点是"体育"，休闲体育是相对于大众体育、学校体育、竞技体育这样的分类而言，其本质仍然是"体育"。而运动休闲的本质是"休闲"，其对应的概念是静态的休闲活动，休闲活动分为静态和动态，而动态的休闲活动就是运动休闲,因此它们本质不同。外延是指"字词在世界所代表的事物"(林正弘,1985:14)。仔细分析这两个概念,我们可以得出结论,它们的外延是一致的。二是"休闲体育"概念主要用于学术,而"运动休闲"则既可用于学术,也常用于日常生活(具体将在本书第三章论证)。基于这两个原因,为了更好地关注和普及运动休闲,本书采用"运动休闲"。本研究的问卷调查测量了运动休闲参与的种类、频率、持续时间和满意度,但在数据分析部分主要采用频率和持续时间的乘积作为运动休闲参与的指标。

根据社会生态理论(Socioecological Model, Giles-Corti et al.,2002; Sallis,2002,2006;Stokols,1996),运动休闲的参与同时受到个体因素与环境因素的影响。本研究讨论的运动休闲参与者个体因素指动机和制约两个变量。动机是引起个体活动,维持并促使活动朝向某一目标进行的内部动力(Petri,1981)。制约是"研究人员认为或者个体感知到(或体验到)的限制个体休闲偏好形成和(或)制约个体参与休闲和从休闲中获得快乐的因素"(Jackson,2000:62)。动机和制约是影响个体参与运动休闲的两个重要变量。

环境因素包括物理环境和社会环境。物理环境又包括自然环境和人工环境。本研究的物理环境尤其指与运动休闲参与有关的各种有形环境。社会环境是指人在社会中的地位、家庭影响与教育、人际关系及群体影响、政策制度与舆论影响等(岂俊荣,1994)。本研究进一步把社会环境分为社会支持和社会融合两个维度。

二、理论依据与概念框架

本课题的总体理论依据是社会生态理论。该理论的核心是运动休闲的参与行为受到参与者个体因素和环境因素的共同作用。个体因素方面本研究考察运动休闲参与者的动机和制约两个变量,具体将讨论这两个因素对运动休闲参与的影响,以及这两个变量是否受到城市化影响,而且还将分析城市化和动机及制约因素共同作用对运动休闲参与的影响。动机变量的理论依据是动机理论(Frederick & Ryan, 1993; Ryan et al.,1997),制约变量的理论依据是休闲制约理论(Leisure Constraints Theory, Crawford & Godbey, 1987; Crawford, Jackson & Godbey, 1991; Godbey, Crawford & Shen, 2010)。环境因素则考察城市居民参与运动休闲的物理环境与社会环境两个变量,具体将讨论两个变量对运动休闲参与的影响,这两个变量是否受到城市化影响,以及城市化、物理环境和社会环境的共同作用对运动休闲参与的影响。物理环境部分(Booth et al.,2000; Giles-Corti & Donovan,2002; Hovell et al.,1989;

Sallis，1989；熊茂湘，2003 等)将重点讨论各种人工环境(built environment)对运动休闲参与的影响,比如健身场所、设施、公园、开放空间(open space)、绿地空间(green space)、场所设施的通达性和美感度,等等。社会环境部分将重点讨论社会支持和社会融合对运动休闲的影响(呂俊荣,1994；Caplan,1974；Durkheim,1897；House，1981)。其中社会支持(Ståhl et al.，2001)包括亲人朋友、同事、学校、工作环境等个人环境影响、电视、报刊和互联网等媒体环境影响以及政策、医疗保险和社区等外部环境的影响。社会融合(Sampson，Raudenbush & Earls,1997)主要包括个体与居住同一社区的其他居民之间的关系、融合度和信赖度。

　　城市化、运动休闲参与者的动机和制约,运动休闲参与者所处的环境和运动休闲参与四者间的相互关系是本研究讨论的重点,也是实证部分的四个主要变量(见图 1-1)。

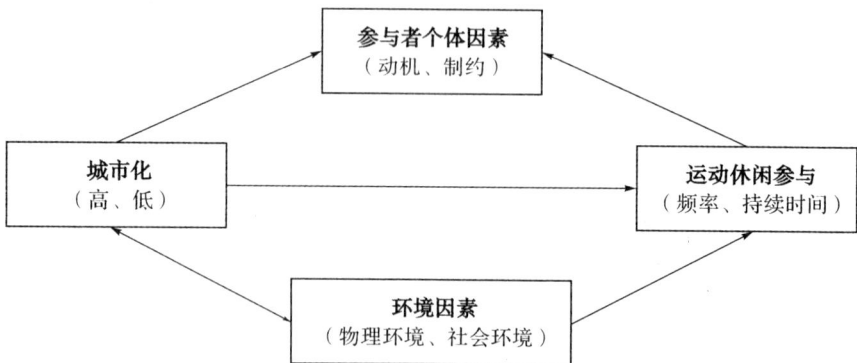

图 1-1　社会生态理论视角下的城市化与运动休闲参与的概念模型

三、本研究的创新之处

1. 研究视角的创新

以往的研究只讨论和比较城乡运动休闲参与的区别,而本研究把城市化作为一个自变量,并将之划分为两个客观水平:高城市化水平和低城市化水平。这个研究视角是本研究的创新,这种视角有利于更深入了解城市化与运动休闲参与的关系。

2. 理论依据的创新

本研究采用社会生态理论。以往的研究多侧重于参与者个体,如参与者的动机、锻炼意识、动因分析等。而社会生态理论考虑了个体和环境两个方面对参与的共同作用。以往国内的研究即使讨论到了环境的作用,也只是进行简单介绍,并无科学和严格的测量方法来测量物理环境和社会环境因素对运动休闲参与的作用。而社会生态理论考虑和运用了对环境(物理环境和社会环境)的具体测量,这使得研究结果更有说服力,更有可比性和通用性。

3. 研究方法上的创新

(1)在国内首次使用物理环境和社会环境的量表,这将起到抛砖引玉的作用,带动更多学者重视具体的物理环境和社会环境因素对个体参与休闲,特别是运动休闲的影响,从而更能发现哪些因素对运动休闲参与造成影响,特别是除了参与者个体以外的因素,因为这些因素往往可以通过政策等手段加以干预和改进,因而可以为政策的制定提供重要的参考依据。

(2)把休闲制约理论和动机理论结合起来使用,从而可以更全面地测量运动休闲参与者个体因素。因为动机理论解释的是运动休闲参与者获得的一种推力,而休闲制约理论解释的是运动休闲参与者面临着的阻力,最终的参与往往是推力和阻力较量的结果。

小 结

"城市化与运动休闲"的课题缘自现实环境中与人们日常生活中息息相关的一个方面——城市化过程中,人们休闲运动发生了怎样的变化?遇到了怎样的挑战?又是如何化解自身参与运动休闲的障碍?伴随着城市的兴起,运动休闲的理念与形式也蓬勃发展,西方相关研究成果给我们提供了一些借鉴。同时,中国改革开放,神州大地更是发生着翻天覆地、日新月异的变化,中国的城市化进程规模更大、速度更快,面临的机遇和挑战也是前所未有。在此情况下,了解西方学者的休闲运动理论与研究成果,结合我国现实情况,运用系统性、科学性、理论性的研究手段、方法,对于指导我国运动休闲运动的健康、繁荣发展,既是理论普及必要,也是现实推广运动休闲的客观要求。

第二章　城市化的影响

第一节　城市化的定义及其相关概念

一、城市化的定义

到底什么是城市化？各个领域的学者众说纷纭：人口学意义上的城市化是指农村人口逐渐转变为城市人口，即人口由农村向城市集中的过程。威尔逊（Christopher Wilson，1985）在其主编的《人口学辞典》中对城市化的解释是，"人口城市化是指居住在城市地区的人口比重上升的现象"。就每一个城市而言，人口城市化过程无非取决于两个途径：一是机械增长，即城乡人口迁移；二是自然增长，即城市新出生人口超过死亡人口。对于人口学家来说，城市化就是人口的城市化。

地理学意义上的城市化是指农村地域向城市地域的变化，即地域中城市属性逐渐扩大的过程。经济学意义上的城市化强调农村经济向城市经济转化的过程和结果，或者说第一产业不断下降第三产业不断上升的过程；经济学学者认为，城市化是各种非农产业发展的经济要素向城市集聚的过程，它不仅包括农村劳动力向城市第二、三产业的转移，还包括非农产业投资及其技术、生产能力在城市的集聚。城市化与产业结构非农化同向发展。社会学学者认为，城市化是农村生活方式向城市生活方式发展、质变的全部过程。最早提出这个概念的是美国著名的芝加哥学派学者路易斯·沃斯（Louis Wirth，1938）。他在论述城市化时，采用了与"城市化"（Urbanization）既有区别又有联系的另一概念"城市性"（Urbanism），认为城市化不仅是农村人口向城市集中，还应包括城市生活方式的扩散,即人们不仅是在城市中居住或工作,而且城市是通过交通、信息等手段,对居住在城市中的人们给予影响而出现的具有城市特色的生活方式变化的过程。从城市生活方式视角来探讨城市化受到了较大程度重视(Sorokin& Zimmerman,1929;矶村英一,1988)。

综合各学科的观点,城市化的含义有不同的层次。各学科学者从各自研究领域出发,给出符合自己学科关于城市化的定义,也是无可厚非。但是,我们必须抓住城市化的本质特征。城市化的本质特征应该是农业人口转化成为非农业人口的过程。人是社会活动的主体,也是城市的主体,正因为有着人的存在,城市才显得有意义。可以说,没有人口的城市化,那么所谓的城市化将失去意义,正是因为人的存在才有研究城市化问题的必要。

联系众多学者对城市化的定义,笔者认为,没有非农业人口在城市的集聚和增长这个基础,就根本谈不上农村地域向城市地域的变化,也谈不上农村经济向城市经济转化,更谈不上农村生活方式向城市生活方式的转化。因为这一切都是以人为依托,以人为基础,离开了人,这些都不可能发生。因此,城市化的本质定义就是"农村人口不断转化为城市人口的过程"。

二、与城市化相关的几个概念

由于英文翻译以及理解等方面原因,我国学者在研究城市化过程中,使用了一些与城市化同义或者意义相近的表达方式,另外,也存在一些因为我国国情而引出的相关概念,了解这些相关概念以及它们与城市化概念的联系,有助于更好地理解我国的城市化现象,也有助于理解本书探讨的范围。

1. 城镇化

一些学者主张城市化在我国应是城镇化,理由是城市化是将农村人口"化"到城市中去,而客观上,城市之外还有小城镇的概念,农村人口向小城镇转移也是城市化的内容之一。尤其是在我国,农村人口"小城镇化"的数量不少、比例不低,因而提城市化过于狭窄,使人容易产生似乎农村人口向城市迁移才是城市化。将小城镇排除在"城市化"范畴之外,在客观上会造成忽视小城镇建设的严重后果。实际上,尽管西方资本主义国家的城市化似乎给世人的印象是大城市化,但西方国家也有人口规模小于城市的镇(town),日本有规模明显小于市的"町",在城市化的浪潮中,这些镇、町同样成为聚居农村人口的场所,一些人口规模不大的镇、町正是经过了城市化的洗礼之后才壮大成为中等城市、大城市的。值得注意的是,世界各国建市的人口标准很不一致,印度将5000人居民聚居地视为城市。美国、墨西哥将聚居人口超过2500人的居民点称市,德国则是 2000 人,加拿大官方则为 1000 人以上,丹麦将仅 250 人以上的居民点称市。如果按照这些国家的标准,那么我国的很多镇,俨然就是不小的城市了。

另外,中文的"城市化"和"城镇化"本来都是 1970—1980 年代从英文"urbanization"翻译过来的,是同义词。但是,由于中国长期推行"严格控制大城市规模,积极发展中等城市和小城市"的发展方针。对小城镇"情有独钟",结果在舆论上"城市化"异化成了以发展大城市为主的"urbanization","城镇化"异化成了以发展小城镇为主的"urbanization"。这种区别对待颇具中国特色。中共中央的"十八大报告"和"十二五规划建议"等提到过"城镇化"。中央强调用"城镇化"有着丰富的内涵:其用意是告诫人们,中国农民数量大,解决三农问题难度不小,不要把城镇化问题单纯理解为城市发展问题或城市建设问题,它同时也是解决农民、农村、农业的问题,是解决建设小城镇、建设社会主义新农村的问题,是解决城乡二元体制、缩小城乡差别的问题。实际上,"urbanization"最准确的翻译就是"城镇化"。同时也不必把"城市化"理解为是国外片面发展大城市的道路,在很多情况下,"城市化"和"城镇化"可以通用,没有必要人为将其复杂化(周一星,2006)。

由此看来,城市化、城镇化没有本质区别,它们都是指人口从分散到集中,农村人口转化为城镇人口的过程。对于居民点的称谓,不同的国家有不同的制度性规定,但城市、镇只是个外在形式,它们本质上是非农业的产业和人口的聚居场所。总之,农村人口向大小不等的城镇型社区集中则是普遍性的规律。至于农村人口向城市、镇(实际上是大小不等的居民点)转移的数量分配,在不同的国家,以及同一个国家的不同城市化阶段,会有所不同,但这不妨碍对这样一个社会现象的抽象和概括。

所以,为了与国际通用标准接轨,以及通俗化起见,本书沿用城市化这一提法。但是,下文中很多概念,比如,城市和城镇,城市人口和城镇人口,都面临着同样的翻译问题,即英文的城市包括我国的城市和城镇,英文的城市人口也指我国的城镇人口。

2. 城市人口、城镇人口、乡村人口和非农业人口

我国城市人口规模标准一直在变动。在 1964 年以前城镇人口规模采用第一次全国人口普查(1953)的标准,即市镇辖区的总人口。1964 年全国第二次人口普查开始,城镇人口规模采用市镇辖区的非农业人口,不再包括其中的农业人口。1982 年全国第三次人口普查,市镇人口规模重新回到全国第一次人口普查的轨道,即包括辖区的农业人口。1990 年的全国第四次人口普查对城镇人口规模采用了二元化的中间"改革"道路。对设市区的人口规模仍以市区

总人口计;对不设市区和建制镇则以街道办事处人口和居民委员会人口计,接近于市镇非农业人口概念。"2000 年的全国第五次人口普查对第四次人口普查口径作了一定程度的改善,即对设区市原来偏大的统计予以收缩,对不设区市和建制镇原来偏小的统计予以放大,使之趋向可比。迄今为止国内的统计出版物一般仍是提供两种城市人口规模的统计资料,一是城市市区的非农业人口,虽然是偏小统计,但延续性较好,'水分'少、'纯度'高,一直作为城市规划法里明文规定的界定城市规模的法定指标;二是城市市区总人口,这是城市地方行政长官喜欢使用的城市规模指标,首先是因为数据取得简单,二来城市规模显得'大'而'荣耀'。"(周一星、于海波,2004:50)

所谓城镇人口,传统的定义是指在城市和建制镇居住的非农业劳动者及其亲属,一般以城镇户口作为凭证。1982 年以后,根据新的统计口径,城镇人口的含义是指"市"、"镇"辖区的全部人口。这样,它不但包括了市区和镇辖区的非农业人口,也包括农业人口。并且,城市人口和城镇人口也可替换使用。而且,因为城镇人口更符合我国的实际情况,因此,政府报告和统计报告中多使用城镇人口。比如,中国政府 1996 年向联合国第二次人类住区大会提交的《中华人民共和国人类住区发展报告》中预测:到 2000 年,全国城镇人口将达 4.5 亿左右,城市化水平将达 35%;到 2010 年,全国城镇人口将达 6.3 亿左右,城市化水平将达 45%(白南生,2003:85)。由此可见,中国政府在报告中直接采用"城镇人口"的数量来衡量城市化的水平。

另外,我国统计局(2006)发布的题为"我国城市化水平进一步提升"的报告中指出城市化水平快速发展。其中引用的数据即为城镇人口的数量,即 2005 年我国市镇人口为 56157 万人,比 2000 年第五次全国人口普查数据增加 10563 万人,增长 23.2%。到 2005 年年底,我国城市化水平为 42.99%。近几年来,我国的城市化水平已经有了大幅提升,从 2000 年的 36.09% 提高到 2005 年的 42.99%,平均每年提高 1.38 个百分点。目前我国的城市化水平已超过发展中国家平均城市化水平(转引自宁波统计局)。

所谓乡村人口,传统的含义是指包括县及市区、镇区地域内的所有从事农业的劳动者及其家属,一般以农村居民户口作为凭证。1982 年以后,根据新的统计口径,乡村人口是指县(但不包含县属建制镇)的全部人口。

可见城镇人口与乡村人口是两个不确定概念,和城镇划分标准相联系。因为其不确定性,许多学者建议用非农业人口来表示城市化水平。非农业人口就是指从事非农产业的人口,这就不是从户口来划分,而是按照现在从事的职业来划分。从上面的分析来看,我国城市人口的定义范围有时候和非农业人口的范围一样,有时候要大于非农业人口的范围。但是一般情况下,城市人口还是可以和非农业人口替换使用。

3. 城市的中心区、近郊区和远郊区

为了更准确地了解具体某个城市的城市化水平,周一星和冯健(2002)把城市分成中心区、近郊区和远郊区等几个区域。他们认为城市应划分中心区、近郊区和远郊区,他认为西方的"city"和中国的"城市"在地域上有着明显的差别。中国城市的行政地域远远大于城市的实体地域,而西方城市的实体地域却远远大于城市的行政地域。以美国为例,美国的城市实体地域即相当于城市建成区的"城市化地区"(urbanized area),它由两部分组成,其核心是 Central city/cities(中心市),其外围叫 urban fringe(外围密集居住区),合起来包含了若干个行政上的 city(或 town, township),在空间尺度上远远大于城市的行政地域。

中国大城市的"中心区",习惯上也叫"城区"或"旧城区"。"中心区"就是"中心城市"的核心部分。中国大城市的"中心区"相当于西方城市的"中心市"(Central city)。中心区以外一定范围则为郊区。根据距离的远近又分为近郊区和远郊区。一般各市区有约定俗成的划分。另一方面,随着城市的发展,近郊区和远郊区的概念又在发展演变。而这个过程,也正是城市化的过程。

第二节　城市化之利

根据国家统计局于 2012 年 17 日发布的统计数据,截至 2011 年年末,我国大陆城镇人口比重达到 51.27%。这是中国历史上第一次城市人口超过农村人口。从新中国成立之日算起,我国的城市化经历了从 1949 年的 10.64%,到 1978 年的 17.9%,再到 2011 年年末的 51.27% 的发展过程。城市化真正快速发展的时期是 1978—2011 年。可以说,我国用三十年左右的时间经历了西方发达国家近百年的城市化发展历程。这一历史巨变受到了举世瞩目的关注。因此,美国规划界学术泰斗约翰・弗里德曼教授(John Friedmann)认为:"中国城市化尺度惊人,史无前例。"(转引自吕维娟,2006:81)诺贝尔经济奖获得者约瑟夫・斯蒂格利茨教授(Joseph Stiglitz)指出:"21 世纪初期影响最大的世界性事件,除美国的高科技以外就是中国的城市化。"(转引自江莹,2003:22)毋庸置疑,尽管我们的城市化还存在这样那样的问题,这一历史巨变是我国创造的一个奇迹。

首先,城市化带来的都市文明,就是西方文明的本质。马克思、韦伯、涂尔干、齐美尔等 19 至 20 世纪的社会学理论开创者,都把西方文明的本质看成是都市文明,认为正是在西方都市中产生了政党与政治家,产生了现代意义的科学,产生了西方艺术史上所有独特的现象,孕育了近代文明的承担者——市民阶级与市民社会(包亚明,2003)。马克思不但看到了城市中的问题,也高度评价了城市带来的益处,认为城市是社会进步力量最集中的体现。同时,都市文明也是现代文明的重要标志,都市文明代表着现代性与现代化。法国哲学家列斐伏尔提到,在中世纪的法国,在南部选举出来的地方官和北部被任命的执政者,作为"今人"(moderns)为人所知,而离退的执政者则被称为"旧人"(ancients)以区别于今人(Lefebvre,1959)。"今人"包括了更新和更新的常规性双重概念。现代性经过詹姆斯、哈贝马斯、吉登斯等哲学家和社会学家的演绎,被赋予了众多含义,诸如与传统的割裂、自由、合理性。归根结底,现代性"被广泛运用于表述那些在技术、政治、经济和社会发展诸方面处于最先进水平的国家所共有的特征。而'现代化'则是指社会获得上述特征的过程"(布莱克,1988)。最重要的是,城市化与现代性和现代化之间的关系,是其关键指标之一。1960 年欧美和日本学者在日本举行了"现代日本"国际研讨会,对现代化首次确定了八项标准,其中第一项标准就是"人口相对高度集中于城市之中,城市日益成为社会生活的中心"。美国社会学家阿历克斯·英格尔斯(Alex Inkeles)给出了量化社会现代化十项具体指标,其中第四项"非农劳动力占总劳动力的比重为 70% 以上"(罗荣渠,1993:15)。换句话说,就是城市化率达到70% 以上。据此标准,西方很多发达国家早就达到了现代化水平,我国城市化率跨越 50%,也是向现代化迈进的一个关键台阶。

在我国,城市化也同样被认为是现代化的一个过程。农村人口转化为城市人口,随之带来的是生活地域、产业结构、生活方式等由农村型向城市型转化的社会变迁过程。这个现代化过程包含了政治现代化、经济现代化、基础设施现代化、环境现代化(自然环境现代化和人工环境的现代化)、居住方式的现代化、科学技术现代化、社会现代化、文化现代化、教育现代化,以及人的现代化,即人的思想观念和素质的现代化。其中,最重要、最关键的一条就是人的现代化。它是其他现代化的前提,是城市现代化的根本保证。

其次,城市化带来了经济要素的聚集和经济的发展。城市化是现代经济增长的重要推动力已经为现代经济史所证实——因为人口在城市中聚集会产生显著的规模效应,会大幅度降低经济活动的平均成本和边际成本,使得经济收益大幅度增加。城市化过程就是资源的空间配置和再配置过程,配置效益和效率的提高或集约发展的过程。人口在城市中聚集会产生显著的规模效应,会大幅度降低经济活动(包括各种私人和公共投资)的平均成本和边际成本,市场需求将会迅速增长和多元化,这会促进专业化分工,从而进一步提高经济效率。

城市化为我国经济增长作出了重要贡献,今后也仍将是我国经济增长的重要来源,因为城市是经济增长所需要的生产要素和现代化因素最密集的地区,城市人口承载能力最高,经济产出最大,经济效益最好。从全国不同地区来看,城镇化率比较高的地区,人均 GDP 水平就比较高;城镇化率提高幅度大的地区,经济增长率就比较高。沿海地区城镇人口增长率较高,城市人口比例提高幅度较大,已经成为我国吸纳农业剩余劳动力和农村人口的主要地区。中西部人口大省和人均耕地水平较低的地区,城镇人口增长率较低,城市人口比例提高幅度较小,是农村人口的主要迁出地(胡鞍钢,2003)。城市是中国经济社会发展的一个重要拉动力。

最后,城市化带来了更好的公共服务。城市化的好处并不仅仅限于经济上,同时还体现在公共治理和民生等各个领域。2000 多年前的亚里士多德就曾经说过"人们为了生活来到城邦,为了更好的生活留在城邦"。由于城市人口聚集的规模效应,公共服务,比如医疗、教育和文化等领域发展的边际成本大为降低,使得普及基本公共服务和提高公共服务的质量成为可能。生活在城市能拥有更好的教育、医疗、交通、文化、艺术、音乐等机会。更为重要的是,城市化有助于促进公平的发展,逐步缩小城乡和地区之间的差距。以《中国统计年鉴2009》提供的数据为例,城市化水平越高的省份,省内的城乡居民收入之比也越小。其实,早在 1776 年,亚当·斯密就在《国富论》中提到工商业都市的增加与富裕,为农村的产品提供巨大而便利的市场,促进农村的开发,并使农村突破传统关系的制约,变得更有秩序、有好的政府、有个人的安全和自由(转引自傅蔚冈,2012)。

第三节　城市化之弊

城市化是社会发展的必然,但是在近代城市发展的过程中,人们既享受着城市化带来的便利,也不得不承受城市化带来的一些弊端。在城市化早期,人们更多地享受城市化带来的生活便利,以及随着城市化而来的文明进程。特别是工业革命以来,城市化进程大大加快,工业革命大大改变了人口的空间布局,人口流动也急剧加快。在旧城市中,祖祖辈辈居住在这里的固定人口淹没在新来的人流之中,原有的邻里生活方式受到破坏性冲击。在很多城市,由于人口的急剧增加,食物、住所、卫生设施、医疗保健和就业非常紧张、供不应求,其结果是欲求受挫、疾病流行、营养不良、犯罪率上升、街道混乱不堪(康少邦等,1986:4)。

　　城市化还给人们的生活方式带来了巨大影响。路易斯·沃斯(1938)甚至认为城市化就是农村生活方式向城市(镇)生活方式发生质变的过程。广义而言的生活方式指的是在一定社会客观条件的制约下,社会中的个人、群体或全体成员为一定价值观念所指导的、满足自身生存发展需要的全部生活活动的稳定形式和行为特征。从狭义上理解,可以解释为人们消费物质产品和利用闲暇时间的方式,通俗地说,就是人们"衣、食、住、行"或"吃、喝、玩、乐"的方式(王彦斌、吴晓亮,2000:83)。城市化给人类生活方式带来的最大改变是由生产方式的改变引起的变化。人类经历了畜牧业和农业的分离、农业和手工业的分离、农业和商业的分离等几次社会生产的大分工。在畜牧业和农业生产时代,人类要通过劳动才能获得食物。这种劳动就是人类的自身体力劳动。但是,在城市化以后,农业人口转变为城市人口,人们不再从事农业生产,也就失去了自身体力劳动的机会。人们从事商业活动、教育活动、文化活动等,所需的身体活动大大减少,再加上科技的发展,各种现代化设施的使用,又进一步减少了身体活动。由此,城市化使得人类的生产行为方式发生了改变。这种景象在图 2-1 中得到了形象体现:

图 2-1
资料来源:《美国新闻和世界报道周刊》,2008 年 7 月 24 日。

　　上面图片中最后一幅图就是现代城市人生活的写照。大多数城市人的生活方式都是静坐式的(sedentary)。这便是城市化带给人类生活方式最大的改变。人类处于渔猎采集的自然生存状态中的时间以百万年计,处于以身体体力劳动为特征的农业经济的时间以万年计,处于以部分身体单位活动为特征的工业经济以百年计,而迈向以脑力劳动为特征的知识经济时代,大概只能以十年计(胡小明,2002)。因而人类的身体已经适应了以身体体力劳动为特征的生活方式,当人类进入文明时代后,随着体力活动的减少,人类自身也发生了改变。

最明显的情况就是身高的变化。我们知道,非洲是人类的发祥地,但并不是人类文明光顾最早的地方。亚洲才是人类文明光顾最早的地方,华夏民族有五千年的历史,我们的良渚文化有 6000~7000 年的历史。有学者认为,亚洲人跟欧洲人、非洲人相比,体形最小,因为受文明重压最大(凌平,2007)。也就是说,亚洲人进入文明的时间最早,身体受到文明"迫害"的时间最长,因此亚洲人也最矮小。虽说这些论断还有待进一步推敲和论证,但是有一点可以肯定:我们人类文明和科技的进化改变了生活方式,使得必需的体力劳动在生活方式中的比例越来越少。

城市化不但给人们的生活方式带来了巨大变化,而且对人的精神层面也产生了巨大影响。许多哲学家和社会学家认为,无论什么原因都不能掩盖工业化和城市化所带来的弊端。这些弊端共同的指向是人的异化,包括人与人关系的异化、人的行为方式和情感方式的异化,以及人际关系的淡漠。与农村相比,城市里人际关系的淡漠已经成了一个严重的社会问题。住在同一个社区甚至同一幢楼、同一楼层的住户互不相识的不正常状况成了社会常态。这种状况在我国是近几十年来随着城市化的快速发展才出现的。然而在欧美国家,因为其城市化的快速发展阶段比我国更早,因此,一些社会学家更早地关注到了这些问题,并有大量关于城市间人际关系淡漠的描述。齐美尔说,"人从来没有被放在这么一个地方,在其中他们竟能几分钟甚至数小时之久地相互盯视却彼此一言不发"(本雅明,1989:165)。齐美尔认为,"在主观方面,无数个体紧密的身体接触必然使媒体发生转变,这样,我们就能适应都市环境,尤其是适应我们的同伴。我们能进行亲密的身体接触,可是,我们与其他人的社会关系却很疏远"(转引自汪民安,2008:149)。

路易斯·沃斯(Louis Wirth)分析了城市里人际关系淡漠的原因。他把城市的特征总结为:(1)人口规模;(2)居民密度;(3)居民和群体生活的异质性。他认为人口数量的增长带来了个体差异的扩大。此外,参与互动的个体数量越多,他们之间可能的差异就越大。因此,与乡村居民相比,城市居民的个性、职业、文化生活和社区观念则可能在更大的两极间浮动。由于城市集合体成员的出身和经历各不相同,血缘纽带、邻里关系和共同的民间传统影响下世代生活所形成的情感已不复存在,或变得非常淡薄。在这种环境中,竞争和正式的控制机制取代了俗民社会赖以存在的坚实纽带。在城市,人与人之间的接触可能的确是面对面的,但不过是非人格化的、肤浅的、短暂的,因而也是部分的。他们的交往表现出拘谨、冷漠与腻烦。肤浅、匿名与短暂是城市社会关系的特性。一方面,个体在某种程度上摆脱了亲密关系群体对个人与情感的控制;另一方面,他也失去了那种整体性社会中自然的自我流露、集体精神与参与意识。这从根本上导致了社会的失范(anomie)或社会空洞化(social void)。

除了生活方式改变后身体活动的减少,人与人之间感情的淡漠,城市化,确切地说,管理不当的城市化,还导致了其他各种"城市病",如人口拥挤、交通堵塞、就业困难、住房紧张、贫富两极分化、公共卫生恶化、环境污染、生态破坏,等等。

小 结

一方面,城市化是社会发展的必然,是人类文明和进步的标志;另一方面,城市化使人们的生活方式发生了改变,其中重要的一点是大多数城市人的生活方式都以静坐为主,身体活动越来越少;而且城市化导致生活节奏加快,导致城市居民的紧张、压力、异化、人与人之间的感情淡漠等社会问题,以及由于管理不当等原因导致的"城市病"。因此,城市化带来的利弊皆有,确实是把"双刃剑"。纵观历史,乡村和城市是一对不断博弈与演绎的孪生兄妹。在不同的经济和城市发展阶段,各自占有的比例不同。城市有先进现代的形象,也有肮脏俗气的一面;农村从落后愚昧的象征,到代表着诗情画意和浪漫的世外桃源。人类总是"贪婪"的,既想享受现代城市的便利舒适,又对乡村如诗如画的美景难以忘怀。这些情节导致了美化城市运动,建立市区公园运动,等等。就拿环境污染来说,西方发达国家的城市发展也经历了从被工业发展所污染到治理后变得蓝天白云的过程。比如,今日山清水秀的德国,在 20 世纪 80 年代前,其环境污染之严重,与今天的中国相比,或许有过之而无不及。其中,莱茵河污染之严重,恐怕今天中国还远不能比。知道巴斯夫、赫斯特、拜耳这些世界顶尖化工巨头名字的人,应知道德国化工业的世界地位,德国的化工业都集中在莱茵河流域,当年与化工厂比邻而居的还有高污染的能源、冶炼工厂。莱茵河不但曾鱼虾绝迹,甚至连两岸的植被也受到影响。今天在已经成为著名风光带的莱茵河边游览,是无法想象这儿在被称为"欧洲下水道"时曾是怎样的情形的(黄晋章,2013)。这样的例子在发达国家处处可见。由此可见,当经济实力和城市化发展到一定阶段时,城市与农村会更好地融合在一起。到那时,城市化带给我们更多的是利,各种城市病会越来越少。我国居民既可以享受城市高度发展带来的便利、舒适生活,也可以把农村的如画风景引入城市,城市和农村,你中有我,我中有你。

第三章　运动休闲的发展与功能

　　运动休闲与休闲体育是 21 世纪以来我国探讨有关身体活动形式的休闲活动中最常使用的两个概念。"休闲体育"在体育领域内及学术界使用最为频繁，而"运动休闲"在大众话语中使用更广。根据中国知识资源总库（CNKI）检索（2013 年 7 月 15 日）结果可知，1979 至 2012 年，以"休闲体育"为标题发表的学术论文有 1410 篇；以"运动休闲"为标题的学术论文有 214 篇。前者是后者的6.59 倍。同时，根据同日在谷歌学术（google scholar）检索的结果，"休闲体育"有 7230 条，"运动休闲"为 3700 条，前者是后者的 1.95 倍。所以，无论是中文学术检索还是英语通用学术检索的结果，均表明在学术领域，"休闲体育"比"运动休闲"使用的频率更高。但是，百度检索结果显示"运动休闲"和"休闲体育"分别是 59200000 个和 14600000 个，前者是后者的 4.05 倍。谷歌检索则显示"运动休闲"与"休闲体育"分别为 6290000 个和 619000 个，前者是后者的10.16 倍。所以，中文和英语普通常用检索结果说明"运动休闲"在日常生活中的使用频率超过"休闲体育"至少 4 倍以上。鉴于本书既是学术探讨，也同时期望能引起大众对休闲和运动休闲生活的重视，本章将首先阐述体育与休闲体育的概念，然后讨论运动休闲的概念以及运动休闲与休闲体育之间的联系，最后论述运动休闲的主要功能。

第一节　体育与休闲体育

一、体育

　　"体育"的概念在体育界讨论了几十年，众多专家都探讨过体育的定义。体育的定义包括广义定义、狭义定义及本质定义三个方面。广义的体育包括学校体育、竞技体育和大众体育。这和熊斗寅先生提到的体育共性和整体观的思想是符合的。体育的共性："所谓体育概念的整体性或整体观，就是说体育应该有个总概念或大概念。这绝不是人们的臆想，而是体育这一复杂的社会文化现象的客观存在。不管体育的社会形态或结构如何，他们各自的特性都寓于共性之中。这个共性就是总概念。什么是体育的共性化？从社会学的角度讲，任何体育都是社会文化现象；从生理学角度讲，任何一种体育都离不开身体活动，这可以说是体育的本质特征。从体育的功能角度讲，体育本质功能就是教育、健身和娱乐，无论学校体育、社会体育，还是高水平的竞技体育，都包含这三个因素，这是任何人也无法否认的。"（熊斗寅，2004：10）正因为有这些共性，所以，广义的体育可以用来涵盖学校体育、竞技体育和大众体育。

　　虽然有学者反对一个总的体育概念，认为"这是三项不同组织、不同形态、不同功能的社会事项或活动，既不能用'体育'（Physical Education）概括，也不能用 Sport 概括，也就是不再有体育的总概述"（韩丹，2004：6）。但是，在实际使用中，人们经常需要使用一个总的体育概念。比如，国务院 2007 年工作要点的第六条就是"加快教育、卫生、文化、体育等社会事业发展"。这里需要使用与"教育、卫生、文化"三个概念并列的体育概念。显然，这里的体育是广义的体育概念。其中，体育条目下面包括"加强城乡基层体育设施建设，大力开展全民健身活动，提高竞技体育水平，做好学校体育工作，推动农村体育发展。抓紧做好北京奥运会、残奥会的筹办工作，办好上海世界特殊奥运会"，则是具体涉及各类型体育。又如，我国从 1957 年到 2014 年的政府工作报告每年都要提到体育，并会首先使用体育的广义意义，即包括学校体育、竞技体育和大众体育，然后再在后面分别涉及这三方面体育。

　　此外，韩丹先生的论文题目"我国的体育改革到了关键时刻——从体育工作重点转移说起"（1997）、"论我国体育的发展趋势——1996—2010 年体育的战略任务"（1998）、"谈我国体育体系的根本性大变革"（2004a）等也是使用了体育的总体概念。而且，人们在运用"体育"术语时，既可指学校体育、竞技体育和大众体育三个方面，又可能指其中的某一项。比如，国家体委在深化体育改革的意见中提到"深化体育改革要有利于调动社会各方面办体育的积极性；有利于促进体育事业的全面发展；有利于满足人民群众日益增长的体育需求"，这段话里出现了四个"体育"。显然"深化体育改革"和"促进体育事业"里的体育包括三个方面的体育，而"办体育"是指体育服务业，一般也是指社会组织参加竞技体育和为大众体育提供服务，人民群众的"体育需求"则是指大众体育。综合以上分析,广义的体育包括学校体育、竞技体育和大众体育。

狭义的体育是指"通过身体活动使每一个个体获得最佳体质的教育过程,是教育的一个重要组成部分"(王学锋,2004:43),其对应的英文是"Physical Education"。狭义的体育概念和英文的"Physical Education"完全对等,是学校教育系统中的一门课程,是学校教育的一部分。所以,狭义的体育就是指学校体育,只包括广义体育中的一个方面。

那么,体育的本质定义到底是什么呢?体育的本质定义就是"身体活动"。而这里的身体活动是指"任何由骨骼肌肉引起的导致能量消耗的人体运动"(Casperson et al.,1985:126),而不是有学者担忧的那样,以为这里的身体活动"纳入和包容过广"。他们认为"如果身体活动是泛指人类一般意义上的身体性活动,这是人类的最基本特征,即使睡眠状态也会发生,人类的实践活动几乎没有不与'身体活动'联系在一起的"(熊文、张尚晏,2007:10)。这是一种不必要的担忧,因为中外体育学者在学术领域里讨论"身体活动"都不会泛化成任何一种一般意义上的身体活动,就是指特定的身体锻炼活动。

有些学者认为把体育界定为"一种身体活动"过于简单的话,可以在前面加上其功能和目的。目前大家公认的体育的基本目的和功能是"为了增强体质,增进健康和为了身心愉快",等等。但是,又有学者认为,其目的是无限扩大的,是不确定的。"体育功能(作用)、目的扩大化,无法全部列举。社会在发展,人们对体育功能(作用)、目的的认识也在扩大,人们已经从生物观、心理观和社会观统一的角度来认识体育的功能(作用)、目的。体育的功能(作用)、目的正由最初的健身、教育、军事等,扩展到娱乐、健心、社交、经济、政治等。随着社会实践的发展,体育功能(作用)、目的还会继续扩大。"(熊文、张尚晏,2007:10)笔者认为,如果要列举某个人的每次具体体育活动目的,确实是无穷无尽的,比如某次体育活动的目的只是为了和朋友在一起,为了社会交往目的,还有的是为外表如减肥等目的。当然,具体每次活动的目的形式多样,但体育还是具备一些最基本的目的和功能。正如本书第六章将讨论的那样,人们参加体育活动的动机也是多种多样。我们仍可以概括一些最基本的目的和功能,而不是无限地列举。如果把目的和功能增加到定义中,则可以表述为"为了增强体质,增进健康和为了实现身心愉快等目的而进行的身体活动"。本书不把这些目的和功能加入到定义中,所以把体育的本质定义为"身体活动"。

从以上分析,我们可以看出体育的概念有广义、狭义和本质定义之分,具体是指哪种意义上的概念需要根据使用的情形来判断。

二、休闲体育

对于什么是休闲体育,我国学者主要有以下几种观点:

(1)休闲体育是在一种理念支配下的体育活动,是在休闲时间进行的一种有益于身心健康的体育活动(胡春兰、赵仙伟,2003)。

(2)休闲体育是在空闲时间里进行的,以一定的身体活动形式为手段而产生最佳心理体验的一种有意义的现代生活方式,人们不受限于活动的严格规定,积极追求内在的体验,使个人在精神和身体上都得到休息、放松和享受(于可红、梁若雯,2003)。

(3)人们在可自由支配的时间内,自主选择自己爱好的身体练习和运动项目,为达到愉悦身心、修身养性,实现自我和完善自我而进行的一种社会活动(席玉宝等,2004)。

(4)在一定的时间内,以一定的体育活动为背景的能够促进身心调节、达到自我愉悦的积极精神体验(王丽岩,2004)。

(5)在自由时间里进行的,以自己所喜爱的身体活动形式为手段而使人们产生的一种身心满足的现代生活方式,它使人们从文化环境和物质环境的外在压力中解脱出来,从而发现生活的意义(韩素萍、张晓宁,2005)。

(6)休闲体育就是人们在余暇时间里运用各种方法、各种手段进行身心锻炼,开展多种形式、内容多样的身体娱乐和消遣活动,它通过时间和精力的消耗来调节身心,并在其中获得情感体验,同时休闲体育也是现代文明社会的一种生活方式和交际手段(刘子众,2003)。

以上定义主要分两大类,一类指出休闲体育是一种在自由时间里进行的身体活动,另一类把休闲体育当作"一种社会活动、一种生活方式"。把休闲体育作为一种社会活动、一种生活方式,是把休闲体育的概念扩大化了,其本质应该仍然是一种身体活动。

前面我们已经讨论过体育和休闲的本质意义。休闲的本质定义是"自由时间",体育的本质是"身体活动"。结合两个概念的本质,休闲体育就是"在自由时间里进行的身体活动"。

有些学者把休闲体育作为一种生活方式,主要原因是把休闲的二阶价值"生命状态、存在方式和生活方式"赋予到休闲体育之中。在某些特定情境下,我们可以从休闲和休闲体育的二阶价值来思考和探讨它们,但是,在下定义的时候,我们要把握事物的本质属性,也就是要按照休闲的一阶价值"自由时间"来定义休闲体育。

第二节 运动休闲

一、运动休闲的定义及分类

运动休闲是大众休闲时代体育运动与休闲活动日益融合的结果。进入 21 世纪以来,由于现代人特别是现代都市人的生活节奏日益加快,工作与生活压力不断增加,各种紧张、焦虑、不安的情绪也接踵而来,从而引发了人们对身心健康的更多诉求。运动休闲便成了媒体与大众日常话语中一个高频率词语。

"如果从现代社会的视角思考人们以身体运动为手段来获取身心愉悦和健康的行为,而不是从狭义角度考虑这些行为与传统体育、竞技、学校、军事体育之间的关系,那么,以身体运动为手段来获取身心愉悦和健康的行为实质上就是一种休闲行为,这种休闲行为具有区别于其他休闲活动的特征,即它们都是以身体运动为主要内容和形式的休闲活动,其运动性非常鲜明。"(郑向敏、宋伟,2008:316)郑向敏和宋伟认为运动休闲就是"人们在余暇时间里自主选择参与的以身体运动为主要形式的休闲活动"。刘慧梅和沃克(2014)认为,对西方文化背景下的个体来说,"自主选择"是休闲的一个基本特征,但是对东方文化背景下的集体主义个体来说,却并一定是最基本的特征,因此,笔者主张把"自主选择"去掉。本书的运动休闲定义为"人们在自由时间里,以身体运动为主要形式的休闲活动"。其英文可以使用"recreational sports"、"leisure sports"、"recreational physical activity"、"physical recreation" 或 "physically active leisure"等。本书使用"leisure time physical activity"。

郑向敏与宋伟还根据运动强度和娱乐性(游憩性)两个维度的特征,把运动休闲活动分为四类:"(1)核心运动休闲活动。指运动强度较大、娱乐性强的运动休闲活动,如:篮球、排球、足球、羽毛球、乒乓球、网球、曲棍球、冰球、手球、水球、垒棒球等强体力趣味球类运动;游泳、划船、划艇、帆船、帆板、潜水、冲浪等水上、水中运动;滑翔、跳伞、溜冰、登山、攀岩、打猎等各种探险刺激性活动,等等。(2)保健型运动休闲活动。指运动强度高但娱乐性较差的运动休闲项目,如:健美肌肉练习、体操、健身操、跑步、健身运动等。(3)趣味型运动休闲活动。指运动强度不高但娱乐性较强的运动休闲项目,如:观光旅游、放风筝、高尔夫球、垂钓、台球等。(4)惯常型运动休闲活动。指运动强度低,娱乐性也不强的运动休闲项目,如:散步、气功、太极剑等。"笔者认为以上分类值得商榷,比如：(1)分类是根据运动与娱乐(游憩)强度来判别。运动强度比较容易判别，也有各种工具可以测量，但是娱乐性(游憩性)比较难界定。比如，散步、气功是否真的娱乐性不强？是否具备娱乐性应该存在主观成分，会因人而异。(2)把观光旅游划入运动休闲，范围太广。

栗燕梅(2008)把运动休闲分为五类："(1)健身健美类休闲活动的内容有健身、健美操、啦啦队、普拉提、体育舞蹈、街舞、瑜伽等；(2)康乐游戏类休闲活动有跳绳、钓鱼、风筝、踢毽子、打陀螺、轮滑、桥牌、弈棋、飞镖、信鸽等；(3)竞赛对抗类休闲活动；(4)养生保健类活动有太极拳、八段锦、气功、五禽戏等；(5)探险拓展类休闲活动有登山、野营、攀岩、蹦极、定向越野、漂流、溯溪、徒步穿越、驾车、自行车等项目。"这种分类比较合理，但是同样需要注意两个方面：(1)需要对第三类活动给予更清晰的界定。比如，对于一些有比赛规则的双方对抗的体育活动，当参与者的目的不是为了竞赛，不是被强制参与，其目的是为了游憩、放松、愉悦、健康等时，则是属于运动休闲，而不是竞技体育；(2)根据本书对运动休闲的定义，运动休闲必须是一种身体活动，那么桥牌等牌类活动是不能归属于运动休闲的。

运动休闲依据不同的标准可以有不同的分类形式，比如根据场所，可以分为室内与室外；根据是否需要技能可以分为技能类与非技能类。比如散步、爬山等活动就不需要特定技能。根据活动强度可以分为低强度、中强度与高强度，等等。

二、运动休闲与休闲体育

对于运动休闲与休闲体育的关系，目前学术界有两种观点。一种认为"运动休闲是休闲体育的下位概念"(栗燕梅，2008:57)。还有一种观点认为"休闲体育和运动休闲是两个完全不同的概念，有着本质上的区别，但又相互联系。休闲体育本质属性属于体育领域的范畴，运动休闲本质属性属于休闲领域的范畴。但又不能完全一分为二，休闲体育与运动休闲有共同交叉的内容，因此在休闲体育和运动休闲的研究上一定要严格区分其本质与内涵"(段全伟、付志明，2012:205)。

这些笔者论述了两者之间的区别，即它们的概念不同、内涵不同。所谓内涵就是"字词本身的含义"(林正弘，1985)。也就是说，休闲体育的重点是在"体育"，休闲体育是相对于大众体育、学校体育、竞技体育这样的分类而言的，其本质仍然是"体育"。而运动休闲的本质是"休闲"，其对应的概念是静态的休闲活动，是把休闲活动分为静态与动态的，而动态的休闲活动就是运动休闲。所以，从内涵上讲,休闲体育与运动休闲具有不同的本质。

那么它们的外延关系如何呢?外延指的是"字词在世界所代表的事物"(林正弘,1985:14)。本书对休闲体育的定义是"在自由时间里进行的身体活动"。运动休闲是指"人们在自由时间里参加的以身体运动为主要形式的休闲活动"。我们仔细比较休闲体育与运动休闲的定义,会发现它们的所指,即它们的外延是相同的。这种现象属于内涵不同,但外延相同。比如,"等边三角形"和"等角三角形"就是这样一对概念。它们的内涵不同,等边三角形是说明三条边相等,等角三角形则说明三个角相等,但是它们的所指、它们的外延完全相同。休闲体育与运动休闲就是这样一对概念。当人们强调的是一种自由时间里从事的身体活动/体育时,就用"休闲体育"的概念;当强调是一种身体活动的休闲形式,就可以用"运动休闲"。而且,在大众日常话语中,运动休闲的使用更为通俗易懂,使用频率也更高。为了更好地普及运动休闲,本书的标题以及书中主要内容使用"运动休闲",但在具体的论述中,也会使用"休闲体育"的概念。在一定程度上,两者可以替换使用。

三、运动休闲的测量

运动休闲的测量分精确测量和自我陈述两种。前者又分双标水法(doubly labeled water)、间接热量测定法(indirect calorimetry)、心率(heart rate monitors,HR)、运动传感器(motion sensors)等四种方法。双标水法具有适用范围广,测量精确,无毒副作用,不影响受试者活动等优点。但也存在一些缺点:价格昂贵、需要专业人员通过精密的质谱仪分析同位素含量,造成该方法测试成本极高,整个测试过程需要持续时间长,需要至少3天(一般为4~21天),因此不适合大样本人群研究;间接热量测定法所使用的仪器价格也非常昂贵,只适合对小样本进行研究;心率监测器的价格也不菲。芬兰产 Polar 心率监测器是其中的代表性产品。心率监测器的成本从 200~500 美元不等(戴剑松等,2005:70)。运动传感器有计步器(pedometers)和加速度传感器(accelerometers)两种设备。这两种设备在欧美休闲体育活动研究中,都使用非常广泛,尤其是计步器,价格便宜(10~30 美元),一般获得经费支持的项目都能购买。此外,欧美国家的一些研究还采用摄像设施,比如利用公园门口的监控设施对公园某一区域参加体育活动的人群进行观察。

在休闲等领域中有关运动休闲的测量也常采用自我陈述的主观测量法。而对主观自我陈述的考察也因研究的目的而异,标准不尽相同。至今还没有对体育活动进行测量的国际上统一的、在各个不同文化地区都得到效度检验的标准(Ståhl et al. ,2001:5)。最简单的测量只有一个题项,如"你参加体育活动吗?"(Ståhl et al. ,2001:5),然后根据肯定/否定回答把受访者分为活跃人群和不活跃人群两类。

近几十年来,国际上制定了几十种测量体育活动的量表。美国运动医学学院(ACSM)官方杂志 *Medicine and Science in Sports and Exercise* 在 1997 年出版的一期增刊中列举了 30 多种体育活动问卷。问卷的形式包括日记、日志、活动回忆、定量化回顾、访谈等。从调查对象而言,大多数问卷适用于成年人或所有人群,也有专门针对儿童、学生、老年人的问卷;有专门测量休闲体育活动的问卷,也有测量各类身体活动的问卷。问卷调查因其成本较低、便于管理、相对容易被调查对象所接受,因此是健康医学和体育学研究中最普遍、最实用的方法。日记通常是详细记录每 15 分钟或每半个小时的活动内容,连续记录1～3天的体育活动情况。因此,所有体育活动问卷中,日记被认为是最精确的。它的主要缺点是其结果不能代表长期的体育活动模式,而要了解受试者体力活动模式及其变化情况至少需要 7 天(涵盖休息日在内)。此外,日记要求受试者花一些精力进行详细记录,受试者负担较重,难以应用于受教育水平程度低的个体和 10 岁以下的儿童。从回忆的时间期限来看,包括回忆 1 天、3 天、1 周、1个月至数月、过去一年或不设时间限制。

周丽君(2007)用参加时间和一个星期中参加的天数两个维度测量中美两国部分地区青少年每天参加体育活动的情况。把时间分成 5 个水平:没有、少于 15 分钟、15～30 分钟、31～60 分钟和 61 分钟以上,把参加的天数分为:没有、1 天、2～3 天、4～5 天、6 天或 6 天以上。莫连芳(2007)根据体育人口的定义和体育锻炼要取得良好效果的条件,制定的大学生体育锻炼习惯的标准有以下三个条件:(1)每周参加体育锻炼不低于 3 次;(2)每次活动时间不低于 30分钟,且具有与自身体质和所从事的体育项目相适应的中等或中等以上负荷(心率大于 110 次/分);(3)持续时间为一年以上。满足以上三个条件者定为有体育锻炼习惯群,反之为没有体育锻炼习惯群。在无体育锻炼习惯者中,把每周的锻炼频度大于 1 次的群体称为参与群,把每周锻炼频度小于 1 次的群体称为不锻炼群。

综上所述,常见的主观测量包括活动类型、活动时间、活动频率和活动强度。本研究使用活动类型、活动时间、活动频率和活动满意度,其中活动类型只是类别数据,不方便进行统计运算,只是作为参考信息。最后的统计分析中,使用每次活动时间和每月活动频率的乘积作为每个月参与运动休闲的总时间。

前面提到测量多长时间以前的活动问题,也有不同的讨论。考察的时间有受访前一个星期、一个月、半年和一年等。如果时间太短,有可能受季节因素的限制,不能参加某些体育活动,而如果时间太长(如一年),则有可能带来记忆的困难,影响测量的信度。因此,本研究的实证部分选择了一个中等长度的时间,即 6 个月。

第三节　运动休闲的主要功能

正因为运动休闲是一种身体活动,是动态的休闲,所以具备一般的,尤其是静态休闲所不具备的功能。这些功能有利于人们抵御城市化进程中带来的各种弊端。我国众多学者都已经讨论过运动休闲或休闲体育的功能。卢锋(2004)分析了休闲体育的社会功能,认为休闲体育具有社会化功能、个人发展促进功能、社会象征功能、社会时尚传播功能、社会人群组织功能。张永科、王宁和杨兰生(2002)则广义地分析了休闲体育的价值,认为休闲体育可以享受与娱乐;减压与宣泄;强身健体;消除孤独与寂寞;使家庭和睦;利于引导社会风气;减少医药费用开支。吴贻刚(2003)认为休闲体育对于实施终身体育具有积极作用;而且休闲体育已经成为一种重要的产业。万文君和郝选明从生理和心理角度对休闲体育的功能进行了研究,认为休闲体育运动可以改善人的心血管系统、呼吸系统、运动系统、免疫系统的功能;另外还可以纾解心理压力,促进个性发展。闻一平和王少春(2004)认为:不同人群视角中的休闲体育就有不同的功能,大众文化眼中的"休闲"通常被看作是从属于工作时间以外的剩余时间;哲学家研究休闲,从来都把它与人的本质联系在一起;社会学家把休闲看成一种社会建制以及人的生活方式和生活态度,是发展人的个性的场所。文化学家将休闲体育上升到文化的范畴,认为休闲体育是一种文化创造、文化欣赏、文化建构的生命状态和行为方式,它的价值不在于实用,而在于文化;经济学家则根据休闲时间的长短,制定新的经济政策和促进不同方面的消费,调整产业结构,开拓新的市场;在心理学家看来,休闲是一种有益于个人健康发展的内心体验,能够使人感受最佳的心灵体验。王进(2005)认为,把休闲与生活质量联系在一起,考察休闲对人的本质意义,才能使我们对休闲的研究更有社会意义。因此,他从社会心理学的观点讨论休闲与生活质量的关系,把休闲作为主观现象,放在社会系统中来考察,对休闲的特定文化社会现象进行界定,提出休闲的社会心理学概念模式。本节重点讨论运动休闲的健身功能、游憩功能、心理调适和社会交往功能。

一、健身功能

运动休闲与其他静态休闲活动相比,其特征就是动态的,需要活动人自身的身体,从而更多地消耗能量。城市化带来了生活方式的改变,而且城市中的生活方式以静坐为主。这种静坐的生活方式导致了大量疾病的产生。运动休闲是动态的,因此可以预防和抵御静坐生活方式带来的疾病。

病理学资料显示静坐生活方式和高血压、动脉硬化疾病,特别是冠状动脉心脏病、突发心脏病、中风有直接的因果关系;经常参加体育活动可能减少冠状动脉心脏病及其复发,等等(Caspersen et al.,1989 等)。

经常参加体育活动可以平缓心率和降低血压。积极的体育活动可以减少高血压的发生和已有高血压的状况;还可以降低心脏收缩压和舒张压(Paffenbarger et al.,1983;Seals & Hagberg,1984)。锻炼还可以减少血液里的葡萄糖,提高内生胰岛素的效率。持续的体育活动可以降低身体脂肪体重(fat body mass)和去脂体重(lean body mass),从而提高基本的新陈代谢,降低肥胖的风险。结合谨慎的食物摄入,体育活动能即刻或长期控制肥胖(Bray,1998;Siscovick et al.,1985)。

经常参加锻炼还可以提高肌肉力量,提高结缔组织(韧带、腱、软骨组织)和关节的结构和功能。因此,运动休闲可以预防慢性背痛综合征,及其带来的行动不便(Tipton et al.,1986)。虽然体育活动在预防各种关节炎方面的作用还不明确,但是,在提高肌肉力量、骨密度、结缔组织等方面的作用说明体育活动有很好的预防疗效(Lane et al.,1986)。

而且,经常的、适中的体育活动能通过提高自我形象、社交技巧、精神健康,甚至认知功能和全面的幸福感而减少轻微或中等程度的忧郁症和神经官能症(Taylor et al.,1985)。

运动休闲的健身功能是如此明显,因此已经被许多国家作为保持国民身体健康和预防疾病的最重要手段。1987 年,美国国会通过的 97 号决议案,鼓励州和地方政府机构为从幼儿园到 12 年级的少年儿童提供高质量的每日体育活动。2000 年国家的健康指标中,把重点放在青少年日常的体育活动上,目的在于提高身体健康水平,减少疾病的发生率。"健康公民 2010"计划中体育活动和健康、营养与超重位于 10 位占主导地位的健康指标前列。

由此,城市化带来的静坐生活方式导致了许多疾病的出现,运动休闲具备很好的健身功能,可以有效预防该类疾病的发生。

二、游憩功能

因为大部分运动休闲是自由选择的体育活动,对参与者来说显然具有某种快乐,否则他们会很快就停止参与。研究表明,游憩和快乐是参与运动休闲的最重要原因之一。青少年参加有组织的运动休闲是这样(Fry et al.,1981;Gill et al.,1983),成人参与的运动休闲也是这样(Canada Fitness Survey,1983;Wankel,1985,1988)。从参与的结果来看,参与者也表示在参与的过程中感受到了快乐。Wankel(1982)发现超过 98%(N=808)的男孩在过去的一周中从他们参与的曲棍球、棒球和足球中获得快乐;同样,超过 96%(N=896)的女孩从参与的垒球、足球、排球、篮球和体操中获得快乐。Harris(1984)在一个民族志的研究中对两组青少年棒球队进行了调查,得出结论"有组织的体育对参与者来说是快乐的"。Wankel(1985)通过对足球、曲棍球和冰球等团队体育活动进行调查,并采用李克特量表为 7 进行测量,发现平均快乐水平是5.03。葛艳荣和刘艳芳(2006)在对秦皇岛市居民的休闲体育活动与生活满意度的调查中了解到:78.6%的活动者都认为参加体育活动后的心情是愉快或比较愉快的。甚至当运动的技能与挑战平衡后,参与者可以获得一种快乐的"高峰"体验,这就是奇特森特米哈伊(Csikszentmihalyi,1975)所说的"畅"(Flow)。

三、心理调适功能

人类在进入后工业社会以来,竞争加剧,信息量荷载大,工作高度紧张,现代大城市的拥挤和环境噪音污染程度加大,对人的刺激量和强度增加,人由此承受的心理压力加大,其结果是导致出现心理障碍的可能性加大,人们需要一种减压和宣泄的途径,心理自我调适能力就尤显重要。

非竞技性的运动休闲被认为可以减少人们的焦虑。感到焦虑的普通人群在锻炼后都会感觉更好(Berger,1984b;Berger & Owen,1983)。Thayer(1987)认为运动休闲还可以减少人们的紧张情绪。高度紧张的个体陈述自己在锻炼后减少了焦虑情绪。Long(1983)发现给静坐生活方式的成人(24～65岁)进行预防压力的锻炼训练后,减轻压力的效果非常显著。研究人员通过报纸征集需要治疗帮助减轻压力的自愿参与者,参与者最初的焦虑水平和心理病人的焦虑水平相似。在参加 10 个星期的慢跑训练后,参与者的焦虑水平大大降低。在项目停止 3 个月后,仍然有效。甚至在项目停止 15 个月后参与者仍然认为焦虑减少,自我效能得到提高。

正因为运动休闲具有减轻焦虑和紧张情绪的作用,心理学家常常采用此法来给病人减轻焦虑。1750 名受调查的医生中,60％的医生说明他们曾让病人通过锻炼的方式来减轻焦虑(Ryan,1983)。他们建议的锻炼项目按顺序分别是:散步、游泳、骑自行车、力量训练和跑步。除了可以减轻焦虑和紧张情绪,运动休闲活动还被认为可以减轻忧郁症状。而且运动休闲活动有效、经济、方便,没有抗忧郁药对身体的副作用。Hansman 和他的同事(2007)在瑞士苏黎世做了一项调查,来测量人们到森林和公园参加体育活动的效果。他们测量了受访者去之前的头疼和压力,发现他们到森林和公园参加体育活动后,压力减少了87％,头疼减少了52％。各种研究表明,运动休闲能有效减轻紧张、焦虑和压力。城市化带来的各种问题,容易使人产生紧张焦虑的心情,而运动休闲在缓解紧张、焦虑和忧郁等方面有很好的心理调适作用。

四、社会交往功能

法国社会学家罗歇·苏(1996)对城市化进程中的社会关系进行了如下描述:"现代劳动的条件,高度的城市化,高耸的居住形式导致了社会关系的缩减。社会从未产生过如此多的孤独,劳动分工和由此引起的过分专业化使人际交流贫乏。大城市不像村庄那样使人聚集,而是使人分隔、孤立。"

两人以上的协同活动是体育项目的主要活动形式之一,在这种协同活动过程中,必然会形成人际交往,而人的社会化就是在与他人的不断的交往中完成的。在休闲体育活动的情景中,人与人之间的交往是建立在同一个平台上的,平等的交流使人更加容易形成协调的关系,也使交流的各方彼此容纳和接受,从而影响人的思想和行动。此外,休闲体育活动的发展是社会文明进步的重要表现形式之一,社会化的过程就是不断地适应时代变化的过程,通过休闲体育活动,可以使人不断地触摸社会发展的脉搏(卢峰,2004)。

人是社会动物,具有一定的乐群性。处于休闲体育活动中的个体,其主体的自由性、活动的自主性、个性、气质、能力等能得到自由的发挥,人们能充分体会到自我的存在与幸福感。而这良好的个体幸福感是敞开心扉,易于与别人沟通的心理基础。人们在共同空间、时间、追求各自内在价值的休闲体育活动中,交往的单纯性、规范性、频繁性、直接性为他们之间的融洽相处提供了有利的条件。体育运动作为一种独特的社会活动,是人们以一定的方式结合起来共同进行的。人只有在一个特定的环境中才能建立一种特定的关系,在特定的关系下才能进行特定的交往。休闲体育活动为人际交往提供"相近"的空间场所。因为只要对方有共同的体育爱好并遵守体育活动规则,需要运动的双方就极易走到一起。空间距离的临近性对人际交往和人际关系的产生具有重大的影响。

因为"接近能够增加熟悉感,而相互熟悉了解是建立密切关系的前提;接近可以使彼此之间有更多时间来探讨某些常见的问题,从而寻找到共同的语言、兴趣和观念等;物理距离彼此比较接近的人,比那些离我们很远的人更'可接近',容易产生沟通;临近性容易在彼此之间达成认知上的一致性"(葛艳荣、刘艳芳,2006)。

因此,运动休闲有利于人与人之间的社会交往,城市化导致人与人之间的感情淡漠的情形可以通过运动休闲的参与得到改善。

小　结

"休闲体育"与"运动休闲"二者内涵不同但外延相同。其中"休闲体育"指的是"在自由时间里进行的身体活动",而"运动休闲"则是指"人们在自由时间里参加的以身体运动为主要形式的休闲活动"。体育休闲更侧重学术上分类界定,带有严谨化的研究特点,而运动休闲强调大众化、生活化的气息。运动休闲的测量手段分为"精确测量"与"自我陈述",尽管"精确测量"能够提供更为客观的统计数据,但调查成本和操作不方便是其限制因素。"主观测量"方法多样,反映出其在测量中的广泛应用。运动休闲具有健身功能、游憩功能、心理调适功能、社交功能等功能,这些功能有助于减缓和抵制城市化带来的各种弊端。

第四章 城市化环境下运动休闲的兴起和发展

我国自 20 世纪 70 年代末改革开放政策实施以来,城市化进程加快。据统计,截至 2012 年,我国的城市化水平已达 51.3%。本章将论述我国近年来城市化发展过程中运动休闲的兴起和发展。但是,因为我国的城市化发展比西方国家晚了近一个世纪,正如前文所述,我国用二三十年的时间走过了西方国家城市发展的一百多年历程。因此,西方国家城市发展初期遇到的一些社会情况,在我国当今城市化发展阶段仍然具有借鉴意义。美国在城市化和工业化发展的不同阶段,尤其是发展初期,都曾主动采用以运动休闲为主的游憩活动来积极干预社会发展中的各种弊端。这种有意识地把运动休闲作为帮助社会改革,促进人们闲暇时间健康休闲生活方式,促成城乡居民及不同文化背景居民之间的融合,增进社会资本,形成健康、积极向上的生活方式的思想与实践,对我国城市化发展也具有非常重要的意义。因此,本章首先将介绍美国城市化发展早期游戏运动的发展,并以此作为基础,讨论我国城市化发展过程中运动休闲发展的兴起和不同发展阶段。

第一节 美国城市化过程中运动休闲的兴起

西方近代运动休闲的兴起就是伴随着城市化发展的过程。城市化带来的各种弊端,尤其是对青少年的不良影响甚至是多种现代运动休闲活动得以发明的主要原因。众所周知,西方发达国家的现代城市化进程比我国早近百年,现代运动休闲最初是在以美国为代表的西方发达国家发展起来的,那里诞生了篮球等现代体育活动。

严格意义上说,自城市产生之日,城市化的历程就开始了。戴维·波普诺

(1987)断言"随着第一批城镇和城市的出现,被称为'城市化'的社会过程就开始了"。城市化进程最早在公元前 3000 年就已经开始,这是生产力提高和劳动分工变化的必然产物,当时农业生产已经能够提高超出人类社会发展所必需的粮食和其他食物,这就使得人口中的一部分人能从事其他非农业劳动的工作。但是在 4000 多年的人类历史中,城市发展速度和数量增长都一直非常缓慢,这种格局直到 18 世纪末英国工业革命开始后才发生了根本性的改观。工业革命使得都市化的浪潮几乎触及世界的各个角落,都市化以一种爆炸性现象呈现了出来(包亚明,2003),所以,真正意义上大规模的城市化是自西方的产业革命才开始的。

工业革命的急剧发展需要大量的工人,使乡村人口大量流入城市。主要欧美国家都经历了这个过程。其中,美国在 1880 年到 1890 年里,乡村居民大量迁居,几乎有 40% 的美国小镇人口减少了,因为那些居民迁往了城市中心。而美国除了工业革命导致的城市人口急剧增长以外,还接受了大量欧洲大陆的移民。这些欧洲人因为粮食短缺(比如,爱尔兰的土豆饥荒)、落后的经济条件,以及/或者在原来国家的宗教偏见等原因都选择了来到美洲新大陆。在 1820 年和 1880 年之间,几乎有 350 万爱尔兰人和 300 万德国人来到了美国。这两股力量使美国城市化的进程比其他国家更为迅速、集中,也在短时间内面临着更多问题。正是这个原因促使了很多近代的运动休闲项目以及游憩运动首先在美国兴起。

美国城市化带来的问题包括:城市缺乏应对快速增长人口的基础设施;住房、道路和交通体系以及污水处理多不完善;噪音和污染增多;工作条件通常很危险;城市还缺乏让较低阶层的儿童、成年人和家庭在非工作时间里消遣的公共空间。但是,随着人们移居城市,他们又远离了农村的环境和与农村环境相适应的各种游戏和休闲活动。美国原有的民间音乐、民间舞蹈和民间游戏随着乡村社会生活的减少而停止了。如五月花篮的采集、圣诞颂歌的歌唱、剥玉米比赛、拼单词比赛、学校的歌唱等都随着城市人口的增加和农村的日益孤立而停止。新的工业社会和工业城市又没有给大众提供足够的游憩设施和社会组织。这种状况尤其给儿童带来了严重的不良影响。由于缺乏游憩场所和设施,孩子们只能在大街上玩耍。大街上的恶劣环境,滋生了酗酒、赌博、打架斗殴,甚至色情、犯罪等严重的社会问题,孩子们无可避免地受到影响。

为了回应城市化带来的消极结果,美国的社会改革家发动了系列社会改革运动,其中,游戏运动就是最重要的措施之一。城市化早期运动休闲的兴起归功于美国游戏运动的产生和发展。美国社会改革者在报纸、杂志、市政厅和立法厅发起运动,要求建立公园、游憩场所以及开展课外活动。1855 年,波士顿沙堆的建立标志着游戏运动的开始。Marie E. Zakrsewska 博士在 1885 年夏天到德国柏林去访问的时候,观察到公园里有好几堆沙子,在警察的管理下,富人和穷人的孩子都可以到沙子里去玩。她把这件事情向马萨诸塞州的紧急事件与卫生协会执行委员会主席 Kate Gannet Wells 夫人做了报告。因为她的报告,很快在一个街道的教堂外面就堆放了一大堆沙子,供孩子们游戏。波士顿的影响远远超出本市,影响了东部其他主要城市如纽约、华盛顿、费城、芝加哥等,进而影响到整个美国。随后,很多城市汇报了游戏场的建立(见表 4-1),从 1885 年一个城市建立游戏场到 1917 年有 52 个城市建立游戏场,游戏运动得以迅速开展。

表 4-1　美国第一次报告建立有人管理的游戏场的城市数量

日　　期	数　量	日　期	数　量	日　　期	数　量	日　　期	数　量	日　　期	数　量
1885	1	1897	2	1902	2	1907	6	1912	43
1889	2	1898	4	1903	2	1908	13	1913	70
1893	1	1899	1	1904	5	1909	35	1915	116
1894	2	1900	7	1905	4	1910	35	1916	43
1896	1	1901	5	1906	9	1911	43	1917	52

资料来源:Rainwater, C. E. *The Play Movement in the United States*. The University of Chicago Press,1922:20.

社会改革家认为,在一个城市化社会中,玩耍和游憩带来的益处是非常重要的。美国游戏场协会的创立者之一 G. 史坦雷·霍尔·亨利·克提斯(Curtis,1915)在他的专著《寓教于乐》一书中指出几乎所有类型的玩耍中,都有身体运动(如跑步、追逐、目标投掷),正是这些身体运动使得原始人类能够在恶劣的环境中生存下来,因此,玩耍不仅有趣,也是儿童健康发展所必需的本能行为。

游戏活动倡导者觉得,玩耍是道德发展的至关重要因素,因为玩耍建立起运动协调性、加强领悟力、形成社会习惯,而这都与意志能力有关。为避免意志薄弱,也就是说,如果一个人想避免被城市生活所诱惑,他就不能身体虚弱或肌肉不发达。改革者也表示,由于城市拥挤和城市生活节奏加快引起的神经紊乱明显增加,而这些可能在玩耍中消除(Curtis,1917)。

这场游戏运动最初是针对儿童,后来服务对象拓展到成年人。为了更好地吸引孩子及成人,基督教青年会创造了系列现代体育活动。基督教青年会一所培训学校的体操负责人瑟·古力克(Luther Gulick)要求其学生詹姆士·内史密斯(James Naismith)用两周时间发明一项能吸引学员的运动。于是,1891年12月,一项新的运动即篮球运动诞生了。1895年,曼彻斯特的一名基督教青年会指导员威廉·摩根(Willian Mogan)又发明了排球运动。1926年,丹佛基督教青年会的沃尔特·哈坎森(Walter Hakanson)在科罗拉多业余垒球协会的一次会议上命名了垒球。1950年,乔·索百克(Joe Sobek)在康涅狄格州格林威治镇上的一名基督教青年会会员发明了手球式壁球。因此,从某种意义上说,正是由于城市化带来的弊端,促成了各项现代体育运动项目的发明。这些游戏运动创立的目的是为了尽量减少城市化带来的弊端。美国的游戏运动为本国乃至全世界运动休闲的发展奠定了思想、理论和实践基础,但其本身也经历了一个不断发展成熟的过程,具体来说,美国的游戏运动分以下七个阶段:

(1)沙堆园阶段(Sand Garden Stage,1885—1895)

自从1885年第一个沙堆园建立后,不但波士顿当地,纽约、芝加哥等其他城市也迅速建立了不少类似的沙堆园。纽约的沙堆园是在两位慈善女士以及在纽约公园和游戏学会的帮助下建成的。其中一个游戏场占地一英亩,包括16块地,配有运动和游戏的设施,比如秋千、跷跷板、小车厢、独轮车、铁铲、橄榄球、旗子、鼓、横幅和沙堆。游戏场的主要特点是:这个阶段的游戏场只为学龄前儿童提供;在放假期间,比如七月和八月才有人维护;只在一天中的某个时间段开放;只有室外的设施,所以天气不好时不能使用;位于城市人口稠密的地区、廉租公寓、定居点或学校的院子和城市的公园中;虽然有些城市提供了公共用地,但是主要有慈善协会和个人资助;包括一些自由的或者有指导的活动,如由幼儿园改编而来的手工和唱歌等;主要目的是通过吸引儿童参加一些设计好的活动促进他们的行为,不让他们在危险的街道里玩耍。

(2)模范游戏场阶段(Model Playground,1895—1900)

"模范游戏场"一词的第一次使用与豪尔定居点①有关。威廉·肯特捐赠的一块地用于建设游戏场。该游戏场占地3/4英亩,既为儿童也为少年人开放。儿童玩沙堆、秋千、堆积木等,男少年则玩手球或者室内棒球。模范游戏场

① 豪尔定居点(Hull-House)是美国知名社会学家简·亚当斯(Jane Addams)1889年在芝加哥建立的,是美国最早的定居点之一,为工人阶层提供受教育和社交的机会,开设文学、历史、艺术和手工等课程。后来成为美国最大最好的定居点,有13幢建筑。简·亚当斯本人成为第一位获得诺贝尔和平奖的美国妇女。

同时在芝加哥、费城、普罗维登斯和纽约等城市建立。1899 年纽约的模范游戏场在 Willian H. Seward 公园建立。这是由成立于 1898 年的户外游憩联盟（Outdoor Recreation Leauge）促成建立的。在此之前，纽约的公园不允许儿童在里面游戏、不允许少年进行体育活动。公园的草地上到处竖着"勿踏草地"的牌子，公园只是供人们"呼吸的地方"（breathing place）而不是游戏的场所。

这一阶段人们认识到：游戏不仅给参与者带来娱乐和开心，同时也具有教育意义。为儿童和青少年提供的设施应该全年开放，虽然当时还没有室内设施的概念，但游戏必须由公众而不是慈善资源来提供。

（3）小公园阶段（Small Park Stage，1900—1905）

纽约 Willian H. Seward 公园建立游戏场的尝试带来了成功。居住在附近的居民纷纷捐款来维护公园里的游戏场。随后，公园委员会的委员们也开始调整了原来的计划。纽约中央公园就是一个很好的例子：包括一个男子和一个女子户外体操房，男子户外体操房还配有跑道；一个带有沙池和游泳池的儿童游戏场；一块中心游戏场等，周围还有许多树和灌木丛。

这一阶段人们认为公共公园应该有为大众提供游戏和休闲的用途；游戏场的数量应该充足，并且便于城里人进入；游戏场至少应该部分由市政府提供；游戏场除了有设施以外，也应该有优美的景色，要能刺激公众的美感。

（4）游憩中心阶段（Recreation Center Stage，1905—1912）

许多城市"小公园"形式的游戏场很快就遇到了资金困难。相反，学校供热和供电低成本吸引了城市人。结果学校的建筑逐渐改变，增加了游戏场的设施，建立了大礼堂、健身房和游泳池、室内游戏场和厨房等。学校的"社会中心"和公园里的"游憩中心"为各个年龄阶段的市民提供了游憩条件。

"游憩中心"阶段是游戏场运动的转折点。它的设施、活动、管理和支持等既是前面几个阶段的一个高潮，又为以后几个阶段的发展打下了基础。此阶段的特点是：为各个年龄的人群提供游戏和游憩的机会；通过使用室内和室外设施保持全年的使用；不单是体育运动，还涉及手工、艺术活动（如讲故事、戏剧、合唱、乐器）、社会活动（如聚会、舞会、俱乐部活动）和市民活动（如公共问题、健康讲座、在游憩中心，特别是学校的社会中心举行选举）；不单纯是游憩活动，鼓励更多的参与，个人自己从事游憩活动而不是被动地接受，在使用体力和脑力的过程中，更加体验到自我表达的乐趣。

（5）市民和福利阶段（Civic and Welfare Stage，1912—1914）

游戏运动前几个阶段的努力主要侧重于为在拥挤的城市中提供具体的游戏设施和组织具体的游戏活动。在"游憩中心"阶段结束后，游戏从体力发展到脑力。此时,游戏场运动已经拥有更加广泛的范围和意义,它不再仅仅提供"游戏场",它必须通过采用限制和鼓励的措施来提升大众的游憩水平。限制措施包括对现有游憩尤其是商业娱乐的规范;而鼓励的措施包括建立城市的音乐、城市剧院、城市舞蹈和社区的戏剧、节日和庆典。波士顿、克里夫兰、丹佛、密尔沃基和旧金山等都成立了城市乐队。

此阶段的主要特点是:人们对戏剧、音乐、舞蹈的正当爱好得到认可。商业游憩对人们正常爱好的开发也得到了认可;社区对休闲追求方面知识的增加;当地"游憩中心"数量上还不够,同时也缺乏促进艺术或保留城市中大众游憩价值的领导能力和财政能力。

(6)邻里组织阶段(Neighborhood Organization Stage,1915—1918)

这个概念的兴起有理论和实践两个方面的原因。一些政治和社会科学的学者重新评估了邻居关系。他们认为因为19世纪邻居关系恶化,所以20世纪要重建邻居关系。美国游戏场协会的创始人古力克认为"通过有组织的自愿团体的共同努力,人们自己应该创造、管理他们自己的游憩活动"。在实践方面,一个典型的例子是新英格兰的"小镇会议"。这常常被引用为人们自我管理和自我支持游憩活动的原型。另一个原型是19世纪的游憩聚会。

这个阶段的特点是:一些学校有公共讲坛;试图完全展现"社会中心"、"自我管理"和"自我支持"等价值;邻里委员会的成立(后改名为"社区委员会"、"社区组织")。当地各种组织都在"社区组织"里汇合,包括政府的健康、游憩、公共福利、警察等部门和市、州以及全国的各种慈善组织。

(7)社区服务阶段(Community Service Stage,1918年至今)

美国参加第一次世界大战初期的征兵活动改变了游戏运动。临近士兵或者海军基地的社区出现了新的问题。有些工业地区的人口在短短的几周内增加了50%到100%。原有的游憩设施不能满足增加人口的需要。针对该点,游戏运动做了新的调适。美国游戏场和游憩协会向国防部提议愿意为"战争营"社区提供游戏活动的领导和设施管理服务。这个提议被接受,游戏和游憩协会的主席兼秘书担任了"战争营社区服务"的联络官。游戏活动和社区服务从此便密切地联系在一起。

"社区服务"是如此受欢迎,以至于战后的和平岁月里仍然有巨大的需求。这阶段的特点是:"社区服务"是实现"美国化"的一个有利方法;大批士兵和水手退伍后回到了农村,乡村的游憩活动需求有了增加。

在城市化高度发展的今天,最后几个阶段的运动组织形式经过不断发展完善后,仍然是今日美国运动休闲的主要形式。具体说来,美国城市中的运动休闲组织形式最常见的是:(1)游憩中心;(2)俱乐部;(3)青年基督教协会游憩中心。美国有206个全国性体育协会,它的宗教团体在开展大众体育活动中起着重要作用。仅基督教青年会在全国就有2600多个向群众开放的体育馆。(毕世明,2007)

游憩中心(Recreation Centre)性质上属于政府公共服务部门,是西方近代城市化的产物,肩负的服务职能是为人们提供形式多样、内容健康的游憩场所和服务;鼓励人们参与其中的交流,学习促进健康的、有计划的运动休闲养成;引导人们树立人与自然、人与社会、人与自身的和谐价值观;培养人们良好的休闲素质和休闲能力。以美国宾夕法尼亚州斯泰特科利奇镇(State College)为例①,镇政府设立了与运动休闲服务相关的机构——"公园与游憩中心"(Centre Region Parks and Recreation,简写为CRPR),主要职能除了维护公园的日常管理运营外,尽可能利用公园所提供的场地和自然、人工资源,最大限度促进人们的休闲运动,这些公园为人们提供的各种各样的游憩与运动休闲地点及项目大致有以下几类:

运动项目主要提供:青年活动(Youth Programs)、夏季一日行动营(Summer Day Camps)、成人活动(Adult Programs)、老年人活动(Senior Programs)、特别活动(Special Events)等五大类。

公园分为自然公园和人工公园,可以为不同人群和服务对象提供多达20余种运动场地。除了篮球、足球、滑冰、野炊、游泳外,还有不少新奇运动,如"地标寻宝(Geocaching)"、"寻信匣盖印章运动(Letterboxing)"、"越野赛跑运动(GeoDashing)"等结合互联网、GPS等现代化工具的定向越野运动。

除了以上地点和运动外,该机构还提供水上运动(Aquatics)和教学、运动联盟组织和场地、户外自然中心(Nature Centre)以及专为老年人打造的运动中心(Senior Centres)。一般情况下,游憩中心与当地公园职能较为重合,斯泰特科利奇镇的公园就是一个典型例子。

健身俱乐部为俱乐部会员提供健身服务和健身设施的商业性质或非商业性的机构或场所。同时配备专业性质的健身教练或指导员,对会员进行运动健身的知识传授和实践训练。"目前,健身俱乐部按性质分主要有三类:一类是会所,它是以涉外健身俱乐部宾馆的星级配套服务为主,服务人员和经营模式都有别于社会上的健身俱乐部;第二类是商业型俱乐部,以商业资本投入为主,各

---

① CRPR. http://www.crpr.org/,2014-8-7.

种软硬件投资都比较大;第三类是社会福利性质的俱乐部,如部分社区的健身场所。"以美国著名的商业健身俱乐部——世界健身连锁俱乐部(World Gym)为例,根据笔者在其官方网站提供的美国国内连锁店地址统计得出,其连锁店共有 84 所(数据截至 2014 年 7 月 20 日,下同),由当地健身专家设计并指导的课程共有 8 种,分别为拳击(MMA and Boxing)、举重(Weights)、健身自行车(Spin)、瑜伽和普拉提(Yoga and Pilates)、下肢锻炼(Step)、有氧舞蹈(Dance)、全身锻炼(Cardio/Strength/Stretch)、腹部锻炼(Core Training)。

青年基督教协会游憩中心(YMCA Recreation Center)是在以宗教为组织形式下,利用自身的宗教影响力成立的,促进、组织人们参加运动休闲的组织,但是目前其宗教属性已经越来越淡化。美国和加拿大相当多的城市都有青年基督教协会。以芝加哥大都会青年基督教协会为例,在项目活动中提供与运动休闲有关的主要有两大类,分别是身心健康类和露营活动,其中身心健康类项目主要有游泳、锻炼、运动、家庭运动项目四类,露营主要有夏季露营、冬季露营、家庭露营、集体静修会等。由于属于非营利性社会公益组织,运作费用大多采用捐款筹资方式来满足人员、设施、活动的日常开销。同时,也有可能获得政府资金扶持。"成立 156 年以来,芝加哥大都会青年基督教协会是芝加哥市第四大慈善性组织,拥有 65 个办事处以及超过 100 个服务网点。"

从游戏运动发展的阶段来看,美国的游戏运动经历了一个随着社会情形改变而变迁的过程。这些变迁包括从为幼儿提供游戏到为所有年龄的人提供游戏;从只有夏天提供设施到全年提供设施;从只有户外设施到既有户外也有户内设施;从拥挤的城市到既为城市也为乡村提供服务;从慈善人士的捐赠到社区的支持;从自由的游戏到各种有组织的游戏;从简单的游戏场到复杂的游戏场,包括手工、体力、艺术、社会和市民活动;从提供设施到为休闲时间的使用下定义;从个人的兴趣到社区的活动。虽然美国的游戏运动发生在 19 世纪末和 20 世纪初,相信对于今天生活在城市的人们仍有巨大的借鉴意义,尤其是对城市化已经超过百分之五十,已经有一半以上人口居住在城市的今日中国。城市的管理者及各种社会组织,提供各种游憩设施和场所,尽可能满足和引导居民的休闲游憩需求;包括城市的外来人口,以便让他们更好地融入城市生活。

第二节　我国城市化过程中运动休闲的兴起和发展

根据美国城市学者诺瑟姆(Northam,1979)发现并提出的"诺瑟姆曲线"

（又称 S 型曲线），城市化进程分为三个阶段：第一阶段为城市化初级阶段，城市化率在 25％以下，城市人口增长缓慢，对应着发展经济学家罗斯托（Rostow，1971）所划分的传统社会这一阶段，即农业占国民经济绝大比重且人口分散分布，城市人口只占较小比例。第二阶段为城市化加速阶段，城市人口从 25％增长到 50％乃至 70％，社会经济活动高度集中在城市，第二、第三产业比重大大高于农业，随着人口和产业向城市集中，市区出现了劳动力过剩、交通拥挤、住房紧张、环境恶化等问题。小汽车普及后，许多人和企业开始迁往郊区，出现了郊区城市化现象，这也是"起飞阶段"。第三阶段为城市化成熟阶段，城市人口比例超过 70％，居住在乡村从事农业生产满足城市居民需求的农民比重很低，当城市化水平达到 80％时，城市化增长趋缓甚至停滞。在有些地区，城市化地域不断向农村推进，一些大城市的人口和工商业迁往离城市更远的农村和小城镇，使整个大城市人口减少，出现逆城市化现象。这个阶段也是罗斯托的"追求生活质量阶段"。

按照城市化发展的一般规律，现阶段中国城市化发展总体上处于诺瑟姆曲线的第二阶段，即加速发展阶段。新中国建立后，中国城市化的发展经历了艰难曲折的探索，历经起步、停滞、探索、发展四个环节（唐任伍，2013）。

一、城市化起步阶段我国运动休闲的发展

首先需要说明的是，虽然休闲和运动作为行为实践一直存在于我国历史发展的不同阶段。早在奴隶社会的西周时期，在其教学内容"六艺"即：礼、乐、射、御、书、数中就包含有进行军事技能和身体训练的"射、御"，以及包含娱乐、舞蹈内容的"礼、乐"，但是正式使用"休闲"及"运动休闲"是 21 世纪初才开始。因此，在此之前的运动休闲是以不同名称存在的。新中国成立后常用的名称是"群众体育"以及具有我国特色的"职工体育"。

1949 至 1965 年是我国城市化起步阶段。新中国成立后，我国经济基础极其脆弱，因此在城市化起步阶段，国家实施重工业优先发展战略，优先发展资源型城市，严格限制城市人口。在新中国正式成立前夕，中国共产党就意识到即将到来的工作方式和工作重点的转变。1949 年 3 月，在中国共产党七届二中全会上毛泽东指出："从 1927 年到现在，我们工作重点是在乡村，在乡村聚集力量，用乡村包围城市，然后取得城市。采取这样一种工作方式的时期现在已经完结。从现在起，开始了由城市到乡村并由城市领导乡村的时期。党的工作重心由乡村转到了城市。"由此展开了新中国的城市建设。除了三年自然灾害（1960—1962）我国城市数量一直不断增长，"城市数量由 1949 年的 69 座增长到 1960 年的 208 座,之后又下降到 1965 年的 171 座;城市人口由 1949 年的 5765 万人增长到 1960 年的 13073 万人,后又下降到 1963 年的 11646 万人;城市化率由 1949 年的 10.64% 上升到 1960 年的 19.75%,后又下降到 1965 年的 17.98%"。

这一阶段群众体育的发展,也同城市化起步发展一样,经历了前面蓬勃发展到受政治和自然灾害影响而遇到挫折的过程。新中国成立之初,党和国家对群众体育的发展尤其重视,希望改造衰弱的民族体质,使之适应国家建设和国防的需要。在政策制度、体育组织、体育场馆及运动形式建设等方面都极大地推动了群众体育的发展。

制度建设:新中国成立初期我国各行各业都向苏联学习,1950 年我国向苏联派出了体育方面的代表团,学习苏联的经验。苏联在 1931 年颁布了《准备劳动与保卫祖国体育制度》,简称"劳卫制"。1951 年,北京市率先实施与"劳卫制"相仿的《体育锻炼标准》。之后,上海也试行了《体育锻炼标准》。1954 年,国家体委颁布了《准备劳动与卫国体育制度暂行条例和项目标准》。这是"劳卫制"之名在我国的正式使用。同年,国家体委、高教部、教育部、卫生部、团中央、全国学联等单位,联合发出了《关于在中等以上学校中开展群众性体育运动的联合指示》。从此,在全国范围内,掀起了群众性体育活动的热潮,校园体育活动也蓬勃开展。1961 年,改"劳卫制"为《青少年体育锻炼标准》。严格讲,《青少年体育锻炼标准》已经不是"劳卫制",但人们仍然习惯称之为"劳卫制"。1964 年,中央正式废除"劳卫制"名称,取而代之的是《国家体育锻炼标准》。

组织机构:1949 年 10 月 26 日,新中国在北京召开第一次全国性体育会议——全国体育工笔者代表大会。会议决定改组中华全国体育协进会,成立中华人民共和国体育总会筹备会。1952 年 6 月 20 至 24 日,中华全国体育总会举行成立大会,正式代替原有的中华全国体育协进会,成为我国唯一的全国性体育团体。1952 年 11 月成立了中央人民政府体育运动委员会,简称中央体委。1954 年改称中华人民共和国体育运动委员会,简称国家体委。"1955 年 10 月,全国总工会设立了体育部。到 1957 年,铁路、煤矿、冶金、公安等 20 个系统建立了行业体育协会,成立了近 4 万个基层体育协会,全国职工体协拥有 400 多万会员。1957 年,全国农村已建立起 3 万多个基层体育协会,拥有 90 多万会员。"(孙葆丽等,2000:13)

场馆建设:"新中国成立前遗留下来的体育场馆数量非常少,据原国家体委的有关统计数据表明,旧中国保存下来的体育场馆仅有 132 所,其中,体育场、体育馆各 13 座,游泳池 101 座(其中室内 13 座)。"(陈元欣等,2013:411)在这一城市化起步发展时期,我国经历了"大跃进"、"反右倾"等政治运动和三年自然灾害,但在场馆建设方面还是取得了很大进步。1958年制定的《体育十年发展规划》规定"5年内做到每个乡有两个体育场、1个体育辅导站、1个游泳池"。据统计,"从1958年至1965年,我国共新建各类体育场地49900个"(孙葆丽等,2000:14)。

运动形式:城市化发展初期,我国在学习苏联的体育制度和实践基础上,发展了一套全国广播体操。1951年,由国家9个机关单位发出了《关于推行广播体操的联合通知》,在全国掀起了开展广播操的热潮。1958年后,"左"倾思想在各行各业泛滥,体育也开始了"大跃进"、"千人表演"、"万人誓师"和"停产突击",工人要"挑灯夜战做体操",农民要"白天千军万马,晚上灯笼火把"等不适当的突击锻炼形式。这种"大会战"式的群众体育,造成了工厂和农村停工、停产。过去喜爱体育的农民 却出现"五怕":怕开现场会、怕比赛、怕修体育场、怕劳卫制、怕跑马拉松。违背客观规律的"左倾"错误和严重的自然灾害,使我国进入三年困难时期。大多数群众停止了锻炼,不少体协自行消失。

后来国家体委在贺龙同志的领导下,因地制宜地组织群众参加体育锻炼。1960年,国务院提出了"调整、巩固、充实、提高"的方针,体委系统纠正了工作中的错误,对群众体育提出了"业余、自愿、小型、多样,因时、因地、因人制宜"的原则,在农村,结合民兵训练开展体育活动;在城市,根据行业特点开展体育活动。1964年,国家体委在全国大力提倡游泳、射击、通讯、登山"四项活动",到1965年,已有250万人投身其中。群众参加体育活动的热情又日渐高涨。1965年,围绕第2届全运会的举行,全国出现了群众体育活动的高潮,近亿人积极参加各种体育活动。

二、城市化发展停滞阶段我国的运动休闲

1966至1978年是我国城市化发展停滞阶段。"这一阶段,政治活动成为城市活动中心,工农业生产停滞不前。1966年开始'文化大革命'后,国民经济长期徘徊不前,大批干部、专业技术人员、青年学生乃至城市居民在'不在城里吃闲饭'的号召下,先后约有39万人被动员甚至强制'上山下乡',迁往农村,城市化进程因此受阻。这13年间城市数量由1966年的175座仅增加到1978年的193座;城市人口由1966年的13313万人增加到1978年的17245万人;城市化率甚至由1965年的17.98%下降为1978年的17.00%。"(唐任伍,2013:28—29)

这一时期的体育活动也几乎完全处于停顿状态,尤其是城市的体育活动。

1966年7月开始,各省、地、市级体委都停止了正常的工作。由于领导干部被批斗,无法再进行正常的组织工作,体育系统陷入了瘫痪状态。1969至1972年受"文革"影响,国家体委曾在短时间内被撤销,由军委总政治部设体育局管理全国体育。当时,搞体育业务工作被认为是为"资产阶级反动路线"服务而遭到批判,人们唯恐避之不及;再者,在扭曲的政治大环境下,体育活动被认为是"资产阶级享乐思想和行为",竞技运动被等同于"锦标主义",人们只能采取不参与的姿态躲避麻烦。专业运动员都停止了正常训练,群众体育几乎消失。

群众体育活动因为政治环境的变化骤然降温。从1966年下半年到1969年间,除了在每年7月16日为纪念毛泽东畅游长江而举办的游泳活动外,只有少数干部职工参加带有浓重政治色彩的手持《毛主席语录》跳"忠字舞"的活动。受迫于当时上纲上线的恐惧,人们不再进行娱乐性体育活动,再加上开展体育活动的场地很多都被用作搞"揪斗"的集会地,群众体育几近消失。"体育战线陷入了瘫痪状态,广大群众参加体育锻炼的传统被破坏,大量体育设施荒废或被捣毁,群众体育活动的组织管理体系已消失,自发、自娱的群众体育活动被迫停止。"(孙葆丽等,2000:14)

三、城市化发展探索阶段的运动休闲

1979至1991年是我国城市发展的探索阶段。这一阶段农村和城市体制改革相继推出,乡镇企业蓬勃发展,农民大量进城务工,新兴的小城镇大量兴起。1978年十一届三中全会拉开农村经济体制改革序幕,约2000万"上山下乡"知识青年和下放干部返城,高考全面恢复,大批农村学生进入城市,乡镇企业崛起,城乡贸易市场繁荣,沿海14个港口城市进一步开放,大批农民"离土又离乡、进厂又进城",形成了很多小城镇化模式。但是由于农民进城还受到许多制度限制和障碍,城市并未得到快速发展。这一阶段城市数量由1979年的203座增长到1991年的479座;城镇人口由1979年的19495万人上升到1991年的31203万人;城市化率由1979年的18.96%上升到1991年的26.94%,13年间只增长了不到8个百分点。

1978年党的十一届三中全会以来,改革开放的局面在各领域得以开展。城市职工体育的组织领导机构逐渐恢复,群众的体育活动又逐渐恢复和发展。"到90年代,全国共有职工体育组织机构10万余个,全国工会系统已有专职体育干部2万余人,各种运动队55万余个,经常参加体育活动的人数增至5000余万人。职工体育活动的内容也由过去以广播操、生产操、武术、球类为主,开始向体育舞蹈、健美操、气功、保龄球、网球、门球等时尚体育项目扩展,还有少

部分人参与了高尔夫球、赛车、登山、攀岩、热气球等新潮运动。随着经济体制改革的逐步深入和企业经营机制的逐步转换,职工体育由单纯的行政命令组织活动,向多渠道、多形式演进;职工体育的管理也由集中统一向多元化过渡;职工体育的价值取向也由单纯的健身,转向健身与娱乐、消遣的有机结合;其形式也正在向自愿参与、业余为主、以趣择项、多方筹办、有偿服务的方向发展;除了行政组织形式,自由结合形式和家庭形式外,社区组织形式和经营型、准经营型体育俱乐部形式也随着社会生活环境的变化建立起来。"(孙葆丽等)各种群众体育组织开始建立和发展,比如,体育协会、俱乐部、企事业单位、社区组织、街道办事处、辅导站和农村文化站。国家体委在 1978 年召开的全国体育工作会议上,拟定了一个体育事业发展的长、中、短期目标,提出要建设现代化的体育设施。在 1983 年国务院批转国家体委《关于进一步开创体育新局面的请示》有关建设体育世界强国的战略目标中,再次提出要建设现代化的体育设施。1981 年年底,国家体委在湖南郴州召开全国体育系统计划财务工作座谈会,交流增收节支和场地建设的经验。"五五"期间,全国体育系统新建体育场地 3350 个,其中体育场、体育馆、游泳池、有固定看台的灯光球场767 个。

发展阶段:1992 至 2012 年。这一阶段的特点是,社会主义市场经济体制确立,一系列大中小城市和小城镇协调发展、鼓励和支持农民进城务工的新政策出台,城市体制改革进一步深化,中国加入 WTO,城市化进程进入快速推进、快速发展轨道。1993 年 10 月,确定以小城镇建设为重点的村镇建设方针,提出了到 20 世纪末中国小城镇建设发展目标。中共十六大提出坚持大中小城市和小城镇协调发展,走中国特色城镇化道路的指导方针,鼓励和支持农民向城市流动,推进户籍制度改革,放宽中小城市落户条件,使在城镇稳定就业和居住的农民有序转变为城镇居民。这一阶段城市数量由 1992 年的 517 座增加到2012 年的 663 座;城镇人口由 1992 年的 32175 万人上升到 66978 万人;城市化率由 27.46% 提高到 2012 年的 51.3%。

第三节　我国城市化背景下运动休闲的主要发展形式

我国进入城市化发展阶段(1992—2012)以来,国家对居民尤其是城市居民的健身越来越重视。1995 年 6 月 20 日,下发了《关于印发全民健身计划纲要的通知》,正式颁布实施《全民健身计划纲要》(简称《纲要》)。同年 8 月 29 日颁布的《中华人民共和国体育法》明确"国家推行全民健身计划",确定体育工作要坚持以开展全民健身活动为基础。自 1996 年全国人大通过《中华人民共和国国民经济和社会发展"九五"计划和 2010 年远景目标纲要》以来,每个国家"五年发展规划"和年度计划都有推行全民健身计划或开展全民健身活动的内容。各级地方政府也逐步建立和完善当地的全民健身政策法规体系。天津、河北、山西、内蒙古、辽宁、吉林、黑龙江、上海、江苏、浙江、福建、江西、山东、河南、湖北、湖南、广东、海南、四川、贵州、云南、甘肃、青海、宁夏等省(区、市),都下发了实施《纲要》的规范性文件。2003 年,国务院又颁布了《公共文化体育设施条例》,2009 年颁布了《全民健身条例》,规定每年 8 月 8 日是全民健身日,这也是奥运遗产的一部分。2011 年,国务院颁布了《全民健身计划》,这是从 2011 年到 2015 年的五年计划。在此期间,我国运动休闲的组织和形式经历了社区体育、全民健身路径、全民健身中心、体育公园、文体中心等几个阶段。需要指出的是,这些阶段只是出现的先后顺序不同,但目前都并存于全国各地,可以预见,将来这种并存情况会一直存在,适应不同群体的健身需求。

一、社区体育（1991 年至今）

在我国古代,早就出现社区的概念。"社"在中国古代即为地区单位之一。《管子·乘马》中提到"方六里,名之曰社",《左传·昭公二十五年》中也提到"社",注为"二十五家为社"。"区"指居住之地,苏轼《论养土》中提到"区处条理,使各安其处"。但是把社区作为一种现代社会现象,则是 1887 年由德国社会学家藤尼斯(Tönnies)提出。社区即在一定地域内,按一定的社会制度和社会关系组织起来的,具有共同人口特征的地域生活共同体。社区作为社会学的一个重要范畴,具有共同构成要素,概括起来有四个基本要素:(1)以一定的社会关系为基础组成的人群;(2)一定的地域;(3)相对完备的生活服务设施;(4)成员对社区情感和心理上的认同感。城市社会学则进一步把社区的内涵概括为"社会—空间"两个基本特性。社会特性由"社区成员"及其"联系网络"、"凝聚力"、"感情"和"公共活动"构成。空间特性由"同一地点的居住区"构成。社区内体育活动是"公共活动"最重要的内容,有助于增进社区成员之间的感情与凝聚力。随着社会经济的不断发展与生活水平的不断提高,人们的生活观念和体育观念也不断发生变化,夺取金牌、振奋民族精神已不再是体育的唯一目标,强身健体、健康工作与生活已成为体育的重要价值所在。体育价值观的转变使大众性体育活动得以兴起,进而出现社区体育。

现阶段我国城市社区体育主要指在人们共同生活的一定区域内(相当于街

道、居委会辖区范围),以辖区的自然环境和体育设施为物质基础,以全体社区成员为主体,以满足社区成员的体育需求、增进社区成员的身心健康、巩固和发展社区感情为主要目的,就近就便开展的区域性群众体育(王凯珍,1994)。经过近 20 年的发展,我国的社区体育形成了以下特征:(1)以一定层次的社区为范围。社区通常是进行一定的社会活动,具有某种互动关系和共同文化维系力的人类生活群体及其活动区域。社区区域的界限有大有小,按行政区域可以把社区划分为省级社区、区县级社区、村镇、街道、居委会等。我国城市社区通常是指办事处所管辖的区域。(2)以社区体育组织为依托,尤其以居民的自发健身和锻炼为主。比如,最典型的例子就是遍及全国各地大小广场的广场舞。(3)具有社会公益性。社区体育是社区文化服务的内容之一,并非以营利为目的。虽然有时候要收取一定的费用,但更多是无偿或抵偿服务。总之,我国的社区体育,以地缘关系为特征,打破了行业和单位界限,在活动空间上,立足于就近、就地;在活动时间上,充分利用早晨、傍晚、周末等闲暇时间;在活动内容上,推行健身、娱乐、文化于一体;在组织形式上,实行个人、家庭、里弄、街道相结合,因而成为一种贴近生活,便于参与的群众健身、娱乐的有效形式。

我国城市社区体育是在 20 世纪 80 年代初伴随我国城市社区的产生而产生的,将城市社区体育作为独立的研究对象进行系统研究则从 20 世纪 90 年代初才开始,即 1991 年国家体委在天津召开的"全国部分城市社区体育调研会"拉开了我国城市社区体育研究的帷幕。1995 年,在政协全国委员会教科文卫体委员会提交了《我国大中城市基层社区体育现状调查报告》后,社区体育实践才引起政府主管部门的重视。1997 年 4 月,国家体委、建设部、文化部、卫生部、民政部等 5 部委联合下发了《关于加强城市社区体育工作的意见》,2000年,国家体育总局在《2001—2010 年体育改革与发展纲要》中明确提出了新时期我国"城市体育以社区为重点"的构想与计划,2003 年 12 月 30 日,国家体育总局下发《关于创建社区体育健身俱乐部试点的通知》。

我国社区体育目前仍处在初级阶段,社区体育活动的开展主要依靠社区成员的自发组织。有学者认为(比如,樊炳有、姚峰,2003;吴耘、张兆才,2007),街道办事处最有资格和条件成为社区体育的主要依托和管理机构。吴耘和张兆才还调查了安徽省马鞍山、芜湖和铜陵三座城市 10 个街区 20 个街道办事处的社区体育组织管理情况。调查结果显示:中小城市街道办事处纷纷成立了文体站,故有 60%的街道办事处设立文体站管理社区体育活动。有专人管理社区体育街道的占 50%。也有 40%的街道是街道分管领导兼管;有 85%的街道承担了经常性体育活动的组织管理,65%的街道承担了晨晚练点的组织管理,只有 10％的街道对体育社团有组织和管理。另外,街道对晨晚练点的组织管理中,主要是实施"帮助培训指导人员和"为"晨晚练点挂牌挂旗"两方面的管理工作。晨晚练点是社区体育最基本的一种组织形式,它对社区体育活动的正常开展和锻炼队伍不断发展壮大,有着很强的影响力。朱丽红(2007)则把城市社区体育组织形式分成四种:(1)街道体协;(2)晨、晚练辅导站、点;(3)体育俱乐部;(4)其他形式。其中,以晨、晚锻炼辅导站、点为主要形式,参加人数较多,项目以拳、操、功、剑(刀)为主。

根据吴耘和张兆才的调查,街道社区组织的体育活动主要包括社区家庭趣味运动会、体育辅导活动、综合性运动会、单项运动会、组织各类健身队、体育知识讲座和竞赛、组织培训体育骨干,组织参加市、区运动会。参加这些互动的对象主要是老年人,其中女性居多。街道开展体育活动的场地设施 60％是来自公共体育场地设施,55％来自于学校企事业单位体育场地设施,只有 25％的街道选择街道办所属场地设施。这 20 个街道 2004 年总共用于体育支出的经费为 39.1 万元,其中政府拨款 23.3 万元,街道自身投入经费 11.9 万元,社会集资 3.9 万元。街道的体育经费主要是用来开展群众日常性体育活动和参加区以上的运动会。

社区体育不同于接下来要探讨的几种形式,它是一种概念、理论和宏观形式,具体落实到健身设施场所,则涵盖社区内不同类型的场所,包括政府投资的体育设施、学校和单位体育设施、商业健身设施等,而社区体育也需要整合社区内不同性质的健身设施。从这个意义上说,下面各种运动休闲的发展阶段也与社区体育有密切联系,甚至可以作为其中一种具体形式。经过近 20 年的发展,社区体育取得了不少成就,但是也仍存在许多问题,比如组织管理、场地、经费、主要参与对象是老年人,等等。

二、全民健身路径阶段(1996 年至今)

1997 年,原国家体委下发了《关于 1996 年度体育彩票公益金用于实施全民健身计划的通知》,决定将体育彩票公益金(国家体委提存部分)的 60％用于实施全民健身计划,主要在城市社区中建立一批群众体育活动场地、设施,简称为"全民健身工程"。全民健身路径是全民健身工程的一部分,在国外一般称为"fitness trail"。所以,全民健身路径是指由国家、省、市体育行政管理部门将体育彩票公益金作为启动资金,在城市社区、农村乡镇及公园、学校、机关等场所建设配置,供全民健身活动使用的公益性体育设施。全民健身路径主要配置在居民小区、农村乡镇、公园、街心花园、广场等健身人群相对集中且安全的场所。

配置地社区居委会、村委会、公园管理部门、小区物业管理部门和机关等单位是全民健身路径使用管理单位,拥有路径产权,负责全民健身路径建设、使用、维护和管理,保证设施的安全性和公益性。各市体育行政管理部门为全民健身路径建设管理主管部门,负责本市全民健身路径规划、建设、指导、管理和监督。全民健身路径的建设、安装、维修、更新等费用主要由市、县(市、区)体育行政管理部门从体育彩票公益金中按一定比例投入,不足部分由使用管理单位筹集或吸引其他资金投入。

据报道,1996年9月,我国第一条健身路径在广州天河体育中心建成,并向群众免费开放。李相如和范青慧(2005)将我国全民健身路径建设的发展分为三个阶段:第一阶段,产生和探索阶段(1996年9月至1997年年底);第二阶段,试点和开始推广阶段(约为1998至2002年);第三阶段,全面发展阶段。截至2012年年底,全国共建成全民健身路径26.1万条(厉衍飞,2013),按每条3万~5万元计算,已经投入了100多亿元人民币。据悉,这一健身路径堪称世界之最。而且,我国全民健身路径已经出口国外,比如,英国在筹备2012年奥运会之前曾来北京取经,然后在英国也开始推广“全民健身计划”,命名为“户外健身房”,并于2007年开始实施。

我国的全民健身路径工程经历了一个从城市开始,然后重点偏向农村的过程。1997年第一批捐赠全部在城市社区,因为当时国内外还没有先例。所以首先把它建在有条件的城市社区,作为实验性质,以后逐渐开始向农村乡镇捐助,并且比例逐渐增大,2004年的第八批80%以上捐赠给了农村。中国体育彩票“雪炭工程”是国家体育总局贯彻《全民健身计划纲要》,为满足“老、少、边、穷”地区日益增长的体育健身需求,利用体彩公益金在全国范围内援建综合性公共体育设施的活动。“雪炭工程”从2001年开始实施。2001年6月,国家体育总局在重庆召开全国体育系统对口支援三峡库区工作会议,决定利用彩票公益金4650万元,支援三峡库区各县(区)建设一座主要用于群众健身、业余训练的设施,由此拉开了“雪炭工程”建设的序幕。按照国家体育总局2003年制定的《“雪炭工程”实施办法》,总局每年在本级体育彩票公益金中安排5000万元用于实施“雪炭工程”(从用于实施全民健身计划中安排3000万元,从实施奥运争光计划中安排2000万元)。事实上,近两年公布的“雪炭工程”的项目显示,每年投入已经超过5000万。比如,2009年一共建成60个,每个项目投入体彩公益金150万;2010年援建河北省献县等88个“雪炭工程”项目;资助西藏自治区每个项目300万元;其他省(区)每个项目150万元。从2001年起开始实施,截至2010年,国家体育总局已经投入体育彩票公益金5亿多元,援建项目

400 多个,惠及 26 个省(区、市)。

路径工程已经成为很多城市亮丽的风景线,不但吸引了很多前来健身的群众,而且还带动了地方自筹资金建设身边健身场地的热潮。体育彩票公益金作为群众体育的引导资金已经在城市里起到了相应的带动示范作用。在中央政府的支持下,在体育总局的直接推动下,各级政府也非常重视当地全民健身路径的建设,并把它作为一项重要的民生工程。比如,海南省财政已累计拨付815 万元省级体育彩票公益金,助建全民健身路径工程 245 条。其中,2010 至2012 年安排 380 万元,已建成 100 条全民健身路径工程。2013 年拨付 435 万元,助建 145 条全民健身路径工程。海南省全民健身路径工程自 2010 年开始启动,按每条 3 万~4 万元标准对全民健身路径工程给予补助。而浙江省宁波市则截至 2013 年 11 月有了近 4000 条健身路径。1997 至 2003 年我国路径工程所建设场地如表 4-2 所示。

表 4-2 1997—2003 我国路径工程场地器材统计

健身路径(条)	乒乓球台(个)	小篮板(个)	篮球场(座)	羽毛球场(座)	鹅卵石健身路(条)	门球场(座)	儿童场地(座)	体质测定站(个)	排球场(座)	网球场(座)	其他(个)	合计(座、条)
25228	16605	11381	8908	3687	3620	2463	1964	1607	1289	725	1973	79450

资料来源:谢恩杰、张建业,2005:46—47。

路径工程从实施到发展,是一个不断提高、不断完善的过程,从开始时的简单器械、简单建设模式,发展到后来的几十种、上百种器材,再发展到居民小区、体育公园、体育广场、与园林绿地相结合等建设模式,篮球场、网球场、排球场、羽毛球场、乒乓球台、儿童活动场地、门球场等配套场地设施。尤其是在健身路径与园林绿地、体育公园等结合起来方面,近年来各地市有不少优秀的实践经验。比如,2013 年 10 月,江苏扬州建设成总长 15 公里的古运河万米休闲健身长廊。在扬州市区最具观赏性、休闲性、文化性的古运河畔,建立了 19 个健身点、7 个篮球场、16 条健身路径、170 件健身器械,装有 10 处标牌、标志的健身步道沿运河两岸分布,以点串线,平均每 0.8 公里一个。在总长 1 万米的步道一侧,设有线路图、里程数标志、耗能标志、健康指南、健身设施和保障设备。古运河休闲健身长廊由扬州市体育局、规划局、园林局等多个部门和单位联合建设。流经市区的古运河风光秀美、沿线古迹众多,是一条名副其实的文化之河、休闲之河。从北向南,大王庙、东门遗址公园、马可·波罗纪念馆、吴道台宅第、何园、南门遗址……一个个历史遗存,见证着运河变迁、城市发展与文化传承。

而健身长廊提供的健身活动,把扬州这座历史名城"动"了起来。更重要的是,除了健身功能,这条长廊还成了居民交往的平台。有些居民在锻炼的时候,认识了不少朋友。

全民健身路径工程的实施,对贯彻落实《全民健身计划纲要》起到了积极的推动作用,丰富了广大群众参加体育锻炼的类型,为广大群众提供了较为适宜的免费锻炼场所和器械,在很大程度上缓解了现有体育场地设施的不足。它打破了以传统的走、跑、球类、武术等项目为基本锻炼形式的局面,丰富了广大居民的健身内容,提高了全民健身意识还美化了社区的环境。健身路径提供的锻炼形式其具有的科学性、趣味性、健身性等特点,吸引了不同年龄、不同性别、不同身体状况的练习者参加体育锻炼,使我国的体育人口不断增加,人民的体质不断增强。尤其是为少年儿童、中老年人和庞大的低收入群体提供了锻炼条件,使他们既锻炼了身体又丰富了业余文化生活,达到身心健康,从而提升生活质量和增加幸福感。

三、体育公园(1999年至今)

在城市建设进程中,体育休闲公园的出现,是城市居民在一定物质生活条件满足之后,追求更高层次的生活质量的必然趋势。从某种意义上说,城市体育公园最能体现人们居住、工作和生活环境城市化了之后,人们对乡村生活的向往。首先,城市公园在英国、美国等工业化和城市化最早发展国家的成立,本身就是因为居住在城市环境中的人们希望享受乡村生活的美好环境,把乡村的环境带入城市,使居住在城市中的人也能欣赏到乡村如诗如画般的美景。其次,现代运动休闲的发展也同样是因为人们脱离了乡村的农业劳动,身体运动越来越少而采取的保持身体运动机能的形式。当城市化和工业化带来人们工作方式和生活方式的改变后,身体运动消耗量比乡村的农业劳动大大降低,这种情形迫使人们创造和寻求各种运动形式以保持身体的健康和活力。

体育公园的概念经过了一个发展演变的过程。美国、加拿大等北美国家最初在城市中设立公园,是意图把乡村的风景引入城市,美化城市的环境,让公园成为城市的呼吸空间。早期的公园仅提供观赏类的被动娱乐,人们不能在公园里玩耍、游戏和运动,不允许在草地上行走和躺在草地上。后来在1900年前后,在最初设计的休憩公园里,开始出现游乐场、室外体操场、运动场及其他运动设施。这样将自然景观与体育设施组合在一起的方式成为市立公园及休闲系统的新概念。以后初步发展了各种以运动游憩为主的公园。随后,体育公园的概念在20世纪末在欧美国家逐步发展,兼有带动本地经济与增加居民运动健身的双重功能。戈罗霍夫和伦茨（Gorokhov & Lunts，1985）认为体育公园设在景色如画的园林空间中，它的体育设施、运动场以及在这些场地所举办的体育系列训练活动、体育表演和竞技比赛及保健活动，就会吸引城市居民来此休息。

　　根据我国建设部城建司 1994 年印发的《全国城市公园情况表》其中关于体育公园的定义为：以突出开展体育活动，如游泳、划船、球类、体操等为主的公园。并具有较多的体育活动场地及符合技术标准的设施。该类公园应保证绿地与体育场地的平衡发展。在 2006 年建筑工业出版社出版的《城市园林绿地规划与设计》中，体育公园被定义为：一种既符合一定技术标准的体育运动设施，又能供市民进行各类体育运动竞技和健身，还能提供良好的游憩环境的特殊公园，面积在 15～75 公顷。体育公园内可有运动场、体育馆、游泳池、溜冰场、射击场、跳伞塔、摩托车场、水上活动等。

　　根据《城市绿地规划规范（审批稿）》，体育公园不同于体育中心，体育中心主要功能为举办赛事，体育公园主要功能则是为城市居民提供相对专业的体育活动器械及场地。随着城市经济的发展，城市对体育公园的需求在增加。因此，本规范规定特大城市、大城市应设置体育公园，中小城市则根据城市具体条件具体考虑，鼓励设置。体育公园的属性首先是公园绿地，所以选址应选择植被良好、自然环境优美、远离城市污染源的区域，益于居民体育锻炼。体育公园具备一定规模相对专业的体育器械及场地，可举办小型的体育赛事，因此与体育中心临近布置更易提高使用效率。我国的城市规划人员也越来越意识到了公园的游憩作用。比如，我国《城市用地分类与规划建设用地标准》（2008 年 9 月 4 日发布）指出，以城市公园为代表的各类园林绿地，除改善城市生态环境、美化市容外，更重要的是作为市民节假日及闲余时间游憩娱乐的主要场所满足市民多重功能的游憩需要。

　　对于体育公园的理解，有必要澄清一个误区，即认为"体育公园"就是体育和公园概念的简单叠加。特别是有些学者把在公园里放置了一些简单的运动设施，就认为该公园是体育公园。其实，体育公园是体育运动的功能价值和公园特征的有机融合。体育公园是指在城市行政区划范围内，以体育为特色，服务全民健身活动为目的，充分利用公园的绿色空间，集体育运动、康体健美、娱乐休闲、观光旅游、生态保护和体育文化教育于一体的多功能复合型的活动场所。体育公园是将体育的功能价值和体育文化与公园的特色空间、生态环境完美的结合统一。因此，那些将简单地在公园中放置健身器械，开辟少许的活动场地就称为体育公园的想法更是错误的（董海军、倪伟、俞峰，

2011)。

我国的一些大城市,如北京、上海都非常重视体育公园的建设,很多都列入了当地经济和社会发展"十二五"规划,比如北京提出"十二五"期间在龙潭湖、朝阳公园、顺义规划了体育公园,并要求把城市环境、园林设施、绿地、健身设施结合在一起,而且占地面积很大。根据孙福林等(2009)对我国一些体育公园的调查,这些体育公园的主要运动设施和配套设施如表4-3所示:

表 4-3 我国体育公园内主要运动及配套服务设施

公园名称	配套设施及服务	主要运动设施
上海闵行体育公园	小卖部、餐厅、室外健身器械租赁亭、冷饮店	健身跑道、垂钓区、游船码头、篮球场、足球场、网球场、室外健身器械、儿童游戏区等
北京方庄体育公园		网球场、篮球场、足球场和门球场、田径跑道
北京望京体育公园		篮球、排球、旱冰、儿童游戏场、高尔夫球练习场
广州琶洲岛体育健身公园		训练馆、室内外网球场、体育场、游泳馆、篮球场、足球场、网球场
上海浦东体育公园		篮球场、足球场、网球场
南京奥林匹克中心公园	宾馆、餐厅、会议室、多功能厅、浴室医疗室等	体育场馆、训练场、网球中心、篮球场、足球场、门球场、乒乓球台、室外健身器械
广东奥林匹克体育中心		体育场馆、训练场、棒球场、足球场、篮球场、乒乓球台、室外健身器械
北京奥林匹克公园（中心区）		大型运动场馆、铺装广场为主

资料来源:孙福林等,2009:15。

以上考察的体育公园,只有一所公园建设了游泳馆,但是根据董海军等(2011)对市民希望体育公园开设的体育健身活动项目的调查,乒乓球、羽毛球和游泳是排在前三位的。因此,对于公园里具体的运动设施与配套设施的配置,需要根据所在地居民最喜爱的运动休闲项目等来决定,也要综合考察客观自然环境和人文环境。但是有些规则应该是体育公园的设计和建造都适用的,比如,将健身设施布置在公园内,与公园优美的自然环境结合,增强了健身活动的参与性;人们在室内健身的同时可以欣赏到室外优美的自然景观,增强视觉上的享受;需要克服和摒弃公共建筑惯常呈现的冰冷感与过度城市化。长久以来,体育建筑的造型更多是在强调一种高技术,在富有时代感的同时却似乎多了一份冰冷感。其实体育建筑可以采用文化建筑形态处理的手法,塑造一个贴近自然环境的造型,这样建筑的介入就不会打破体育公园和谐、优美的自然氛围。

同时,体育公园设施的建设应该坚持经济适用的原则,而非目前一些为了追求举办大型竞赛而建的大型竞技类场馆,也非刻意追求的标志性和震撼力;设施的选址和规模应满足一定要求,选址应邻近社区较集中的地段,提高设施的可达性,同时合理确定规划数据,使需要体育设施健身的人数和体育设施所能服务的人数相一致,供求平衡,达到最优化,设施规模也应尽量灵活,以便针对不同规模的使用人群。

体育公园设施空间应尽可能通用,利于灵活布置,满足健身项目及其功能配置不断变化的要求。健身空间应具灵活性,方便设置活动座席、活动舞台、灵活隔断等,同时应关注设施功能的综合化,提供适量文化娱乐空间作为配套服务设施,文体功能的使用也可相互促进,更好地满足群众需求;提高设施的开放率,使体育设施应有的功能和作用得到充分发挥;建设方式应灵活多样,可以来自政府投入、民间资金或社会力量,也可以引入奖励机制来促进城市社区体育设施的建设。

设施使用应节能、高效,不同于大型比赛场馆受到空间规模、竞赛规则和电视转播等严格要求的制约,体育公园内的社区体育设施有更好的条件充分利用自然通风和采光,节约能源、降低设施的运营费用是保持其长久生命力的关键。

四、全民健身中心(2001 年至今)

全民健身中心是指由国家体育总局命名,各级地方政府、企事业单位和社会投资或兴建,专用于开展群众性体育健身活动,向公众提供公益性体育健身服务,具有一定规模的多功能综合性体育设施(国家体育总局,2005)。

2001 年,国家体育总局在全民健身路径工程建设经验的基础上加大投资力度,资助每个省区市建设一个设施齐备、规模较大且具有示范性质的全民健身中心。2002 年 8 月,体育总局在大连召开中心建设会议,计划 3 年投资 9900 万元,扶持建设三批、37 个"中心",达到每省至少一个的目标。为进一步制定规划、完善管理制度、引导全民健身中心更好发展,2004 年,体育总局群体司组织召开制定"中心"评定标准工作研讨会。2005 年,体育总局下发了《全民健身中心命名资助暂行办法》,规定对新建或改建成的全民健身场馆,经省级体育行政部门申报,国家体育总局审核后命名,同时给予一定的资金支持,专用于充实完善体育健身器材、设备；国家体育总局将根据具体情况，确定每年的"中心"数量及资助金额；各"中心"由国家体育总局统一冠名，颁发统一标识，纳入"中心"的统一管理和建设体系。资助方式由"资金引导"改为"先建后补"。同时还对场馆的面积大小及服务提出了要求：可以是室内型体育场地设施，也可是室内外相结合型体育场地设施（场地设施必须集中）。室内型"中心"建筑面积不少于 4000 平方米，其中用于体育健身活动的面积不少于 3500 平方米；室内外相结合型"中心"体育场地设施占地面积不少于 8000 平方米，室内场地设施建筑面积不少于 3000 平方米（其中用于体育健身活动的面积不少于 2500 平方米）。场馆面向大众，在服务方面切实做到亲民、便民、利民，体现公益性；设施完善，具备 8 种以上群众喜爱、方便实用的体育项目所需的体育场地设施，能够提供运动健身、健身指导、竞赛活动、健身组织、健身培训服务。

截至 2009 年，体育总局共投入本级体育彩票公基金 1.93 亿元，命名资助了 157 个中心，带动地方 30 多亿元投资中心，已经成为我国体育场地设施建设的一种新的、重要的形式，在全民健身活动中发挥了重要的作用（孙义方、李向东、孙媛，2010：90）。

由于全民健身中心的资助方式是地方先建造，然后由地方申报，国家体育总局验收后提供部分资助，因此东部地区在筹建资金上有经济优势，东部经济发达地区"中心"建设起步早，所占数量也多。据表 4-4、4-5 所示，2002 至 2008 年东部"中心"数量所占比例均超过了 45%。截至 2008 年 9 月，126 个"中心"在东部、中部、西部的数量比例分别为 45.24%、25.4%、29.36%。各地"中心"发展数量与地区经济关系密切。据统计，各省（区、市）"中心"数量前 15 位的有 8 个为东部省份，占东部 13 省（区、市）总数的 61.54%，而排名前 15 位的省（区、市）仅有 4 个为中部省份，3 个为西部省份，发展数量与省份所在地区的经济关系密切。赵英魁与李元（2012）的研究结果表明，各地"中心"数量与地区国民生产总值（2007 年）的数据相关系数为 0.501，说明"中心"发展数量与经济发展水平存在相关性。

与全民健身路径相比，全民健身中心的建立使一些对设施场所要求更高的运动休闲项目成为可能，比如游泳。这意味着在经过 10 多年建设户外简便易行的健身运动设施的基础上，国家开始重点关注不同人群的运动休闲需求，关注一些需要室内高质量场地的健身活动。不同于全民健身路径的 24 小时向任何群体完全免费开放，室内的全民健身中心采取收费形式。如果说全民健身路径的主要使用群体是老年人和青少年的话，全民健身中心为广大中青年的运动休闲提供了一个很好的平台。

表4-4　各地区全民健身活动中心建设数量逐年累计分布表(2002—2008)

序号	省(区、市)	2002		2003		2004		2005		2006		2007		2008	
		个数	比例	个数	比例	个数	比例	个数	比例	个数	比例	个数	比例	个数	比例
1	东部	8	66.67%	18	48.65%	30	54.55%	38	53.52%	45	50.56%	50	48.54%	57	45.24%
2	中部	1	8.33%	6	16.22%	11	20%	14	19.72%	18	20.22%	23	22.23%	32	25.4%
3	西部	3	25%	13	35.13%	14	25.45%	19	26.76%	26	29.22%	30	29.13%	37	29.36%

资料来源:赵英魁、李元,2012:143。

表4-5　各省全民健身中心平均建筑面积频次分布统计表

平均建筑面积(m²)	省　份	东　部	中　部	西　部
0~5000	西藏	0%	0%	11.12%
5001~10000	辽宁、广西、河北、海南、吉林、青海、陕西、湖南	40%	20%	33.33%
10001~15000	云南、贵州、四川、安徽、广东、上海、江苏、河南	30%	40%	33.33%
15001~20000	重庆、江西、甘肃、山西、福建	10%	40%	22.22%
20000以上	北京、浙江	20%	0%	0%

资料来源:赵英魁、李元,2012:143。

与全面健身路径相比,全面健身中心的投资更大。全民健身路径平均每条3~5万元,但是全民健身中心的投资则上百万、千万甚至上亿,以四川省南充市高坪区城乡综合全民健身中心为例,总投资1200万人民币,其中国家投资960万,地方配套240万。有些地方的全民健身中心也随着经济提升、人们生活水平的提高和健身需求不断加强而不断升级和扩建。比如,青海全民健身中心作为青海首个全民健身场所在2003年由青海省体育局与中房银川公司共同投资1200万进行扩建,扩建后新设了攀岩、篮球、羽毛球、排球、小足球场等众多体育健身项目的健身中心,并于2004年投入使用。2009年9月,青海省体育局与中国实业集团青海隆丰房地产开发有限公司签订协议,联合开发设计一个全新的全民健身中心,为市民们打造一个集停车场、下沉式广场、运动场、景观大道、羽毛球馆、游泳馆等各类文体活动场馆于一体的大型体育主题综合体建筑,一个全新的、国内一流的全民健身中心。建成的全民健身中心占地面积约85亩,建筑面积约30万平方米,原场馆面积为17000平方米,改造后面积将增加到40000平方米。该项目计划投资约20亿元,并于2015年建成。这既说明了民众的健身需求随着经济水平的提高而不断提高,同时也是一个地方政府与企业合作开发健身设施的例子。但是在这一过程中,我们不能盲目追求高端大气的健身中心,应重视建立分布在不同社区内的数量众多的健身中心,而不过分追求集中的、大型的、标志性建筑式的健身中心,这样会有更好的通达性(accessibility),更有利于民众把运动休闲融入自己的日常生活,毕竟建立在市区中心的场所设施对居住远的居民来说要坚持日常使用是不方便的。

全民健身中心建好后的经营和使用也应重视。根据赵英魁和李元(2012)2007 年对 79 所"中心"的利润总额的分析,只有 37 所"中心"盈利,这些盈利的中心大部分在东部,因为东部的中心有商用房收入、广告收入和其他收入。中西部的中心亏损率高,主要靠财政补贴支付运行开支。在建设和营运过程中,各种融资方式开始出现,比如"公共私营合作制"即 PPP 模式(Public-Private-Partnership)和"建设经营移交模式"即 BOT 模式(Build-Operate-Transfer),等等。这两种模式都是指政府与私人组织之间,为了合作建设城市基础设施项目,或是为了提供某种公共物品和服务,以特许权协议为基础,彼此之间形成一种伙伴式的合作关系,并通过签署合同来明确双方的权利和义务,以确保合作的顺利完成,最终使合作各方达到比预期单独行动更为有利的结果。一般情况下,政府通过签订特许权协议,由私人企业建设、经营、维护和管理,并由私人企业负责成立的项目公司作为特许权人承担合同规定的责任和偿还义务。作为投资比较大的全民健身中心,可以考虑这种模式,以实现居民、国家和企业三赢的局面。

在强调全民健身中心自负盈亏的同时,千万不能忘记其公益性。部分省市对此比较重视,比如浙江、辽宁等省份。浙江省从 2011 年开始,在国庆长假的 10 月 1 至 3 日连续三天向社会免费开放所有健身场所;10 月的每个周末向社会免费开展国民体质检测。2013 年夏季,沈阳市共有 17 个市区两级全民健身中心,在十二届全运会后一部分全民健身中心免费向市民开放,一部分是收取低额费用向市民开放。但是,某些省市的全民健身中心却未遵守《全民健身条例》和《公共文化体育设施条例》的相关规定,把全民健身中心主体部分用于商业活动等非体育活动。比如某省占地 152 亩的中心开设了 5 家酒店和足疗店。

总之,全民健身中心的发展,更好地满足了人们日益提升品质健身的需求,但是目前数量还太少,也存在健身服务项目价格偏高,人员太集中拥挤等情况。随着城市化的发展,全民健身中心应更多地建立在社区,让居民可以就近享受到高品质的运动健身,逐步发展到各个社区都有设施齐全的全民健身中心。

五、文体(化)站和文体中心(2002 年至今)

文体站或近年来成立的文体中心,部分是由原来的文化站发展演变而来的。如果按文化站的发展历史来看,则可追溯到新中国成立初期。在 20 世纪 80 年代我国的"六五"规划(1981—1985)期间,国家明确规定"基本上做到市市有博物馆、县县有图书馆和文化馆、乡乡有文化站"。以浙江宁波市的乡镇文化站为例,它的发展历程与我国乡镇机构改革、政府文化政策以及当地经济发展状况有着密切的联系。宁波乡镇文化站最早出现于 20 世纪 50 年代,先后经历了两次大规模的兴建和撤销而所剩无几,直至 1976 年才开始逐渐恢复。因此,80 年代开始宁波很多乡镇都有了文化中心,1987 年年底全宁波市共有文化站 360 个。进入 90 年代,乡镇行政区域开始了大规模的"撤、并、扩",截至目前乡镇总数已由 1994 年的 149 个缩减为 91 个,文化站的数量也随之减少。

2002 年起,随着新一轮乡镇机构改革的推进,也由于文化在经济社会发展中的作用进一步显现,乡镇文化站机构职能得以强化,一批设施功能齐全,集娱乐、休闲、健身、广场、图书阅览于一体的乡镇综合文化站相继出现。这意味着这个阶段开始,虽然很多文化站的名字没有改变,但实际上却包括了休闲、健身这部分内容。这也就是进入文体站或文体中心的发展阶段了。因此,它们举行的活动也不仅是文化活动,还包括大量体育健身活动(见表 4-6)。

表 4-6　宁波市乡镇文化站群众性业余团队构成情况一览表

县(市)区	乡镇文化站数量	团队总数	团队类型				
			表演艺术类	民间艺术类	视觉艺术类	体育健身类	其他类
江北	1	31	10	3	6	10	2
北仑	3	14	5	7	1	1	
镇海	2	31	11	3	10	7	
鄞州	18	157	51	20	5	81	
余姚	15	456	129	12	11	296	8
慈溪	17	422	162	47	16	197	
奉化	6	68	27	7	3	31	

县(市)区	乡镇文化站数量	团队总数	团队类型				
			表演艺术类	民间艺术类	视觉艺术类	体育健身类	其他类
象山	15	69	22	11	7	29	
宁海	14	120	27	23	5	63	2
合计	91	1368	444	133	64	715	12

资料来源：宁波市乡镇文化站建设调研报告，宁波文化网，检索于 2014 年 6 月 5 日。

　　但是那些早期建立的文化站因为建立时间比较早,往往没有室内的健身场所和设施,举行活动一般在室外或借用其他场所。新建的文体站(文体中心)则会考虑设立室内健身设施,甚至不同省市颁布了文化和体育健身面积大小的规定。这些新的文体中心在功能上也明确包括文化类与体育类。比如广东省深圳市南山区对街道文化站(文体中心)的功能配置的规定是:主要包括多功能厅、演艺中心、展览陈列室、培训教室、老年及少儿活动室、健身房、羽毛球馆、乒乓球活动室、体质测试与科学健身指导室等业务用房,以及户外活动场地(适当建设舞台、宣传橱窗、健身路径、室外灯光篮球场、网球场、5 人或 7 人足球场,以及 50 米标准游道的游泳池、文化长廊等配套设施)。显然,这些中心已经是名副其实的文体中心,包括了各种文化与运动健身设施。

　　文体站目前在全国的分布数量,在吴耘和张兆才于 2007 年对安徽省马鞍山、芜湖和铜陵三市的 10 区 39 个街道办事处的分层抽样调查中可窥见一斑。他们的调查显示,随着社区体育的不断发展,中小城市街道办事处纷纷成立了文体站,有 60% 的街道办事处设立文体站管理社区体育活动。

　　基层乡镇和省市街道中文体站(文体中心)的发展不断推进,包括的功能越来越全面综合。国家"十一五"提到的是基本实现全国乡镇均建有综合文化站,由原来"六五"、"七五"和"八五"的"文化站",改为"综合文化站"。而下面各省在具体实践中,则发挥了创新精神,推出了"公共服务中心"的概念。因为每个五年规划制定后中央对教育、文化、体育、科技等社会事业建设都有一系列要求,但由于国务院各主管部门都是从各自负责的行业"下文"和分别提出要求,在实施层面缺乏统筹。这种情况在基层实施层面需要真正理解并融会各主管部门的精神和要求。例如,广西体育局根据自治区的实际情况,从整合各行业政策入手,把科技、文化和教育的规划要求统筹结合在一起,落脚点放在将功能整合后在村和镇建设农村社区公共服务中心。公共服务中心按照体育功能需求设置运动场地,按照文化功能需求设置观演场地,并把文化类的农家书屋、卫生类的卫生室、科技类的科技室、广播电台等整合在一起建一座约 2000～3000 平方米的综合楼,把体育、教育、文化、广电、科普功能全都"装"进了农村社区公共服务中心里,既集约资源,又便于管理和提高设施使用率。这是广西壮族自治区结合新农村建设在社区体育设施建设管理方面的实践探索。这样,名称上也突破了"文化站"、"文体中心",变成了"公共服务中心"。

六、社区健身俱乐部(2004 年至今)

为了全面贯彻《中共中央、国务院关于进一步加强和改进新时期体育工作的意见》,深入实施《全民健身计划纲要》第二期工程,推动"体育进社区"工作的深入开展,加强社区体育的基层组织建设,充分利用和有效整合社区体育资源,顺应全面建设小康社会的体育发展要求,满足广大社区居民日益增长的体育健身需求,国家体育总局从 2004 年开始在部分省(区、市)和有关单位开展创建社区体育健身俱乐部的试点工作。2004 年 5 月,国家体育总局决定,开始在全国部分省(区、市)开展创建国家级别社区体育健身俱乐部,同意全国 25 个社区为首批试点社区,体育总局同时下发了《关于同意北京市天桥街道等社区开展创建社区体育健身俱乐部(试点)的通知》。

社区体育健身俱乐部是指"城市社区居民根据共同的目的和兴趣自愿组成的,以辖区内特定的体育场地设施为依托,经常开展体育活动,且隶属于街道办事处或社区居委会的公益性群众体育组织"(国家体育总局,2004)。社区体育健身俱乐部要广泛吸纳社区居民积极参加社区体育健身俱乐部,充分利用所依托的体育场地设施,组织社区居民经常开展体育健身活动。通过开展丰富多彩的体育健身活动,增强社区居民身体素质和健康水平,丰富社区居民的体育文化生活,促进社区居民建立科学、文明、健康的生活方式,为社区居民进行社会交往创造良好的环境。以北京为例,大约从 2003 年开始,北京已经建立了近60 个各种社区健身俱乐部。这种社区俱乐部与健身路径的区别在于它既有体育设施,同时也供如长跑队、秧歌队等的社区居民体育组织使用。

俱乐部业务上接受所在区(县)体育行政部门的指导,俱乐部自然成为街道社区体协或区体育总会的团体会员。俱乐部要坚持经常开展活动,原则上每周不少于 3 次,每次不少于 2 小时。俱乐部在前两年能获得扶持基金,这些扶持资金来自国家、省、市三级体育行政部门的体育彩票公益金和俱乐部上级单位,他们分别以 2:2:1:1 的比例支持创办社区体育健身俱乐部。扶持资金只能用于购置必要的体育健身器材,组织开展体育技能培训、俱乐部会员体育比赛、交流活动及俱乐部日常管理,不得用于福利补贴和人员工资。《通知》

还规定:作为基层公益性群众体育组织,俱乐部对学生、老年人、残疾人等免费或者优惠开放,逐步形成完整的社区体育组织网络。要求俱乐部逐步建立能够自我生存、自我发展、自我约束的管理机制,各试点俱乐部要步入良性发展状态。

全民健身俱乐部在建成后也遇到不少问题,比如某国家级社区健身俱乐部建成三年后无法使用。另一个国家健身俱乐部则完全交给民营健身俱乐部"托管"。"托管"其实也可以成为一种多赢的局面,但是需要有合理的规则和管理,如果没有制度和管理不到位,或执行不好,则会导致公益性无法得到体现。

建立在社区里的健身俱乐部一定会成为将来提供民众运动健身服务的主要机构。国家已经在引导和满足居民在社区内就能享受到的健身服务,成立了国家的健身俱乐部,也有部分省份成立了相应的省级社区健身俱乐部。但是,居民的健身需求还远未满足,这给企业的健身俱乐部提供了广阔的市场。根据香港亚洲运动及体适能专业学院发布的《2011年中国健身俱乐部调查报告》,2011年北京有483家健身俱乐部,社区会所和酒店公寓附属型的只有70家,比例不到15%,而香港有419家,占全市600家健身俱乐部的60%。香港健身俱乐部的主体是社区化的,是市民身边的健身场所。而内地城市健身俱乐部主要建造在商业中心或黄金地段。该学院院长黄慎坚认为便民化的健身俱乐部在内地十分欠缺,这也是内地健身行业未来发展最具潜力的一个领域。[①] 纵观欧美发达国家,以及同处亚洲文化圈的日本,最能满足居民日常健身和运动休闲需求的都是社区健身俱乐部。当然,这些健身俱乐部的性质不一,除了商业化的私人企业,也有很多非营利机构。我国在社区健身俱乐部的建设方面还需要付出巨大的努力。

小　结

从上述美国和我国休闲发展历程的分析不难看出,运动休闲随着城市化的历史发展而兴起,并趋向稳定、成熟以及系统化。早期的休闲运动发展,政府"看不见的手"对于人们的运动休闲进行了干预、调节。但各自的发展时间和发

---

① 内地健身俱乐部总数首次负增长,社区健身市场潜力巨大,www.sports.sina.com. cn/O/2012-05-12/15276046240.shtml,2014-2-6.

展路程并非相同,一定程度上来看,美国的休闲运动发展大致代表了西方国家的运动休闲历程:城市随着工业化而兴起,运动休闲随着城市化的深入呈现专业化、分工化。"(美国)城市体育的兴起也是来自于城市化内在动力和养分,并随着城市的变迁而不断地进行着演变。"我国城市体育以及运动休闲由于历史原因先天不足,后天"又出现拔苗助长的问题,中国城市的过度城市化带来的污染、城市—农村二元分化、贫富差距拉大等都是一些负面影响"(熊欢,2008:21)。理性看待我国城市化中运动休闲所出现的问题,国外所走过的运动休闲模式有一定的借鉴和可取之处,但是我们需要立足于我国的国情和实际,使我国居民在城市化过程中,更好地享受到各种形式的运动休闲服务,把运动休闲融入日常生活中,既提高我们的身体健康和生活质量,也提高我们的幸福感,让我们拥有更美好的未来!

第五章　城市化进程中的运动休闲参与理论

近一个世纪来,西方发展了系列理论来解释与预测个体的行为,绝大部分理论也运用于解释和预测人的锻炼行为,包括运动休闲的参与。这些理论的发展经历了从基于个体的微观理论到基于社会生态的中观和宏观理论。微观理论从 20 世纪 80 年代起到 20 世纪末的大部分时间处于统治地位,直到 21 世纪初,中观和宏观理论才凸现其重要地位。目前基于社会生态的中观和宏观理论已经成了运动休闲参与研究的最新趋势,而这些中观与宏观理论都与城市化密切相关。

第一节　基于个体的运动休闲参与理论

在过去的半个多世纪里,解释运动休闲参与的理论不断涌现,大部分理论关注的是个人的认知、情感和个人所受的社会影响以及他/她选择是否愿意参加积极的活动,这些都是个人层面的视角。其中,最有影响力的理论都强调个人内部的过程(比如,态度、信念和情感),这些理论主要有"理性行为"(Reasoned Action)和"计划行为"(Planned Behavior)理论、决策理论(Decisional Theories)、期望—价值理论(Expectancy-value Theory)、复原干预模型(Relapse-prevention Models)和跨理论模型(Transtheoretical Model)等。在 20 世纪八九十年代,美国心理学家又发展了自我决定理论(Self-determination Theory)。这些理论至少部分得到了实证检验。除了这些理论以外,更加关注个人内部因素和微观环境相互影响等的理论受到越来越多的实证支持。这样的理论包括社会认知理论(Social Cognitive Theory)和行为经济观(Behavioral Economics Perspectives)(King et al.,2002:15—16),等等。

一、理性行为理论(Theory of Reasoned Action)

为了对个体的行为进行预测,Fishbein 和 Ajzen(1975,1980)提出了理性行为理论。他们注意到人们一般会实施他们计划好的事情。因此预测个体是否会去锻炼,应该问他们打算做什么。根据这一模式,个体对特定行为的态度和他们关于行为规范的感知(主观规范,subjective norm)产生意向(intention)。态度由行为的结果及其价值所决定,而主观规范是其他人观点与个体动机相结合的产物,两者所产生的意向是锻炼行为的直接决定因素。比如,参与者认为参加运动休闲有益处,这就是对参与运动休闲的态度。如果他/她的朋友认为参加运动休闲对身体有益,或者朋友参加了某项体育活动,为了和朋友保持一致也参加体育活动,这便是受主观规范的影响。个体的态度、主观规范、意向和行为的关系如图 5-1 所示。换句话说,理性行为理论认为行为由意向决定,意向又由态度和主观规范决定。Ajzen 和 Fishbein(1980)观察到,当预测完全由意志控制的行为时,合理行为理论的预测效果非常有效。然而,很多行为涉及其他因素的限制,并不完全受意志支配。例如,许多个体缺乏

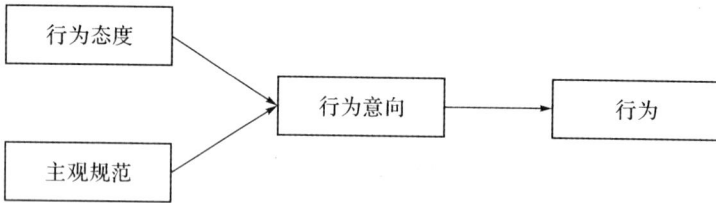

图 5-1　理性行为理论模式

资料来源:Fishbein & Ajzen,1975:302。

锻炼所需的机会、场所、设施和技巧,结果,理性行为理论的预测能力受到限制。

二、计划行为理论(Planned Behavior Theory)

为了提高理性行为理论的预测效果,该理论创始人之一 Ajzen 于 1991 年又提出了计划行为理论。计划行为理论是在理性行为理论的基础上提出的,是理性行为理论的修订。该理论提出:在人们对行为的控制不完全时,意向不能预测行为。个体不可能控制所有的行为影响因素,情境中的不可控因素会对个体的行为选择和坚持性产生一定的影响。计划行为理论中增加了一个“行为控制感”变量,即人们对自身实施行为能力的感觉,或感知到的完成行为的难易程度,认为它也会影响行为结果(此模式中的行为控制感与班杜拉的自我效能模

型相似)。① 个体表现某种行为的意向的强度与其控制感的程度相结合,决定着行为发生的可能性。态度、主观规范、意向和行为之间的关系如图 5-2 所示:

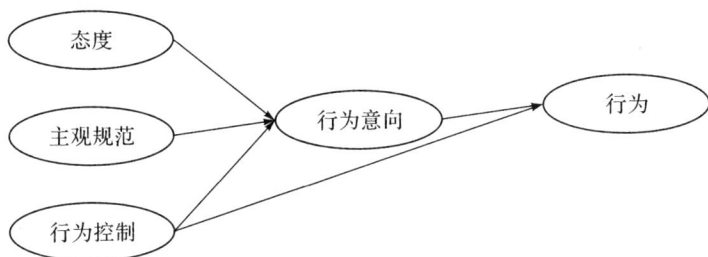

图 5-2　计划行为理论模式

资料来源:Ajzen,1991:182。

三、决策理论(Decisional Theories)

Janis 和 Mann(1977)在其著作中构建了一个以决策平衡表(Balance Sheet)为基础的决策理论模式。决策平衡是个体对某一行为带来的潜在结果进行评估,并把这些评估分为赞成(同意)或不赞成(反对)两方面。然后个体再根据这一评估结果做出决策是否参与或放弃某一行为。在此过程中,研究人员或其他人员可以制定措施避免和应对行为改变带来的消极影响,积极帮助个体做出有利的决策。这种决策方法最早是用于帮助个体改变与健康有关的行为。在平衡表中,个体依据自身与他人的得失、赞同与不赞同,写出对参与锻炼的预期结果。比如,如果个体认为自己经常锻炼,“我可以有更多能量帮助家人与朋友”、“我可以减少压力”、“可以让我拥有更好的情绪”、“对我的身体感觉更舒服”、“让我对人生有更积极的看法”,那么他/她就是对运动持赞同态度。反之,如果个人认为“如果人们看见我锻炼,我会很尴尬”、“运动使我没有时间与朋友在一起”、“我穿上运动服装后感觉不舒服或很尴尬”、“锻炼还需要学习,太麻烦了”、“运动给我的另一半增加了额外的压力”,那么个体就是对运动持反对意见。综合考虑赞成与反对意见,可以获得个体对运动的态度和认知。可以通过减少或改变其负面认知,促使其参加锻炼。

① Bandura A. Social foundations of thought and action. *Englewood Cliffs*. N J: Prentice-Hall,1986.

四、期望价值理论(Expectancy-value Theory)

期望价值理论经过了一个演变过程。最早的行为研究专家认为人的行为就是刺激—反应之间的关系,比如,认为学习是对于每一个环境刺激接受一个正确反应,经过强化而完成的。但是新行为主义者托尔曼(Tolman,1932)在动物实验的基础上提出,行为的产生不是由于强化,而是由于个体对一个目标的期待。而这些期待是建立在目标的价值和意义的基础上。目标或标准的建立又是基于过去的经验和对任务的熟悉程度而定的,这个目标或标准又被勒温等人(Lewin、Dembo、Festinger & Sears,1944)称为"抱负水平"(Level of Aspiration)。

基于托尔曼和勒温的期待和抱负水平构想,阿特金森(Atkinson,1964)试图将需要、期待和价值统一到一个综合的理论中。他提出成就动机理论,认为行为是这三个成分的倍增函数,并将这三个成分命名为动机、成功的可能性和激励值。动机代表稳定而且持续的个体特质,包括两种基本的成就动机:争取成功和回避失败的动机。

阿特金森的期待—价值理论进一步被拓展,埃克尔斯等人提出的一个理论模型(Eccles,1983;Wigfield & Eccles,1992),其简化版如图5-3所示。成就行为的两个最重要的预测值是期待和任务价值。期待有两种成分:任务的自我观念和对任务难度的理解。自我观念的信念是指对不同领域能力的理解,是对完成当前工作的自身能力的评估。任务感知指的是对任务难度的判断。对能力和任务难度,以及随后对成功期待的感知,都受到如何感知其社会环境和他们所经历的事件的影响。另一个影响信念的变量是一般的文化和社会环境,个体与父母、同辈人和其他成年人(如教师)之间相互作用的性质,以及他们过去的行为和成绩。

所以,个体对参加某一活动(如运动休闲)的期望信念与价值信念越高,就越有可能参与该活动。期望信念与价值信念的高低,受到众多社会因子的交互影响,包括文化环境、先前成功或失败的经验、成长经验、个人目标、动机取向(motivational orientations)、重要他人(如父母)的信念、性别角色刻板印象(stereotype)等因素。

就期望信念而言,基本上它是能力自我概念的一种形式,类似个体对自己能力的认知。Bandura(1997)的自我效能(self-efficacy)或 Harter(1982)的胜任动机(competence motivation),指出能力自我概念是工作选择和表现的重要预测因子。但是,Eccles 及其同事建构了更广泛的期望信念。Eccles 等人

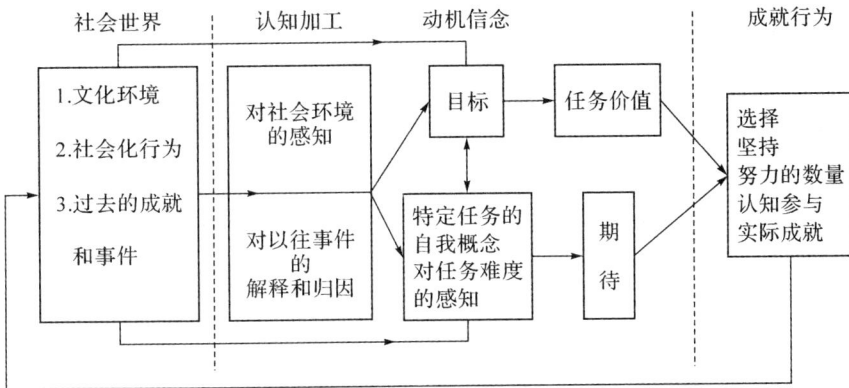

图 5-3 成就动机的社会认知期待—价值模型

资料来源:Eccles, et al. ,1983:77-146。

(1983)对期望信念的叙述包含了工作难度(task difficulty)及需求努力
(required effort)两个成分。他们认识到工作难度及需求努力与个体参与某项
活动的可能性呈负相关。在 Eccles 与 Wigfield(1995)的研究中,发现了第三
个成分——能力期望(ability expectancy)。因此,Wigfield 与 Eccles(2002)指
出,期望与自我效能类似,但不同于自我效能理论重视行为表现的结果(结果期
望),涵盖了过程、预期表现及与他人比较等过程。

价值信念是 Eccles 的期望价值理论的另一个核心概念,也是与其他以能
力概念为核心的动机理论差别最大的地方。Eccles 及其同事认为价值包括乐
趣价值(interest value)、实用价值(utility value)、成就价值(attainment value)
及代价(cost)四个纬度。乐趣价值指个体感知到从事某项活动所获得的乐趣
程度;实用价值是个体感知从事某项活动对实现自己的某个目标有帮助的程
度;成就价值是个体觉得从事某项活动符合自我概念的程度,比如是否能提升
自尊;代价是价值的负面成分,包括失去从事其他活动的机会、失败的心理代
价,以及重要他人的期望代价等变数。失败的心理代价是个人感觉某项任务不
能成功执行时可能产生的焦虑、害怕等负面情绪;重要他人的期望是指他人对
自己可能会有的负面评价程度。

五、复发干预模式(Relapse-prevention Model)

复发问题是对健康行为的一个重要挑战。锻炼中的复发率较高,几乎有
50%的锻炼参与者在头 3~6 个月内退出。Sallis 和他的同事(1990)发现,复发

最经常的原因是受伤,其后是工作需要、缺乏兴趣、缺乏时间、家庭需要、赛季结束、坏天气和应激。不幸的是,复发会导致不良状况:酗酒、药瘾、肥胖和吸烟。

预防复发的目的是帮助个体预见问题并有效地应付高危状态。研究者已经确认少数导致复发的因素:消极情绪、生理因素、有限的应对技巧、有限的社会支持、低动机、高危状态和应激似乎都是引起复发的因素。预防复发模式的原则包括确认复发的高危状态(比如,季节变换、工作时间改变、有组织的运动赛季结束),然后找出这些高危状态问题的解决方法(比如"下雪时,我就把室外散步改成在购物中心散步","我会找其他时间进行有氧健身操","网球赛结束,我就加入足球俱乐部")(毕永锋,2002:4)。

预防复发理论(Marlett & Godron,1985)特别关注预防在上瘾行为改变复发范围的自我管理和自我控制技术和策略。强调信念的作用(预期结果和复发的原因),这个理论承认存在连续的行为变化包括开始、调整、停止和维持。尤其是重视维持阶段,根据该理论,需要和这个连续过程早期阶段有效干预不同的分析和干预。有些研究已经显示应用"预防复法理论"来增加锻炼行为确实有效(Bélisle、Roskies & Lévesque,1987;King & Fredriksen,1984)。但也有研究表明,预防复发对长期坚持锻炼没有帮助(Marcus & Stanton,1993;尹博,2007:15)。

六、跨理论模式(Transtheoretical Model)

行为变化的跨理论模型(Transtheoretical Model of Behavior Change,TTM)是由心理学家普洛查斯卡于1979年提出的(Prochaska,1979)。该理论把重点集中在改变个体的决策能力,而非社会的、生物学的影响力。它在综合多种理论的基础上,如弗洛伊德学派的意识唤起(consciousness raising),来自斯金纳传统理论中的突变管理(contingency management)和来自罗杰斯理论中的协作关系(helping relationships)形成了一个系统的研究个体改变行为的方法。它认为,个体的行为变化是个连续的过程而非单一的事件,人们在真正做到行为改变之前,是朝向一系列动态循环变化的阶段变化程序发展。对所处的不同阶段的个体应采取不同的行为转换策略,促使其向行动和保持阶段转换。该理论模型试图去解释行为变化是如何发生的,而不仅仅是为什么会发生,它描述了人们如何改变一个不良行为和获得一个积极行为的过程(尹博,2007:17)。

跨理论模型把行为变化的认知、行为和时间等综合起来,分为变化阶段、变化过程、决策平衡和自我效能。把行为分解成前意向阶段(precontemplation stage)、意向阶段(contemplation stage)、准备阶段(preparation stage)、行动阶段(action stage)、维持阶段(maintenance stage)。

跨理论模型受到普遍关注有几个方面的原因:跨理论模型包括了处于不同行为变化阶段的人;跨理论模型认为行为变化是动态的,受多种因素的影响;跨理论模型提出有不同的过程影响个体的行为变化状态,它为进行与行为变化状态相适应的锻炼干预提供了理论指导;跨理论模型强调除行为之外还有多种结果伴随着行为变化而变化。跨理论模型的不足:对于不同阶段的支持性证据太少且不一致;对于行为变化过程和变化阶段关系的证据混淆不清;跨理论模型是描述性的而不是解释性的;跨理论模型没有考虑调节变量的作用,如个体差异、社会影响等(毛荣建等,2003)。

七、社会认知理论(Social Cognitive Theory)

社会认知理论是班杜拉(Bandura)于1986年提出的。该理论提出了影响行为发展的三个因素:个人因素(personal factors)、行为因素(behavioral factors)以及环境因素(environmental factors)。社会认知理论提出人、行为、环境三个因素之间的交互作用。这个互相作用的模式称为"交互决定论"。班杜拉提出,不仅环境影响行为,行为也影响环境。人的因素也很重要,它包括认知、情绪和生理等因素。在不同因素的相互作用中,最为关键的地方可能就是自我效能,即有能力成功完成行为的信念,为此班杜拉又提出了自我效能理论。它最初是作为一个改变行为的理论出现,自我效能理论认为行为是由自我效能和结果期望来解释的。自我效能是指个体应对或处理内外环境事件的效验或有效性,是个体以自身为对象的思维的一种形式,指个体在执行某一行为操作之前对自己能够在什么水平上完成该行为活动所具有的信念、判断或主体自我感受。自我效能不只是个体对即将执行的活动的成功率的一种事先预估,还会影响到个体在执行这一活动中的心理过程的功能发挥。班杜拉认为,人们往往选择自己觉得能够胜任和有信心完成的活动,而避开那些自己觉得不能够胜任和没有信心完成的活动。自我效能感高的人在活动中有较强的坚持性,愿意克服困难,情绪乐观;而自我效能感低的人则相反。因此,自我效能被认为是影响行为取向、行为过程和行为结果的重要因素。

结果期望指预期的行为成功完成的结果。"结果期望"是关于行为效果的信念。个体期望改善健康状况,获得社会赞许,或者把体验自我满足作为锻炼的结果。结果可以分为即时受益,如较低的应激水平;或者长时间受益,如改善身体成分。

第二节　基于中观和宏观环境的理论

以下六个理论来自环境和社区心理学的理论，是从中观和宏观角度考虑休闲体育活动参与的理论，如表 5-1 所示。

表 5-1　与体育活动参与有关的理论(概念)

受选择驱动的理论		促进选择的理论	
与个体内部因素有关的理论		行为—环境交互理论	
	微观环境	中观环境	宏观环境
健康控制观模式	操作条件反射理论	环境压力理论	小区混乱理论
理性行为理论 (计划行为理论)	社会学习(社会认知)理论	行为场景理论	城市意向理论
复原干预模式	行为经济理论	康复环境理论	环境心理及互联网理论
期望价值理论			城市设计概念
跨理论模式			交通规划概念
自我决定理论			土地使用概念

资料来源：King, et al.，2002：18。

一、环境压力理论(Environmental Stress)

环境压力(Environmental Stress)原是工程领域的一个概念。最初使用"压力"一词来解释有机体对环境刺激反应的是坎农(Cannon，1932)，他所做的研究指出，通过检测可发现有机体对环境"不战则逃"的反应，这种反应就是有机体通过生理上的唤起做好了不是去与压力抗争就是逃避压力的准备。有机体的平衡机制参与这种反应。它使有机体在压力消失之后能很快地恢复到最初的生理状态。

压力来自环境，压力与环境有着密不可分的关系。有时压力也似乎来自机体内部，机体内部刺激引起的压力可能是生理的，或是心理的，但追根溯源的话，机体内部的压力最终仍源自环境。有机体感受到环境刺激具有的压力，这是现实的环境压力；如尚未感受到，则是对有机体一种潜在的可能的环境压力。

环境压力可能对有机体是有害的，也可能是令人愉快的，两者都会引发出相应的反应。有机体大脑网状激发系统中的知觉加工过程,是特定环境刺激的压力诱发相应反应的基础。

　　环境压力指住房拥挤、噪音、交通拥堵、信息量过大、暴力和犯罪的威胁,等等。根据该理论,长期处于这些环境压力下可以导致疲倦感,减少对自己日常行为的控制感,也会导致住宅和工作环境下的社会支持的减少(Lazarus,1966;Cohen et al.,1986;Evans et al.,1999)。在小区环境范围内,已经发现大量的车辆往来会减少邻居之间的交往、居民对人行道和前面庭院的使用。与此类似,长期处于暴力环境中会使小区居民参与体育活动的动机下降。各种微观、中观和宏观环境压力会使居民参与的休闲体育活动(比如,散步、慢跑、骑自行车、使用小区的空地参加体育活动)下降。这些环境压力过大时,即使居民的一些与日常购物或者其他实用目的有关的体育活动都会减少(Giles-Corti et al.,1997)。

二、小区混乱理论(Community Disorder)

　　至少有两种环境和行为理论关注小区与环境压力有关的物理和社会特征,纽曼(Newman,1973)的防御空间理论(Theory of Defensible Space)和帕金斯(Perkins et al.,1992)等人和泰勒(Taylor,1988)的环境颓倾理论(Theory of Environmental Incivilities)。纽曼的理论认为居住区的环境设计如公寓建筑的高度、居住小区之间的密度、糟糕的结构设计会减少居民的防御空间,或者说,减少他们认为自己对环境的控制。而对环境的低控制感及对犯罪行为的恐惧增加和减少对居住地附近的空地使用有关联。环境颓倾理论认为一些明显的环境,比如毁坏的窗户、街道维护很差、涂鸦、乱扔东西、色情标语等会给居民传递出一种混乱的印象,因此居民会减少使用人行道和空地,会减少与邻居的社交活动和减少参与休闲体育活动。

三、康复环境理论(Restorative Environment)

　　环境压力和环境颓倾理论强调环境对个体参与体育活动的制约。与此相反,康复环境理论认为与减轻压力有关的环境可以促进个体参与体育活动,特别是促进参加那些娱乐休闲型的体育活动。康复性的环境包括大量的自然环境,比如水、植被、空地的开阔景观,其他能引起人们新奇感和从日常生活中脱离开来的美学元素,等等。研究发现置身于康复性环境中可以减少主观和心理压力(Kaplan et al.,1989;Korpela et al.,1996;Ulrich,1983)。我们不难理解美国很多医院都营造了很好的绿色环境,让很多患者躺在病床上,就能望到窗户外面的青山绿水和鲜花盛开的场景。笔者到宾州一所医院去看望住院的朋友,发现她的房间就是正对着一大片绿地,远处则是群山环绕。在这样的环境中,她每天心情愉悦,恢复得特别快。拥有康复性环境的居住和社区环境可以减少压力和促进放松。相应的,这些场景能促进个体参加运动休闲活动。

四、生态心理和行为场景理论(Ecological Psychology and Behavioral Settings)

行为场景是与不断出现的社会活动相联系的物理环境(Barker,1968; Schoggen,1989;Wicker,1979)。比如,教室、小区周围的餐馆、零售店、健康中心的环境、游憩场所如体育馆和滑冰跑道,等等。行为场景位于一定的物理场所,并且有系列有组织的活动在此发生和举行,如发生在教室里的教育和学习活动,体育馆的体育运动赛事。贝克等人发现,人数少的场景(如农村小规模的高中)更容易鼓励人们参加系列活动,以确保这些场景拥有活力,而人数过多的场景(如城市里的大规模高中),更容易采用一些严格的标准来限制人员。行为场景理论至少在以下两个方面可以帮助我们理解其对参与运动休闲活动的影响。

首先,有许多游憩场景和设施的社区的居民比住在游憩机会更少的个人更容易经常性地参加体育活动;其次,行为场景可以看作有助于在社区范围内培养居民之间社会联系的中观环境单元,这些联系有时候被称为"社会资本"。有许多有组织的行为场景的小区有更多的社会信任和市民参与,结果,这将有助于居民使用社区的空地和交通系统。

五、城市意象理论(City Image)

林奇(Lynch,1960)提出环境五个要素(小径、标识、节点、区域和边缘)能够一起发挥作用,使社区居民形成不同程度的城市意象。可以产生强烈意象的环境可以使居住在这些地方的居民留下强烈鲜活的记忆。圣路易斯拱门、西雅图太空针塔等在帮助形成对这些城市的景观意象方面起到了非常大的作用,环境的可意象性对一个具体的区域特别重要:比如,网格状的街道可以有助于意象的形成和识别方向,因为这些街道的设计是可预测的。林奇关于城市意象的理论和运动休闲参与模式直接相关。特别是,如果有些大型社区能够形成有用的"认知地图",这对人们参加体育活动是有用的。这个假设认为高度可辨别的环境能使居民认为他们的居住区更加安全,从而更容易去参加休闲活动。

六、互联网生态心理学理论（Internet Ecological Psychology）

这是一个相对新的研究领域，该理论研究社会不断增加对电子和移动通信技术的需求，及这一现象对个体行为和发展的影响（Stokols，2002；Blanchard，1998）。该理论主要提出三个方面的观点：（1）更多地处于"虚拟行为场景"会减少他们和家人、朋友之间面对面的交流；（2）对更偏远地方的虚拟接触使他们减少了对身边的、当地的环境依恋；（3）通过各种通讯方式获得的信息（电子邮件、电传、语音信箱、手机等），在住宅和游憩场景内接收到的信息，甚至更传统的工作环境中接触到的信息，会增加信息接收者的信息刺激负担、干扰和压力。社会对互联网的依赖直接影响体育活动的模式，特别是现代社会更多的人从事的活动是与静坐方式有关的、基于电脑的活动。但潜在的积极影响是可以向众多人口传递大量体育活动的健康益处，特别是通过以健康为导向的网站。

第三节　基于宏观环境的理论

一、城市规划视角（Urban Planning）

除了社会生态理论，关于城市规划如何能促进或阻碍体育活动的参与的城市规划理论也日益受到重视。为了更好地理解城市设计和体育活动的关系，环境被分成两种类型：以汽车为导向的环境，是为了保证汽车的安全高效通行的，另一种是以行人为导向的环境，是为了保证人们的安全愉快行走。这两者的区别如表 5-2 所示：

表 5-2　以汽车为导向和以行人为导向的环境

以汽车为导向的环境	以行人为导向的环境
过去的 50 年	过去的 5500 年
低密度、扩散	紧凑发展
主要关注交通的畅通	主要关注公共空间的设计
把土地分成各种单一功能的区域	混合型的土地使用
街道的连接性受限制	街道最大限度地连接起来
失去了的空间	填充满了的空间

资料来源：King, Stokols, Talen, Brassington & Killingsworth, 2002:21。

二、社会生态理论(Socioecological Theory)

1. 社会生态理论的概念

社会生态理论最初用于促进公共健康,但是因为美国、加拿大、澳大利亚等西方国家在实施公共健康项目的过程中,很多法案、法规、研究等都是通过鼓励、促进大众参与体育活动来实现提高大众健康的目的,因此,众多学者就采用社会生态理论来研究体育活动的参与。

社会生态理论来源于生态学。生态学是阐述有机体和它所处环境相互关系的一门学科。用生态学的概念来研究人类的活动主要是考察人和所处物理环境和社会文化环境的相互关系。行为的生态学模型主要研究社会文化和物理环境对个体行为的影响,考虑个体在行为改变过程中的环境支持。后来,学者们又在此基础上加入社会学因素,考察行为的社会生态学模型,认为多种环境影响(比如,社会、文化、法规、身体)会直接或间接对锻炼行为产生作用。社会生态模型指出,如果没有社会和有关法规的支持,个体的自我调控难以实现。体育参与的社会和情境变量,比如,社会准则、环境、社会交往、组织支持等影响人们是否能进行并维持体育锻炼。因此,社会生态理论就是认为个体的行为(锻炼行为)受到个体和环境两者的共同影响,而不是个体因素(如动机、自我效能等)一个方面的影响。

社会生态观点基于多个学科/理论。"生态"一词指有机体和它们环境之间关系的研究。早期的生态分析研究植物和动物与它们的安居环境之间的关系。后来拓展到研究社会学、心理学和公共健康领域里人类社区和环境的研究。早期的生态学主要关注生物进程和地理环境,起源于 20 世纪 60 年代中期和 70 年代早期的社会生态学则更关注人与环境之间的社会、机构和文化环境(Stokols,1999)。

2. 社会生态理论的核心原则

社会生态范式有几个关于环境、人类行为和康乐(健康)的核心原则。首先,生态分析强调环境有物理、社会和文化三个维度。这三个维度相互作用共同影响健康状况。相应的,人们就能更加了解促进健康的一些与环境有关的措施,不能只考虑一些独立的环境特征,比如空气质量,而应综合考虑以上三个维度。

第二,社会生态理论强调环境和个体的动态交互影响,而不是只强调个体或者环境单方面的影响。同样的环境特征,比如人口密度、居住场所的改变、经济衰退等对个体的健康会产生不同的影响,因为这还取决于他们的个性、对环境控制能力的感知、健康的实践和财力资源等。

第三,社会生态理论结合了一系列来自系统理论的概念,比如,相互依存性(interdependence)、稳态(Homeostasis)、负反馈(negative feedback)和偏差扩大(deviation amplification),以求更好地理解人与环境之间的动态关系。比如,人与环境的交互关系是相互影响:物理和社会环境直接影响人类的健康,同时,参与者又在改变他们的环境。这点和班杜拉的社会认知理论类似。同时,健康影响和在有组织环境中的行为模式是广泛的,既有对人类康乐的积极影响,也有可能带来负面的健康影响。

第四,社会生态理论也强调各种环境之间的相互作用以及多种环境和生活领域之间的联系。比如,人们认为物理环境和社会环境之间有密切联系,它们既可以单独对居住者的康乐发生影响,也可以共同对其发生作用。人类的多种环境,比如,住所、工作场所和周围的社区被视为巢状结构(Nested Structure)。在这种巢状结构中,当地环境和组织与更大更远地区是联系在一起的。因此,促进健康的行动要同时考虑到近距离环境和远距离环境,如从工作场所的溢出(spillover)压力和上下班交通的压力,到居住环境、各个洲/省以及国家对工作场所健康环境的法规。

第五,社会生态理论的跨学科性。它综合了大众健康的社区范围预防策略、个体的病理学、医学上的治疗策略。同时,它还综合了行为与社会科学,强调个体及群体在改变他们的健康环境中所起的主动作用。

Sallis(2006)认为社会生态学理论尤其适合研究体育活动,因为体育活动都是在具体的场所中进行的。科蒂(Giles-Corti)于 1998 年在其博士论文中以计划行为理论为基础建立了她的体育活动社会生态学影响模式,如图 5-6 所示。

不同学者在应用社会生态模式时,对个人因素的考察应用了不同方法,有些着重考察个体的参与动机,有些也考虑个体的自我效能,等等。科蒂(2002)在对西澳大利亚佩斯市的项目研究中,采用的是 Deci & Ryan 的计划行为理论、Ajzen 的行为控制感和 Bandura 的感知到的行为技巧等概念。依据不同的研究目的,不同的研究会考虑使用不同的方法来考察个体因素。

3. 社会生态理论与运动休闲参与

西方对社会生态理论与运动休闲参与关系的研究有两条主线。一条是通过个人因素、物理环境和社会环境三个维度来体现和应用社会生态模型。另一条是通过人际内部因素、人与人之间的因素、社区和环境因素、组织机构因素来

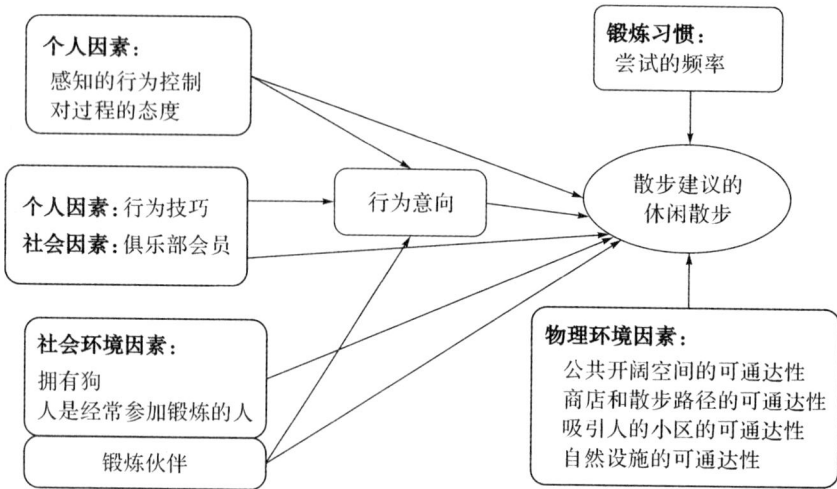

图 5-6 休闲体育(散步)参与的社会生态模型
资料来源:Giles-Corti,1998:430。

体现和应用社会生态模型。

前者的代表人物是上文提到的澳大利亚知名学者科蒂教授。科蒂(2002)以社会生态理论为依据,在澳大利亚开展了一个名为"对体育活动的环境和个人决定因素的研究"的项目。该研究的主要目的是测量个人因素、物理环境因素、社会环境因素对个体参与有计划的休闲体育活动的相互影响,以及个人因素和环境之间的影响。科蒂(2002)调查了西澳大利亚柏斯市1803名健康工人和居家人士,他们的年龄跨度为18~59岁。物理环境决定因素主要是对受欢迎的游憩设施的可通达性。总体来说,有59%的受访者的锻炼达到建议标准。锻炼的次数和政府建议的次数一样多。使用家里附近游憩设施的频率比其他地方更多。最常使用的设施是非正式场所:街道(45.6%),公共的开阔地(空地)(28.8%)和海滩(22.7%)。研究发现,物理环境对个体锻炼的影响次于社会环境影响因素。不管怎样,设施的可通达性决定了它们是否被锻炼者频繁使用。这样,可以通过提供机会来支持和巩固已经取得的锻炼行为。研究表明,支持性的物理环境是很有必要的,但是还不足以提高社区内的体育参与水平。还需要能影响个人内部和社会环境因素的策略。考虑到散步锻炼的形式很受欢迎,科蒂建议努力的重点放在创造街景、提高游憩或交通性质的散步。不活动(运动过少,physical inactivity)是很多健康问题的影响因素,即使是中等强度的活动都会带来健康益处。以前对体育活动的参与大多关注个人的因素,这

种方式受到批评,因为这样没有把体育锻炼放到一个具体的环境中(Stokols,
1992)。后来发展的社会生态观考虑了更加宏观的影响因素,考虑到个体与环
境的相互作用(Stokols,1996)。

自从 20 世纪 80 年代起,人们就不断关注物理环境在社区体育活动参与水
平中的作用(King et al.,1995;Sallis,Bauman & Pratt,1998)。物理环境提
供了参与体育活动的机会。一方面,它的影响是被动的,是通过对城市环境的
设计、建筑的设计等途径来鼓励(或者限制)人们的体育活动参与;另一方面,它
的影响是积极主动的,因为它提供可准入的、方便的、安全的和吸引人的体育活
动设施和锻炼机会(King et al.,1995;Sallis & Owen,1997)。

第二条线路通过个体内部因素、人与人之间因素、社区和环境因素、组织机
构因素来体现和应用社会生态模型。这个研究路径也在一定程度上得到了应
用。个人内部的资源包括个体性格特征,比如感知到的功能、社会经济地位、教
育水平、工作状况和动机变量,等等。对体育活动参与非常重要的功能变量包
括每天从事锻炼和所要求的日常生活的能力,以及身体和心理健康(Bouchard,
Shepard & Stephens,1994)。功能低或者感知健康不好都会影响体育活动的
参与,这说明这些个体感知到的自我效能也低。同时,Sanderson 等人(2003)
发现那些达到建议锻炼标准的妇女,更有可能感知自己的身体好,或特别好。
锻炼后的"疲劳"和认为锻炼是"很苦的工作"是这些妇女参加有规律的活动的
主要障碍。这与她们的年龄和她们一天中所要求参加的活动有关。

研究显示,社会经济地位对能否开始并维持一些健康行为,包括定期参与
体育活动,有很大影响。Foster(1992)指出,老年非洲裔社会经济地位和促进
健康行为有密切的联系。Sanderson 等人(2003)发现更高的参与活动与更高
的家庭收入水平有关。克拉克(Clark,1995)认为低收入限制了非洲裔美国人
使用有组织的健身设施,并且低收入和不安全的环境也有关系,从而限制了有
规律的步行。

人际间的因素(资源)包括与文化相关的社会支持,以及会促进行为能力和
改变健康行为的社会规范。社会因素在影响个体、社区的行为改变目标、策略
和机会。社会资产,比如支持性的网络,对所有社区的健康非常关键(Stokols,
1996)。个体所能获得的社会网络和支持与包括参加体育活动在内的减少健康
危险行为相关。在非洲裔美国妇女中,家庭和朋友的支持是一个重要的动机因
素,和影响与鼓励参与体育活动态度的重要因素。Eyler 等人(1999)发现那些
社会支持感知低的人更有可能拥有静态的生活方式。而那些社会支持感知高
的人很有可能比那些感知低的人每周多参加运动休闲150分钟。即使考虑到

婚姻状态、年龄、收入和教育水平,这种情况仍然属实。笔者认为与体育活动有关的社会支持可以为提高体育参与水平提供初始动机。

良好的社会网络可以让个体体验到更多的积极情感和更高的自尊或感觉到对自己行为和环境变化更多的控制(Wills & Fegan,2001)。Toliver 和 Banks-Scott(1990)发现非洲裔美国妇女群体间融洽的关系促进了体育活动的参与和维持。Mayo(1992)发现锻炼伙伴的支持是非洲裔美国妇女维持一项有组织活动的最大动机因素。Nies、Reisenberg、Chruscial 和 Artibee(2003)则认为伙伴关系是体育活动的益处之一。非洲裔美国妇女发现,把散步当作一项体育活动可以使他们和朋友或家人有更多的时间呆在一起。散步的伙伴常常是另一位女性,比如母亲、女儿、侄女,等等。Eyler 等人(1998)发现少数族裔把社会支持作为一个能促进参与体育活动的原因是这些社会支持包括一些相互帮助的情况,比如互相帮助照看小孩等为她们参加体育活动提供了时间。因此,缺乏家人或者朋友的支持被认为是制约一些健康行为,包括参与体育活动的主要障碍。

除了社会支持以外,社会规范也能对健康行为的改变产生积极影响。社会规范反映了行为的标准和公共符号、价值和行为的发展。这个过程为妇女提供了参与体育活动的具体价值、动机和技能。通过社会规范,社区成员提供了成功的样本。而这些样本会在目标信息和与体育活动有关的动机方面提升个体的自我效能。对那些对自己能力不确信的个体,或者对很少有参加体育活动经验的个体而言,社会规范的影响特别明显(Henderson & Ainsworth,2003)。体育活动有关的社会规范还可以促进体育活动的信息交流及传播。榜样可以促进相关行为策略和行为改变的自我调节。Ainsworth(2003)发现,看见其他人在小区里锻炼和达到体育活动的标准之间有统计意义上的相关。而且,被调查者如果对锻炼的妇女评价越高,就越有可能参与体育活动。

正式组织,比如社区教会和老年人中心可能可以提高大家对健康行为的关注,为人们参与体育活动提供机会。Weaver & Gary(1996)发现经常去教堂的和社会活动中更活跃的非洲裔老年妇女参与体育活动的比例比那些不常去教堂和不活跃的人要高。

社区资源可能对创造支持性的体育活动参与的个人和物理环境有很大的影响。Stokols(1996)认为,小区的设计,包括如果居民对小区感觉不安全,可能会导致他们减少参与体育活动,也会增加社会隔离和降低健康和功能。拥有安全、可以支付得起的设施和体育活动的参与之间有重要的相关关系。缺乏安全的地方锻炼是非洲裔美国妇女参加体育活动的一个主要障碍(Eyler et al.,

1998；King et al.，2000)。对她们的访谈得到的结果表明,制约她们参加体育活动的原因有害怕在小区散步、缺乏体育活动的环境资源、缺乏方便的设施和缺乏符合她们文化的体育活动,发现非洲裔美国妇女的锻炼制约因素,包括缺乏娱乐设施、没有足够的人行道、没人照看的狗、没有街灯。是否有人行道与达到锻炼标准之间有非常显著的相关关系。

支持行为改变的组织特征和组织资源被认为在促进公众健康和拓展健康项目中起到关键作用。组织资源可以在社区内把项目、促进健康和提供服务等方面的努力结合起来。组织资源通过服务和减少健康危险的机会把社区成员连接起来。Nies 等人(1999)发现工作场所内的政策,包括缺乏使用现有资源的鼓励等经常会阻碍人们参与体育活动。

社会生态理论作为本研究的理论依据,强调了个体因素和环境两个方面对休闲体育活动参与的作用。而个体因素进一步分为动机变量和制约变量;环境因素则分为物理环境变量和社会环境变量。动机测量的理论依据是自我决定理论,而制约测量的理论依据是休闲制约理论。

4.国内对社会生态理论与运动休闲参与的研究

社会生态理论在我国还是一个比较新的概念。通过对 CNKI、维普、万方、谷歌学术网等数据库的检索,发现目前国内只有一篇关于社会生态理论的述评文章。曾永忠等(2008)对社会生态行为模式进行了简单介绍,也简要谈到了社会生态模式理论的现状和发展。笔者在 2008 年的博士论文中首次正式使用社会生态理论讨论了城市化与运动休闲参与的关系问题。本书是在博士论文基础上的拓展和丰富。

小　结

本章讨论了运动休闲的参与理论,这些理论都是国外学者和专家经过观察和研究,不断总结提炼出来的。我国学者对理论的贡献还相当匮乏,主要是处于借鉴和引用阶段。希望将来我国学者有更多的努力,为运动休闲参与理论的探索作出贡献。从个人角度出发,国外学者总结出了"理性行为理论"、"计划行为理论"、"决策理论"、"期望价值理论"、"复发干预理论"、"跨理论模式"、"社会认知理论"。从外部环境来看,"环境压力理论"、"小区混乱理论"、"康复环境理论"、"生态心理和行为场景理论"、"城市意象理论"、"互联网生态心理学"、"城市规划视角"和"社会生态理论"等理论的提出则是从社会环境来解释运动休闲。

第六章　城市化与运动休闲参与的动机

　　根据社会生态学理论,运动休闲的参与受个体自身因素影响。本章讨论个体因素中的动机因素。动机是运动休闲参与的一个重要课题,因为人们希望了解到底是什么因素促成人们参与体育活动。同时,人们还希望了解不同的社会人口因素,如年龄、性别、受教育程度和社会经济状况如收入水平等是否会影响体育活动参与的动机;不同的动机是否会导致不同的认知(cognition)、情感(affect)、情绪(emotion)和行为结果(outcome),等等。又比如,拥有内在动机的参与者是否能更长时间坚持参与运动和锻炼。或者什么样的情况下,能更好地激发参与者的内在动机,等等。社会科学研究的目的主要有呈现、解释和预测三种。(社会)心理学家们的使命则不满足于呈现事实,而是把研究重点放在后面两种,即对行为的解释和预测,而动机就是一个解释和预测人们行为包括运动休闲行为的重要个体内部因素。

第一节　运动休闲参与的动机

　　动机是引起个体活动,维持并促使活动朝向某一目标进行的内部动力(Petri,1981)。动机的定义已逾140种。动机定义的多样性反映了此概念不仅是一个静态的心理建构,而且是一个动态的过程。动机有三个方面的作用:一是发动作用。动机能引起和发动个体的活动,人的任何活动都是由一定的活动动机所引起的。二是指向和选择作用。动机能将人的行为活动导向某一个目标或选择活动的方向,并指向一定的目的。三是强化作用。当人的活动动机一旦被激起,个体就会尽力去维持活动。人的活动动机一旦形成,就能产生维持、增强或制止、减弱某一活动的力量(李鹏,2005)。对参与体育活动动机的研究最早可追溯到 1976 年（Alderman & Wood，1976）。从那以后，已有无数研究探索人们参与各种体育活动的动机，包括参与运动休闲的动机。

为了更好地了解人们的动机，研究人员把动机分成不同的类别。其中一个重要分类是依据 Deci（1975）的自我决定理论。该理论包括基本需要理论（Basic Needs Theory）和有机整合理论（Organic Integration Theory）。人类的需求也是千差万别，马斯洛（1943）把人类的需求分为基本生理需求、安全需要、社交需求、尊重需求和自我实现需求。而 Deci 和 Ryan 认为在众多的需求中，有三种需求是人类的最基本、最核心需求，即自主性（autonomy），人际关系/归属感（belongingness, interpersonal relatedness）和能力（competence）。自主需求是指个体通过个人选择和控制来自由行动，人际关系需求是渴望被他人所爱和有归属的感觉，渴望被他人所理解的感觉，以及渴望有意义地生活在更广泛的适合世界里的感觉。能力需求是个体把自己的有效技能相应转化成寻求并征服更大挑战的渴望。为了方便理解和记忆，Gordon Walker 教授把这三种需求简称为"ABC"。"A"就是指自主性（autonomy），"B"就是指人际关系和归属感（belongingness），"C"即指能力（competence）。在西方传统文化和语境下，自主性又是三种基本需求中最核心的需求，所以在有关休闲的各种定义、概念和理论中，自由选择（freedom of choice）和自主性是两个根本特征，被奉为圭臬。但是，作者及沃克教授认为对具有互依型独立自我建构的中国人来说，人际关系和归属感比自主性更重要，这一特征极大地影响了中国人的休闲认知、情感和动机。关于基本心理需求的理论被称为"基本需求理论"（Basic Needs Theory），是自我决定理论的一个分支理论。自我决定理论的另一个分支是有机整合理论（Organic Integration Theory）。Ryan 和 Deci 把动机根据自我感知到的自主性（autonomy）的程度由高至低分为内在动机（intrinsic）、整合性动机（integrated）、确认动机（identified）、内摄动机（introjected）、外部动机（external）和无动机（amotivation）。内在动机是指为了活动内在的满足感去做某事，"当个体能体验到快乐，运用他们掌握的技能，获得成就感和好心情等去参与某项活动时，他就是拥有内在动机"。整合动机是人们对自身的评价与同化，而确认动机则是人们评价一个目标对他们自己是否重要。相反，内摄动机可以理解为人们做某些事情是为了维护自尊或者避免自责，而外部动机则是为了获取奖赏或避免惩罚。最后无动机则体现在个体完全没有行动，要么行动了不知为何这样做，或者行动了本质上却不过是装装样子。整合动机、确认动机、内摄动机和外部动机都是外在动机（extrinsic motivation）。外在动机是指做某事是为了活动除本身以外的结果。Ryan 和 Deci 认为动机是个连续体，最左端是无动机,再到外部动机、内摄动机、确认动机、整合动机和内在动机。内在动机就是最右端。在这个连续体里,个体的自主性逐渐增加和提升。

Pelletier(1995)等学者则将内在动机进一步细分为寻求知识动机(motivation to know)、成就动机(motivation to accomplish things)和体验刺激动机(motivation to experience stimulation)。Ryan、Frederick、Lepes、Rubio和 Sheldon(1997)确认五个体育参与动机,即乐趣、能力、外表、健康和社交。Alexandria和 Carroll(1997b)应用主成分分析法,确认了希腊人参加休闲体育活动的六个动机,分别是:身份、放松、知识、社交、竞赛(成就)和健康。这六种动机的排序是健康、放松、竞赛(成就)、知识、社交和身份。他们还得出结论:"所有受访者,不管性别和年龄,都承认他们希望从运动休闲中获得健康的益处。"(p. 135)其他类似研究也证明了健康是休闲体育参与的最重要动机。比如,Ebben 和 Brudzynski(2008)考察了美国大学生的体育锻炼,发现最常见的动机就是健康,其次是减压、乐趣和外表。

中国的同类研究也得出类似结论。比如陈善平、闫振龙和谭宏彦(2006)对大学生锻炼动机的调查发现大学生锻炼动机的强度依次为:健康动机、乐趣动机、能力动机、社交动机和外貌动机。陈善平等人于 2013 年再次调查的结果是:动机强度依次是健康、乐趣、社交、外表和能力。Sit、Kerr 和 Wong(2008)对香港中年女性的锻炼动机调查显示"三个最重要的参与体育活动的动机是:健康、乐趣和外表"(p.272-273)。这些调查结果显示虽然健康是外在动机,而且一般情况下,研究人员认为内在动机比外在动机更重要,但健康仍然是排在首位的动机。

第二节　运动休闲参与动机的测量

动机是运动休闲参与的一个重要个体内部因素,那么如何测量运动休闲参与者的动机也格外重要。不同个体的参与动机可能不同,不同的运动项目也能满足不同的参与动机。比如广场舞的热爱者与健身房里练瑜伽者的锻炼动机可能既有共同之处也有明显区别。利用小区健身路径锻炼的人群也显著区别于健身中心使用健身设施或游泳池的人群。了解人们参与运动休闲的动机,可以预测他们的健身需求,有针对需求提供和设置相应的健身项目,从而更好地满足人们的需求。无论是作为政府管理部门还是企业营利部门,了解人们的健身需求和动机都是非常重要的。

西方研究人员先后制定了系列测量体育活动动机的量表,比如,Weiss、Brederneirer 和 Shewchuk（1985）；Dwyer（1988）；McAuley、Duncan 和 Tammen(1989),等等。但是由于这些量表本身的原因,它们并未得到广泛使用。比如,Weiss 等的量表把内部动机和外部动机置于同一个连续体,而 Dwyer 和 McAuley 等的量表只测量了内部动机。目前使用得比较广的运动休闲动机测量量表有两个。两者制定的理论基础均是 Ryan 和 Deci 的自我决定理论。

一、运动动机量表

1995 年,根据 Deci 和 Ryan 关于内在动机的认知评价理论,加拿大渥太华大学心理系教授佩尔蒂埃（Pelletier）等人编制了运动动机量表（Sport Motivation Scale,以下简称 SMS）,测量体育活动中的内在动机、外在动机和无动机。在此之前,他的同事和他编制了一个法语版的动机量表（Brière et al.,1995）。后来他再与他的同事(Pelletie et al.,1995)把法语版的量表翻译成英文,并做了两个实验来验证其效度和信度。该问卷是针对专业运动员而设计的,其调查对象也全部是专业运动员(N＝600),因此从理论上说,该量表并不特别适合测量运动休闲的动机。但是国内外均有学者(孙晓强,2006,2007；Alexandris et al.,2002)使用该量表来测量一般的体育活动,而非职业体育运动。

该量表共有 28 个题项。每个动机各 4 个题项。其中内在动机又分为求知动机、成就动机和体验刺激动机。外在动机分外部动机、内摄性动机和认同动机(其中整合性动机因为和内在动机太接近因而不容易测量而未被纳入)。这个量表制定以后,在很多国家得到使用。比如 Chatzisarantis 等人(2003)和 Li 及 Harmer(1996)通过对大量的大学生运动员进行测量验证了该量表的效度。对其他英语国家如澳大利亚、新西兰的运动员(Jackson et al.,1998),来自英国的运动员(Hamer,Karageorghis & Vlachopoulos,2002)和来自法国的运动员(Sarrazin et al.,2001)的研究都检验了量表的结构效度和信度。此外,其匈牙利语版本（Chantal,Guay & Dobreva Martinova,1996）和希腊语版本（Alexandria,Tsorbatzoudis & Grouios,2001)的结构效度和信度也得到了验证,但是也有学者提出了质疑。比如,Mallet 和 Kawabata(2007)质疑了该量表中有些题项的效度和三种类型的内在动机的结构效度。他们还指出 SMS 没有测量外在动机中最具有自主性特征的动机即整合性动机,因此他们设计了 4 个题项来测量整合性动机,并替换了一些他们认为有问题的内在动机题项。有趣的是,量表的制定者 Pelletier 等人(2007)又即刻撰文反驳他们的质疑,估计这场学术争鸣还将继续下去。

国内叶平(1999)和孙晓强(2007)等学者也分别采用了该量表。叶平使用该量表对 83 名业余体育活动参加者与 81 名体育专业学生的内在和外在动机进行了比较。测试对象完成了运动动机:内在动机(求知、成就和体验刺激)、外在动机(外在调节、内摄和认同)和动机弱化(笔者注:应是"无动机")等测量。孙晓强采用该量表,对 447 名样本进行了问卷调查,以考察体育动机对体育参与程度的影响。其研究结果表明,外在动机与体育参与频率成正相关关系,内在动机与体育参与频率没有显著关系,而无动机与体育参与频率成负相关关系。

总体而言,运动动机量表(SMS)制定的依据是专业运动员,其调查对象是大学的专业运动员。在实际运用过程中,虽然有研究用于非专业运动员,但主体还是各个国家的专业运动员。同时,运动动机量表(SMS)虽然在国内也得到运用,但是其中应用该量表的一个主要研究人员孙晓强(2007)特别提到"该量表可能更适用于竞争性的运动情景中"(p. 47)。

二、体育活动参与量表(修订版)

1993 年,心理学家 Frederick 和自我决定理论的创始人之一 Ryan(Frederick & Ryan,1993)根据自我决定理论制定了一个测量体育活动参与的量表。根据 Ryan 等人(1997)的观点,当时这份量表只测量了三个方面的动机。与能力有关的动机由 7 个题项组成,与外表有关的动机由 10 个题项组成,与性情/乐趣有关的动机由 6 个题项组成,共计 23 个题项。但是,笔者认为这份量表其实也测量了健康方面的动机。比如,第一个题项就是"因为我想身体健康",这项与后来修订过的量表的第一项相同,都是测量健康方面的动机。此外,这份量表与后来修订版的一个显著不同是把减轻压力因素也纳入进去,第 3 个题项就是"因为我想能更好地对付压力"。这一点是非常重要的,特别是在现代人普遍感到压力大的情况下。1997 年,他们在原来量表的基础上,增加测量了两个动机。量表名字与原来相同,但是说明了是修订版,即"体育活动参与量表(修订版)"(The Motives for Physical Activity Measure-Revised,简称为 MPAM-R)。这五个动机分别是:(1)健康,意思是身体上非常活跃,目的是为了身体上更健康,更强壮和精力更充沛;(2)外表,目的是为了在外形上更有吸引力,有更好的肌肉,看起来更好,或者想获得/保持一个理想的体重;(3)能力/挑战,为了提高一项活动的水平,面对挑战,学会新的技能;(4)社交,为了和朋友在一起或者认识新的朋友；(5)乐趣，因为活动本身很有趣，让参与者觉得快乐、刺激和有乐趣。

近年来，已有若干国内研究使用了该量表。余学锋和许小冬(2002)使用该量表对成年人参加运动活动的持久性及其影响因素进行了研究。该研究就5类参与动机、参加活动的持续时间等内容调查了277位成年人。调查结果显示活动的持久性与参加者的年龄、性别有关系，与动机类型没有显著关系；动机类型与活动者的年龄、性别有关。笔者还从中国传统文化、社会转型、体育意识等方面分析了这一调查结果的形成原因。陈善平等(2006)对该量表的中文版进行了信度和效度分析。笔者通过测量1179名大学生锻炼动机，考察了大学生锻炼动机的特征和性别差异，以此检验MPAM-R中文版的信度和效度。其研究结果表明：虽然MPAM-R偏重于锻炼者的内在动机，要较全面地测量锻炼动机，需要增加锻炼者迫于外界压力而进行锻炼的外在动机，但是MPAM-R中文版具有良好的信度和效度，符合心理测量学的要求，在我国也是一个较好的锻炼动机测量工具。2013年，陈善平和他的同事把体育活动参与量表(修订版)(MPAM-R)由30个题项简化成15个题项，并采用2072名大学生的调查数据进行了效度和信度的检验。

本课题的实证研究部分(第十章)对高城市化与低城市化两个社区居民的运动休闲动机测量就是基于体育活动参与量表(修订版)，但根据中西方文化差异，做了修订。修订的内容包括五个动机下面的题项。比如，英语"fitness"一词综合了健康、健美和保持身材、减肥等多方面含义，而我国的健康和保持身材、减肥等概念是分开的。因此，笔者加上了"为了保持身材"和"为了减肥"两项。在多次预调查中，结果显示选择这两项作为动机的受访者很多，尤其是女性受访者。另外，因为生活在城市中的现代人普遍感到压力巨大。但是原量表的健康因子主要侧重身体健康，而忽略了心理层面的健康。1989年联合国世界卫生组织(WHO)对健康作了新的定义，即"健康不仅是没有疾病，而且包括躯体健康、心理健康、社会适应良好和道德健康"。特别是中国现代化和城市化急剧发展的过程中，人们的心理健康已是一个严峻问题。而事实上，许多心理治疗和心理干预也采用鼓励参加体育活动的手段。同时，根据中国学者已有的研究(冯守东，2004；江宇等，2004；李云，2006；印罗观，2006)，心理方面的健康，如减轻压力、心理调适、心理放松、调节情绪也是参与休闲体育活动的一项重要动机。因此，本课题的实证调查增加了"为了减轻压力"这一题项。

此外，本课题调查中新增加的一个动机因子是"毅力"因子。因为我国的传统文化认为毅力是个体应该拥有的重要品质。亚圣孟子就强调："故天将降大任于斯人也,必先苦其心志,劳其筋骨,饿其体肤,空乏其身,行拂乱其所为,所以动心忍性,曾益其所不能。"毛泽东在《体育之研究》(1917)提到体育的作用时指出,体育不但可以强筋骨、增知识、调感情,还"又足以强意志。体育之大效,盖尤在此矣。夫体育之主旨,武勇也。武勇之目,若猛烈,若不畏,若敢为,若耐久,皆意志之事。取例明之,如冷水浴足以练习猛烈与不畏,又足以练习敢为。凡各种之运动,持续不改,皆有练习耐久之益。若长距离之赛跑,于耐久之练习尤著"。近年来,少数国内外实证研究也表明毅力是人们参与运动休闲的一个动机。比如,陆俊(2008)对北京市城区和周边农村小学开展课外体育活动的研究发现,不管是城市学生还是农村学生,首要的锻炼动机均是"锻炼意志品质"和"预防疾病,增进健康"。在他们的研究中,毅力因子(锻炼意志品质)甚至比健康因子(预防疾病增进健康)还重要。Mock、Mannell 和 Guttentag(2014)认为个人成长不仅是从挫折和挑战中学习到的结果,同时也应该是动机导向。这一观点也说明人们会把挫折和挑战作为参与某项活动的动机。西方尚无把毅力作为动机的研究。但是,Carroll 和 Alexandris(1997)的研究有一个类似因子,即"坚持"(persistence)。

此外,考虑到问卷的长度,对于一些测量同一个维度的类似题项进行了压缩。最后采用15个题项和6个因子(健康、乐趣、外表、能力、社交和毅力)来测量休闲体育参与的动机。

三、我国现有其他研究的运动休闲动机测量及重要结果

我国研究人员除使用以上西方学者制定的动机量表外,也在实际调查过程中,使用了其他一些量表或因子来测量运动休闲的参与动机。表 6-1 总结了近年来一些研究测量动机使用的样本量、测量指标及结果。

表 6-1 国内休闲体育活动参与动机的测量和主要结果

作 者	样本量/年龄/性别	测量动机的题项/因子	主要结果
董晓虹等(2003)	N＝346 男＝162 大学生	消遣娱乐,减肥健美,增强体质,应付考试,拿学分	消遣娱乐是最主要动机,其次是减肥健美和增强体质
冯守东(2004)	N＝786 知识分子	增强体力和健康,散心解闷,消遣娱乐	美容,减肥,健美体型,感到运动不足,在学生时代喜欢体育运动并养成习惯

续表

作　者	样本量/年龄/性别	测量动机的题项/因子	主要结果
胡红等 (2000)	N＝2490 大学生	认知，崇高理想，自我实现，义务依附，受迫等6个一级指标、30个二级指标	动机的强弱水平按照一级指标的排列顺序
黄喆 (2007)	N＝702 高职在校学生	减轻学习压力，弥补运动不足，促进身体健康，增进人际交往，发挥潜能，体现自我价值	促进身体健康和减轻学习压力是主要动机；是否是独生子对动机选择有影响
梁晋裕 (2007)	N＝2820 男＝1020 在校大学生	增强体质，消除脑力劳动后的疲劳，体育成绩合格，健美，掌握体育知识和技能	高校的不同年级、性别学生的体育运动动机存在差异
陆亨伯 (1996)	N＝185	健康，精神解脱，交往，能力显示，审美，娱乐等6个因子、40个题项	不同对象在年龄、性别、文化层次方面的不同，其发挥主导作用的动机不同，但健康动机始终是最主要的
金安铭等 (2004)	N＝564 ≥60岁 男＝326	保持和增进身体健康，满足个人兴趣，社会交往，追求自我发展、精神寄托	性别、不同年龄段、受教育程度、不同经济收入对动机选择有影响
江宇等 (2004)	N＝254 女性	自编量表，分为强身健体、心理调适、减肥增重、健美体形、休闲娱乐、兴趣爱好、追求时尚、社会交往、防病治病	不同年龄、职业和文化层次人群的体育锻炼动机具有较高的一致性
李云 (2006)	N＝138 在校大学生	休闲娱乐，社会交往，健身健美，心理放松，课程学习	男性的休闲娱乐、社会交往动机高于女性，女性的健身健美动机高于男性
李燕霞 (1995)	N＝96 男大学生	直接动机，间接动机，混合动机	间接动机是重要动机，有较强的稳定性，增强体质和搞好专业学习
郦树龙 (2002a)	N＝585 ≥60岁 男＝365	强身健体，社交，娱乐，审美，物质利益，精神解脱，能力显示，寻求刺激等8个因子、60个题项	不同性别、年龄、文化层次的老年人的动机有差别，但强身健体是首要动机
郦树龙 (2002b)	N＝380 男＝268 研究生	同上	性别、年龄对动机有影响，学位的不同对动机的影响不显著

续表

作　者	样本量/年龄/性别	测量动机的题项/因子	主要结果
刘霞（2002）	N＝1037 在校大学生	身心健康，社会交往，攀比、表现动机，审美，娱乐动机，体育成就等5个因子33个题项是其主要内容	参与动机在性别、学历（专科、本科、研究生）等方面存在差别
陆伟忠（1995）	N＝225 大学生	情感的快乐和满足，掌握技术技能，健而美，自身全面发展，培养意志品质	感受到美的体验的学生动机水平较其他学生要高而且广泛
宁青（2007）	N＝258 男＝68.99%	为了健身，消遣娱乐，调整情绪	"为了健身"是首要动机，为了"消遣娱乐"与"调整情绪"等心理原因占有较大的比重
乔秀梅（1996）	N＝102 民族女大学生	锻炼身体，增强体质，体育达标，学校规定，争取第一名，好玩	一半（51.8%）以上的学生的动机是为了锻炼身体，增强体质
邱亚君（1998）	N＝276 女性	健康动机，审美与自我完善动机，社交动机，尊重与能力显示动机	不同层次的城市妇女在动机水平的表现有所不同
苏家文等（2005）	N＝1224 在校大学生	身体健康，体形健美，提高学习效率，丰富生活情趣，竞技比赛，提高达标等级	丰富生活情趣、体形健美、身体健康是最主要的动机
孙晓强（2007）	N＝447 男＝216	使用 Pelletier 等人（1995）编制的运动动机测量量表（Sport Motivation Scale）	随着体育参与频率的减少，无动机倾向增加，内在动机与体育参与之间没有显著关系，外在动机与体育参与频率呈显著正相关
汤晓铃（2000）	N＝518 男＝300 55－75岁	健康，精神解脱，交往，能力显示，审美，娱乐	健康、交往、能力显示的动机随着年龄的升高有减弱的趋势，但精神解脱动机则相反。前三个动机与经济水平呈正相关，后一个动机则相反
王爱丹（2002）	N＝155 大学生	增进健康，产生快乐，磨炼意志，健美形体，提高智能，掌握技能，振奋精神，美的享受，发展个性，艺术欣赏，协调人际关系，培养锻炼习惯，加强道德修养，丰富文化生活，培植人生目的，促进国际交流，为政治服务	动机的排序是增进健康、意志、产生快乐、振奋精神、掌握技能、健美形体、提高智能、培养锻炼习惯、丰富文化生活、发展个性、美的享受、协调人际关系、艺术欣赏、加强道德修养、培植人生目的、为政治服务、促进国际交流

续表

作　者	样本量/年龄/性别	测量动机的题项/因子	主要结果
杨杰等（2005）	N＝400 男＝200	兴趣,娱乐,交往,健身,缓压,解劳	动机呈现多元化
杨树等（2005）		延年益寿增进健康,防治疾病,休闲娱乐促进交流,个人能力的展示,陶冶情操	
叶平（1999）	业余 N＝83 男＝47 18－25 岁	使用 Pelletier 等人编制了运动动机测量量表（Sport Motivation Scale）	文化因素对内在动机和外在动机的性别差异等方面有影响
殷恒婵等（1999）	N＝2009,北京＝1040,香港 969,10－19 岁	为了健康,喜欢运动,令我开心有自信,令我觉得更有活力,令我的身材更好,消磨时间	北京和香港运动动机前 4 位一样,只是北京更强调为了健康和为了身材更好
尹长江（2007）	N＝500 男＝350 在校大学生	健身需要、娱乐需要、交际需要、调节情绪、磨炼意志	
印罗观（2006）	N＝256 在校大学生	休闲娱乐,社会交往,健身健美,心理放松,课程学习	大学生的参与动机是按照所列题项的顺序
周丽君等（2007）	N＝2202 中国＝1813 美国＝389 初高中学生	自编量表,提取了亲朋好友、体育成就、身心健康、体育乐趣等因子	中国学生比美国学生多了"亲朋好友"因子,并且是最重要的因子,另三个因子的排序也不同
朱菊芳等（2002）	N＝160 男＝80	健康、形态、心理 3 个因素共 19 个题项	健康因素是主导性动机

　　除了以上对运动休闲参与动机的定量研究以外,也有研究采用了定性方法,比如访谈法。武燕燕(2007)通过访谈法对上海职业女性参加健身锻炼动机的特点进行了研究,发现她们的动机主要是健身强体,强化体能,减肥,塑造体形,满足个人兴趣,学习新的知识和技能,转移情感等五类。同时,她还归纳了三个动机特点:(1)偏重于内部的动机;(2)动机的多方位、错层次、多元化倾向;(3)动机的弱竞技性倾向。

　　对于第一个特点,笔者认为,严格意义上说,这些职业女性经历了从外在动机到内在动机转换的过程。因为"许多女性在参加体育锻炼的初期注重的是体重、健康等因素,当她们经过一段时间的锻炼后,有一部分人由于没有取得理想的效果,便退出了最初的体育锻炼。也有一部分人会在体育锻炼中找到自己的所在,及时调整自己的锻炼方式、项目的选择"。在她采访的女性中"大都经历了从最初由于好奇、减肥、健身为目的参加到体育锻炼中到后来对体育舞蹈产生兴趣、再到后来系统的学习体育舞蹈、将其作为自身素质、能力提高的一种资本的过程"(p.34)。

武燕燕的研究解释了国外一些研究的结果:拥有外在动机的体育参与者为什么往往在 6 个月内就退出(dropout)。但是,因为她的访谈对象都是坚持了有一段时间(1 年以上),因此在这个特定人群中,她们的锻炼动机侧重于内在动机。

以上定量研究的取样范围基本是大学生,而且使用自制量表,没有参考已有的测量方法和前人的研究成果,分析方法以简单描述性统计为主,未能揭示一些深层次的相关关系。我们在测量运动休闲动机的时候,既可借鉴现有的国内外研究,又要根据研究目的来选择合适的测量方法。

第三节　城市化与运动休闲的动机

国家体育总局于 2013 年在北京市、内蒙古自治区、吉林省、浙江省、山东省、湖北省、广东省、重庆市、云南省、甘肃省等 10 省(区、市)对城乡居民的体育健身活动及体质状况进行了抽样调查。结果显示我国群众体育健身的意识增强、目的更明确。居民参加体育健身的前五位原因依次为增加体力活动(36.6%),消遣娱乐(23.7%),防病治病(14.5%),减肥(9.4%),减轻压力及调节情绪(8.6%)。但是,处于不同城市化水平的居民的运动休闲动机是否有显著差异? 或者城乡居民之间参加运动休闲的动机是否存在区别? 公布的调查结果没有区分城乡居民锻炼的动机。但是我国政府部门尤其是体育管理部门以及众多促进全国大众体育参与的机构需要严肃考虑这个问题,因为如果城乡居民的参与动机不同,可以分别采取不同的鼓励促进措施来促进人们的运动休闲参与。目前,我国绝大多数对体育参与情况的研究集中在城市,对乡村的体育活动尤其是参与体育活动的动机研究很少。这些为数不多的研究从两个方面说明了城市化对运动休闲参与动机的影响。一是比较和分析城乡居民运动休闲锻炼动机的差别,二是通过比较来自城市与农村学生的运动休闲动机的差别,从而间接证明城市化对个体参与运动休闲动机的影响。

一、城乡居民运动休闲参与动机的差异

孙征、田雨普认为,城市居民的体育锻炼目的已经由直接、功利,逐步转化到消遣、休闲和享乐,除了健身之外,健美、消遣、娱乐、交往等都成了锻炼的理由。而对广大农民来说,三分之二以上的人锻炼的目的主要是治病、解乏和参赛。拥有这些直接锻炼目的的比例达 67% 以上。按照 Ryan 和 Deci 的自我决定理论,他们认为城市居民的健身目的除了外在动机(比如强身健体和治病)以外,内在动机(比如为了消遣休息和娱乐)也非常重要,并且已经开始由外在动机向内在动机转换,而农村居民的锻炼动机主要依然是外在动机。孙征与田雨普关于农村居民锻炼动机的结论与另外一些单独对农村体育活动的调查结果一致。比如,王立利、胡青梅和梁修(2013)对安徽巢湖市所属的半汤镇、夏格镇、拓皋镇和炀阳 5 个镇老年学校进行了问卷调查。调查内容之一就是了解这些农村老年人参加运动休闲的动机。调查结果显示,老年人参加运动休闲的动机分别是为了身体健康、松弛身心、调剂生活和享受运动乐趣、结交拥有共同爱好的朋友、获得他人的尊重以及成就感。所占比例依次为 42.87%、25.10%、14.10%、9.76% 和 8.17%。由此可见,健康是农村老人参与运动休闲的最重要动机。西部农村居民体育锻炼的价值取向主要集中于"增强体力和健康"及"散心、解闷、消遣、娱乐"(比例 62.5%,47.2%);其次表现在"精神情绪的修养和改善"(26.0%)、"与朋友、同伴交流"(26.5%)及"提高运动能力"(29.2%)三方面;再次体现在"陪子女锻炼并使之有健康的体魄"(10.4%)及"康复体弱多病的身体"(4.3%)。

仇军和黄俊亚(2003)也认为城乡居民的锻炼存在差别,但是都是以外在动机为主。为了揭示城乡体育人口体育活动的动因是否因生活在不同的地域社会而不同,他们利用 1997 年中国城乡居民参加体育活动情况调查原始资料,比较和分析了城乡体育人口参与体育活动的动机。他们采用主成分分析方法,分别提取出解释城市和农村人口体育活动的主要因子。城市居民的主要动机是减肥健美、多年习惯、家人交流、精神调节、其他原因和体弱多病。农村体育人口的主要动机是提高能力、运动不足、多年习惯、陪伴子女、娱乐消遣、体弱多病、交流交际和强身健体。如果按照 Frederick 等(1997)对运动休闲动机的分类,那么城市居民的主要动机是外表动机、社交动机、健康动机。而农村居民的动机是能力动机、社交动机、乐趣动机和健康动机。

与孙征和田雨普的研究结论相反,罗湘林和任海(2008)的研究显示城市居民的首要健身动机仍然是健康动机,而农村居民的动机以乐趣动机为主。他们

在北京及湖南分别选取一个社区和一个村庄作为城乡休闲体育活动对比的样本。北京东四社区居民参加体育休闲的首要动机是"保持身体健康,增强体质"(66.6%),排第二的动机是"消遣娱乐"(12.5%),第三位的是促进交往,增进交流(10.4%)。其他动机包括"因病而练,有利康复"(7.3%)、"缓解紧张"(6.2%)和"减肥与健美"(5.8%)。因此,城市居民的休闲体育活动有明确清晰的动机。与此相反,农民参加休闲活动的动机比较含糊,就是含糊的娱乐、好玩,以及满足交流的欲望,极少有明确的健身目的。比如"村民着迷于舞龙与游戏活动,就是能不断体味与培养他们的归属情感,这种含糊的趋同精神与情感向度的动机是导引其休闲体育活动的一个重要因素"(p.87)。

二、城市与农村学生参与运动休闲动机的差异

城市化对运动休闲参与动机影响的另一个体现是城乡学生参与动机的差别。近年来,若干实证研究分别探讨了不同人群,尤其是来自城市与乡村的小学生、中学生和大学生参与运动休闲动机的区别。比如,陆俊(2008)对北京市城区和周边农村小学开展课外体育活动的情况进行对比分析,结果发现两者的主要动机并未存在差别,均是"锻炼意志品质"和"预防疾病增进健康"。刘赟和冉清泉(2011)比较了重庆农民工子弟学校与普通城市学校学生的课外体育活动动机。发现两者的动机既存在共同点也存在差异。共同之处在于都选择"放松"作为主要参与动机。不同之处主要是城市学生选择"爱好运动"和"健身"两个动机的比例远远高于农民工子弟学校的学生。

对城乡不同来源的大学生运动休闲参与动机的比较,则发现存在显著区别。比如,刘洪俊(2010)对天津市17所普通高校的4026名在校大学生进行了课外体育锻炼的调查和研究。城市生源地大学生参加课外体育锻炼侧重消遣娱乐、提高运动技能和健美形体。农村生源地大学生则侧重缓解学习压力和培养积极的心理素质。倪永辉和王文洪(2013)对云南五所高校大学生体育锻炼的研究发现,城市学生的娱乐、塑身减肥动机、提高运动水平、交际等动机均比农村大学生强烈。城市学生锻炼时既选择与朋友一起锻炼也选择独自锻炼,而农村学生更多是与同学一起锻炼;城市学生参加班级和学校组织的体育活动没有农村学生积极,但参加体育协会和俱乐部的热情比农村学生高。

与仅仅比较城市和乡村不同,张华岳和王庆庆(2011)比较了大城市、城镇与农村居民体育消费动机的差异。笔者从五所普通高等院校随机抽取三个年级(包括大一、大二和大三)740名大学生为样本作为研究对象。按照生源地划分,其中农村 340 名,占 45.9%;城镇 327 名,占 44.2%;大城市 73 名,占 9.9%。大学生体育消费动机被分为 7 个维度:身体健康、充实生活、人际交往、审美时尚、明星效应、体育成就和从众攀比。多重比较结果显示:(1)身体健康动机,农村和城镇差异显著且农村高于城镇,农村和大城市差异非常显著且农村高于大城市,城镇和大城市差异显著且城镇高于大城市。说明城市比农村的生活条件和医疗条件更好,因此不必把健康因素作为体育消费的主要动机。(2)充实生活动机,农村和城镇差异不显著,农村和大城市差异非常显著且农村高于大城市,城镇和大城市差异显著且城镇高于大城市。说明来自农村和城镇的大学生把充实生活作为参加体育活动的主要方式,他们充实生活的方式不如来自大城市的大学生丰富多彩。而来自大城市的大学生有条件通过不同的方式来充实生活,所以他们此项动机低于农村和城镇大学生。(3)审美时尚动机,农村和城镇差异显著且农村高于城镇。说明来自农村的大学生比城镇的大学生更注重审美追求。(4)明星效应动机,城镇大学生显著高于大城市学生。(5)体育成就动机,农村大学生显著高于城镇和大城市大学生。说明来自农村的大学生为了学习某种体育技能或展示自己的体育技能,更加愿意参与体育活动。该研究显示城市与农村大学生参加体育活动动机的一个显著差别是来自农村的大学生追求健康的动机和体育成就动机更加强烈。

小 结

城市化对运动休闲参与动机的影响主要体现在城市和乡村居民参与动机的差别以及大中小学中来自城市与农村的学生参与动机的差别。后者是间接说明城乡差别,因为来自农村的学生在城市生活和学习,虽然会受到城市文化的影响,但是他们在农村形成的生活习惯、农村环境和父母、乡亲等对他们的影响仍然会在他们的生活方式包括运动休闲参与方面显示出来。

综上所述,现有研究对城乡运动休闲参与动机的研究得出三种不同结论,一种是认为城乡居民的锻炼动机没有显著差异,其中锻炼意志和健康都是重要动机(陆俊,2008)。第二种观点认为城市居民的锻炼动机存在显著差异,但都以外在动机为主,比如城市居民的锻炼动机是外表动机、社交动机、健康动机,而农村居民的动机是能力动机、社交动机、乐趣动机和健康动机(仇军、黄俊亚,2003)。第三种观点也认为城乡居民运动休闲的动机存在显著差异,但是城市居民的动机是以娱乐、有趣、好玩等乐趣动机为主,即城市居民的主要锻炼动机属于内在动机;而农村居民的动机仍以身体健康为主,是健康动机,属于外在动机。但罗湘林等(2008)的观点则正好相反,认为城市居民的动机明确清晰,以健身为主;而农村居民的锻炼动机模糊,就是觉得好玩(乐趣动机)和满足交流欲望(社交动机)。

第七章 城市化与运动休闲参与的制约

根据社会生态学理论,运动休闲的参与受个体自身因素影响。前一章已经讨论了个体因素中的动机,本章将讨论个体因素中的制约因素。有关休闲制约的研究和理论发展是休闲学领域的一个重大贡献,休闲制约理论是休闲学本学科领域发展的最主要理论之一,而休闲学应用的其他理论很多是来自社会学、心理学和社会心理学。

第一节 运动休闲参与的制约

一、关于休闲制约研究的发展

休闲制约的研究起源可以追溯到 19 世纪,一开始是出现在公园及游憩领域,随后才转为休闲研究领域的学术观点。Mannell 和 Kleiber(1997)指出,休闲制约研究始于 20 世纪 60 年代,由美国户外游憩资源调查委员会(Outdoor Recreation Resources Review Commission,简称为 ORRRC)开展的一项全国性的户外游憩活动调查开始,其重点是调查那些影响游憩活动参与的外在制约因素,如公园及游憩设施的通达性,个人是否有时间或金钱参与等。此时假设游憩参与和休闲乐趣的制约是由于服务的问题,因此,如果改进服务的提供,则会有较广泛或较频繁的参与,但这些仅仅是假设而无实证上的研究支持。

当时,这些研究的目的是为了解释服务上的一些问题,并非是为了加强对休闲现象的了解,而且多注重资料分析并提供个人明确的制约因素。因此,休闲制约成为分析多个变量关系中的一个指标,还未形成统一的休闲制约概念。到了 20 世纪七八十年代,研究的主题渐渐复杂多样,社会心理方面的因素被认为是重要研究领域。学者们一致同意在"参与"及"未参与"休闲活动中存在许多不同类型的制约因素。

若从 20 世纪 80 年代开始算起,北美休闲制约系统研究已有 30 多年历史。80 年代初期发表了一些重要论文,其中,Crawford 和 Godbey(1987)在论文"再论家庭休闲制约"中提出了两个被广泛认同的观点:(1)制约不仅影响参与或不参与这两种行为,而且也会影响休闲偏好,即休闲期望和休闲信息同样会受到制约因素的影响;(2)制约有结构层次性,它通过一系列内在的机制发挥作用,对休闲偏好产生影响。这些观点极大地拓宽了当时的休闲制约研究领域。

20 世纪 80 年代所做的研究大部分都是实证式。当时的研究者倾向于就制约因素和它们对人们休闲游憩的影响做出某些假设,后来的研究却发现早期的假设制约了这一领域的发展。早期的两个最重要的假设是:(1)制约因素是无法逾越的、静态的,是阻止参与的障碍;(2)休闲制约最突出的影响是阻碍或限制参与。换言之,是否存在制约因素可以解释一个人是参与还是不参与某项活动。结构制约(指出现于偏好和参与之间的制约因素)被认为是唯一重要的制约因素。

80 年代后期和 90 年代初期,休闲制约研究出现了几个显著且又相互关联的变化。这些变化主要体现在以下四个方面:首先,随着研究者开始认识到先前错误的假设并开始探索新概念,这一领域出现了更明确、更深入的理论探讨:对新的更加复杂的实证式研究进行创新性阐释;一系列基于模型的理论文章相继出现。这些文章对先前的假设提出了挑战并试图为后来更为复杂的实证研究做准备。第二,休闲制约使用的术语发生了变化。Jackson 和 Scott(1999)较为详细地讨论这一表面上微不足道而事实上却非常重要的变化,即由 20 世纪 80 年代早期的"游憩参与的障碍"(barriers to recreation participation)演变为"休闲的制约"(constraints to leisure)。这一变化代表的不只是语义的不同,它显示了研究重点和概念的三个重要转折:(1)含义更为广泛的"制约"替代"障碍",因为后者不能涵盖对于制约休闲行为之解释的方方面面。(2)"游憩"一词被"休闲"替代,代表了调查焦点的扩大和与休闲学主流思考的进一步联系。(3)"参与"一词被去除,因为研究人员认识到制约因素远不仅仅影响是否参与(休闲)的选择,还影响休闲的偏好等。(4)方法的多样化,尤其体现在融入定性方法和降低问卷调查的主导地位。(5)休闲制约研究和概念开始出现批评性研究,创造了一个健康、有活力的学术氛围(Samdahl & Jekubovich,1997;Jackson,2005)。

近年来,西方尤其是北美对休闲制约的研究进一步深化。一方面,研究对象更加具体化,定性研究方法的使用也不断增加。另一方面,研究人员也不断对以前的研究进行总结和梳理,以期知道"我们曾经到过哪里,现在身在何处,将来要到哪里去"(Jackson,2005:XIII)。前者主要表现有:(1)针对女性休闲制约的研究大量出现。这些研究的切入点有偏好理论(Henderson & Allen,1991)、休闲权利感的缺失(Henderson & Bialeschki,1991)、恐惧、身体状况,或者对妇女生活的某个特定方面及其所处的环境展开研究,如移民、语言障碍、孤独感、少数族裔、青少年、儿童的成长、更年期、老年人和丧偶等方面因素和人群。女性休闲及其制约研究的代表作是卡拉·亨德森、黛博拉·拜尔列席基和苏珊·萧合著的《女性休闲——女性主义的视角》一书。随后,人们开始意识到,对于妇女休闲的大部分知识同样适用于男性。因此,萧和亨德森于 2003 提交了会议论文《关于性别和男性的休闲研究:较弱的一环?》。(2)定性研究做了很多工作来显示制约如何与生活环境交织的丰富画面。(3)休闲制约理论的两个主要创立者戈比和克劳福,以及年轻的沈向友博士,就层次休闲制约模型使用 20 年的情况做了总结和评估。后者的主要表现是杰克逊教授邀请了全球特别是北美四十名专家学者编辑了《休闲制约》一书,涵盖了休闲制约研究的方方面面,并就休闲制约的未来发展提出展望。

二、休闲制约的分类

Crawford 和 Godbey(1987)在其论文《重构家庭休闲制约》中归纳了各类休闲制约研究,并把这些制约个体的休闲偏好和休闲参与的影响因素归纳为三类:

(1)个人制约(Intrapersonal constraint),指影响休闲偏好或参与的个人内在心理状态或态度的因素,即个人主观衡量是否参与休闲活动,如压力、沮丧、忧郁、信仰、焦虑、自我能力以及对适当休闲活动的主观评价等。比如,曾谁芬(1988)的研究发现,青年参与休闲活动的内在阻碍因素为兴趣、个性等心理特质。Samdahl 和 Jekubovich(1997)指出,就个人心理特质而言,压力、焦虑、沮丧以及远离社交等是主要的个人受到制约的心理特质。就身体状况而言,亨德森(Henderson,1995)等学者针对身心存在障碍的女性进行定性研究,提出缺乏体力、时间不够用、缺乏选择机会、依赖他人、担忧身体和缺乏心理安全感等是主要制约因素。Gilbert 和 Hudson(2000)在对滑雪活动的制约研究时发现,个人内在制约因素主要有担心花费、害怕受伤、怕冷、害羞、太危险、担心下楼梯、怕高、压力太大,等等。

(2)人际制约(Interpersonal constraint),指个体因没有适当或足够的休闲伙伴,而影响其休闲喜好或参与的因素,例如缺乏友伴,与其他参与者不合,夫妻的休闲偏好不同,因此减少参与休闲活动。Samdahl 和 Jekubovich 运用定性研究的方法,指出两人以上的活动会产生制约与休闲参与的交互影响。例如自我身份不适宜,无人邀约,与其他参与者偏好不同,没有同伴,以及双方时间无法配合等,均为人际间的制约因素。至于因个人特殊情况而产生的因素,主要有家庭责任与缺乏同伴两种,其中家庭责任方面主要有家庭角色定位、职责及配偶无法配合等因素。在对身心存在障碍人士的休闲参与进行研究时,研究者发现他们对他人依赖度相当高。特别是残疾人,不论单独活动或团体活动他们都乐于参与,但是更需要朋友或家人陪同。

(3)结构制约(Structural constraint),指影响个体休闲偏好或参与的外在因素,它是介于休闲偏好和休闲参与之间的中介制约因素,以及来自社会环境的制约因素,主要是针对人际间互动或个人特质的特殊情况产生的因素。Crawford 和 Godbey(1987)认为:结构性制约包括生命周期、家庭财务状况、气候、休闲资源、休闲设备、工作时间、金钱及休闲机会和参照群体的态度等。Harrington、Dawson 和 Bolla(1992)在分析残疾人参与的制约因素时,指出时间限制及缺乏机会或选择是主要结构制约。上述这些都属于中介制约因素。而来自社会环境的制约因素则有建筑物障碍、提供服务者态度不佳以及休闲环境的不可通达性(inaccessibility)等。休闲环境的不可通达性是指包括各休闲景点、旅馆与目的地难以抵达,造成休闲制约。Jackson 和 Henderson(1995)指出结构制约因素包括:花费、社会及地理区位限制、交通、缺乏相应技术和环境设施等。综上研究可以发现,制约休闲参与的结构性制约因素包括中介制约因素,如时间、金钱、健康、缺乏机会、家庭等,以及社会环境制约因素,如交通工具、信息、缺乏合适完备的休闲行程、人潮拥挤等因素。

Crawford、Jackson 和 Godbey(1991)进一步指出,这三类不同的制约因素是以一定的层次(hierarchical)关系进行运作并发挥制约作用的。因此,他们提出了一个解释休闲参与不能发生的全过程模型——阶层模型(Hierarchical Models)(图 7-1)。这个理论模型强调制约层次的重要性,认为休闲制约的层次是从最初的个人内在制约,到人际制约,再到最后的结构制约。个人在参与休闲的过程中,必须先克服个人内在制约(压力、忧虑、信念等),之后才能到达下一个阶段的人际制约。个人若能了解人际制约发生的原因,加以适当调解后,才能面对下一个阶段的结构制约。结构制约是干扰休闲选择的外在因素,包括金钱来源、能够获得的时间和机会等。若三种类型的制约因素都能被克服,那么个人才能顺利参与休闲活动。

```
┌─────────┐      ┌─────────┐                    ┌─────────┐
│ 个人制约 │      │ 人际制约 │                    │ 结构制约 │
└────┬────┘      └────┬────┘                    └────┬────┘
     │                │                              │
     ▼                ▼                              ▼
┌─────────┐     ┌──────────────────┐      ┌──────────────────┐
│ 休闲偏好 │ ──▶ │ 良好和协调的人际关系 │ ──▶ │  参与（或不参与）  │
└─────────┘     └──────────────────┘      └──────────────────┘
```

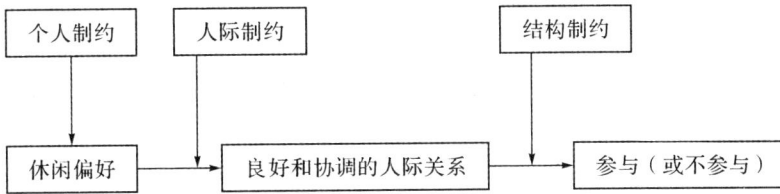

图 7-1　休闲制约的阶层模型

资料来源：Crawford、Jackson 和 Godbey,1991:313。

在休闲制约阶层模型中，个人若想参与活动，可能需要克服其中一层或所有的制约层次，这种制约阶层是由最底层的个人内在制约发展到最高层的结构制约的。个人内在制约是最基础但影响力最大的制约层级，而结构制约的层级最高，但影响力却最小。休闲制约的阶层模型也说明了对休闲制约的研究并不能仅仅停留在关注某些具体的制约因素上，更为重要的是去探究这些制约因素背后的深层作用机制。

三、运动休闲参与和制约的关系

早在 1977 年，美国遗产保护和游憩服务部门就进行了全国户外游憩活动调查。结果显示，限制人们参加户外活动的主要因素不是金钱、交通、拥挤和健康问题，而是时间。但是同时又有研究认为，人们从事锻炼身体活动的最大障碍并不在于缺乏时间、金钱或资源，而在于"个人心理状态和特性"，在于"人们以什么样的方式评价自己，认为自己在自由的时间里做什么样的事情才比较得体"。人们往往把不参加体育活动归结为没有时间，但事实不是没有时间，而是人们认为在同一时间里有比参加运动休闲更好或更重要的事情可做。

休闲制约理论自创立后用于研究各种休闲活动，包括运动休闲活动。比如研究发现女性在散步或跑步过程中，因为没有伙伴而感觉安全受到威胁，这是人际制约。又如，居住在贫困地区的居民，因为周边缺乏设施而阻碍了他们参加运动休闲，这是结构制约。希腊学者 Alexandria 等人（1997a；1997b；2001；2002）曾连续发表了四篇应用休闲制约理论，讨论制约因素与运动休闲的论文，引起了较为广泛的影响。Alexandria 等人（1997a）于 1997 年首次采用休闲制约理论研究运动休闲的参与，研究结果显示最显著的制约来自时间、设施和服务问题；不参与运动休闲的受访者所受的制约更多，尤其是个人制约；随着运动休闲参与的增加，所受制约降低。该研究支持了 Crawford、Jackson 和 Godbey（1991）的休闲制约层次模型，个人制约与运动休闲参与关系最密切。

结果也显示希腊与北美居民所受制约非常相似,虽然两者在文化差异和运动休闲服务的供给方面存在差异。Alexandria 等人(1997b)讨论了人口因素(年龄、性别、教育和婚姻)与感知到的参加运动休闲所受制约之间的关系。研究结果发现,女性在参与运动休闲活动时所受制约远远大于男性,特别是在个人制约方面;受教育水平低的受访者感受到的休闲制约要多;年龄和制约之间的关系呈倒 U 形状;已婚人士和未婚人士相比,所受的与时间有关的结构性制约更多。Alexandria 及其同事还调查了制约与参与运动休闲承诺之间的关系,发现个人内部的制约是最强有力的承诺预测因子。

后来,Alexandria 等人(2002)把休闲制约理论与自我决定理论的动机量表一起结合使用,探讨运动休闲的制约及其内在动机、外在动机和无动机之间的关系。通过对 257 名希腊调查对象的研究结果发现,受个人制约的个体占无动机的 38% 和内在动机的 15%;人际制约和结构制约与运动休闲的参与动机没有显著关系,休闲制约的三个维度与外在动机也没有显著关系。

制约与运动休闲参与的关系也逐渐成为我国研究的一个热点。有些研究讨论了人们参与运动休闲所受的制约,但未使用休闲制约理论。比如,董晓虹等(2003)的研究表明,浙江大学学生的体育参与制约因素按顺序主要有学习压力大、运动场所缺乏、没有兴趣、没有时间、锻炼设施差、经济条件限制、没有技术指导、怕受伤、没有运动伙伴、难为情、身体差。冯守东等(2004)在对河南省知识分子不参加体育活动原因的调查中,列举了表 7-1 中的原因:

表 7-1　河南省知识分子不参加体育活动的原因

原　因	比例(%)	排　序
缺乏闲暇时间	41.35	1
工作负担重/身心疲劳	36.63	2
离锻炼场地远/不方便	34.48	3
对体育没有兴趣	28.24	4
不懂锻炼的方法	25.32	5
没有体育设施	22.14	6
经济实力不足	15.39	7
身体软弱/不宜参加体育活动	12.47	8
无特别的理由	9.67	9

续表

原 因	比例(%)	排 序
怕人们讥笑和不理解	6.62	10
身体很好,用不着参加体育活动	5.47	11
学生时代就不喜欢体育活动	3.94	12
体育活动不适合自己的举止行为特点	1.02	13

资料来源:冯守东、周珂,2004:113。

需要指出的是,为了迎接 2006 年杭州世界休闲博览会和休闲大会的召开,世界休闲组织与浙江大学亚太休闲教育研究中心共同设计和组织实施了一项跨国间的研究项目——"全球休闲生活方式和都市环境制约因素:现状、趋势和预测",旨在从人类自身内在的生活方式和都市环境外在的制约因素来揭示人类休闲的基本活动方式,摸清都市人群休闲活动的主要内外部制约因素,探讨城市居民、政府部门和社会团体对消除休闲制约和活动障碍可提供的救济手段和政策措施,为人类提出理想的休闲生活方式提供理论和实践依据。该项目中方首席研究员凌平(2005)教授认为,休闲制约是个体或组织在从事休闲活动过程中遇到的障碍、阻挠或限制。并由此造成人们原本可以参与或追求的休闲娱乐活动无法进行。该研究未采用休闲制约理论的分类,而是采用了自由列举法(free listing),通过焦点访谈让参与者把所受制约都充分列举出来。几轮焦点访谈后,获得了一个比较详细的制约因素清单。在后来的中方研究报告中,凌平也没有根据休闲制约理论来对制约因素分类,而是把休闲制约因素根据内外部条件来划分:个人制约因素和外部环境制约因素。个人制约因素包括:(1)时间因素;(2)经济因素;(3)能力因素;(4)心理因素;(5)社会因素;(6)身体因素(身体健康程度)。外部环境制约因素包括:(1)政治法律环境;(2)经济环境;(3)科学技术环境;(4)人文环境;(5)自然环境。

使用休闲制约理论较早的国内学者有于可红教授。2003 年,于可红和梁若雯对浙江省高校高年级学生参与休闲体育所受的制约因素进行调查。调查结果发现:在内在心理性因素方面,不同性别的学生在此水平上不存在显著差异,不同生源、不同专业类别的学生在此水平上也存在显著差异;在社会交流性制约因素方面,不同的学生在各自的群体中都存在显著差异;在结构性制约因素水平上各个群体内部不存在显著性差异。随后,她和钱利安又对杭州、宁波和温州三地金融系统1350 名在职人员进行了随机调查,同时在杭州金融系统职工中采用小样本抽样,进行为期一周的跟踪调查。研究中他们参照了

Crawford、Jackson 和 Godbey(1991)的休闲制约模式分类:个人制约、人际制约和结构制约,但是,他们同时考虑到中国的传统文化影响、养育小孩和照顾父母等因素,增加了一个家务性因素,并且制定了以下制约因素表格,如表 7-2 所示。

表 7-2　浙江省金融系统职工休闲制约因素

内在心理因素	社会交流因素	结构性因素	家务性因素
学生时期就不喜欢体育活动	难于找到一起参与的人	交通方面的制约	要做日常性家务劳动
缺乏必要的技能	不知道在哪儿参加活动	经济的原因	照顾家里的老人和小孩
身体的原因	不知道在哪里能学习如何活动	场地开放的时间不方便	
对活动缺少兴趣	学习或进修的时间		
在公共场所活动感到害羞	娱乐设施过于拥挤		

资料来源:于可红、钱利安,2005:30。

　　其研究结果为:制约浙江省金融系统职工参与休闲体育的因素,按制约影响的大小来排序依次为结构性因素、社会交流因素、家务性因素和内在心理因素。将制约因素与各个不同的变量进行单因素方差分析,发现不同性别、不同学历、不同年薪、不同婚姻状况的金融系统职工在不同的制约因素影响下存在显著性差异和非常显著性差异。但是对于家务性因素是否需要单独作为一个因子,值得商榷,因为家务因素可以是时间太少,被归纳到结构制约里面。此外,该研究的"社会交流因素"也与"人际制约因素"不完全相同。

　　孙晓强(2006)采用 Crawford 等人(1991)的休闲制约层次模型,调查了阻碍城市青年体育参与的主要原因。研究发现主导因素是时间、设施、同伴和消费等因素。南京师范大学王玮(2007)在其硕士论文中运用了休闲制约理论来探讨南京市老年人的休闲制约。其结果显示最大的休闲制约因子是"休闲场所设施是否不方便或不安全"。研究同时发现:不同个人背景变量在年龄、婚姻状况、教育程度、曾从事职业、个人月收入几项上与休闲制约存在显著性差异,而在性别上则与之无显著差异。

第二节 运动休闲制约的测量

Jackson(1988)将制约界定为：凡偏好一项活动，但受到干扰以致无法参与此项活动的任何因子，皆视为制约。后来，又进一步定义为"研究人员认为或者个体感知到（或体验到）的限制个体休闲偏好形成和（或）制约个体参与休闲和从休闲中获得快乐的因素"(Jackson，2000:62)。西方学者对于制约的认识经历了一个发展的过程，比如原来称之为"障碍"(barriers)，现在使用含义更广的"制约"(constraints)。而测量制约/障碍的量表也出现了许多不同的版本，有些是研究人员根据某一休闲活动制定的，有些是根据某一特性和性别制定的，也有是针对普通人群的，但是并没有统一的标准版本。Hubbard 和 Mannell(2001)指出：至今未有统一的测量制约因素的标准。测量制约因素的题项从 21 项(Raymore et al.，1993)、29 项(Alexandris et al.，1997a)、31 项(Wilhelm Stanis et al.，2009)，再到 32 项(Hubbard & Mannell，2001)，等等。比如，Witt 和 Goodale(1981)制定了一份问卷测量休闲制约（障碍）、休闲乐趣和家庭不同阶段的关系。其中关于制约部分的测量包括 18 个题项。其设计基础也是基于前人的研究成果，如时间、金钱、机会和技能等。同时，也包括了休闲咨询和休闲教育方面的选项。其测量对象为三组人群：其中两组为居民组，一组为休闲专业人士组（安大略文化与娱乐部确认的系统内部的公园与娱乐部门职员）。McGuire(1984)对中老年人的休闲制约专门做了因子分析。他制定了 30 个题项的问卷，调查对象(N=125)的年龄跨度从 45 岁至 93 岁。最后将这 30 个题项归结为外部资源、时间、赞同、能力/社交、身体健康五个方面的制约因素。

Searle 和 Jackson(1985a)针对那些表达了休闲愿望但是又不能参加休闲的人制定了一个包含 15 个题项的量表。他们通过对阿尔伯塔省的居民进行问卷调查，有效问卷为 2452 份，但是只选取了 1240 份明确回答"你是否有现在没有参加但是希望将来能定期参加的休闲活动？"问题的居民。研究发现最主要的三个制约因素是工作、休闲场所太拥挤、缺乏伙伴。而且最能感受到休闲制约的人群是经济状况差的人、老人和单亲父母。

Henderson、Stalnaker 和 Taylor(1988)考察了妇女休闲的制约。在这项研究中她们制定了 55 个关于休闲制约的题项。这些题项的皮尔森积差相关系数(Pearson Product Moment Correlation Coefficient)为 0.92。通过因子分析，她们确认了 10 种制约妇女休闲的因素：时间、金钱、设施、家庭责任、没有休闲意识、缺乏兴趣、决策能力、身体形象、技能和是否适合社会。

　　Jackson 和 Dunn(1991)为了考察停止参与一项休闲活动的人群和不能参加一项新休闲活动的人群所受到的制约因素是相同还是有差异，他们设计了12 个题项的量表：工作责任、家庭责任、娱乐场所太拥挤、门票(租金，休闲场所和项目的其他收费等)、伙伴、家附近没有合适的参与机会、购买(租用)设备、材料的费用、身体的原因不能参加、交通的费用、不知到哪里可以参加、娱乐设施的维护很差、缺乏交通。结果发现这些制约对两组人群的重要性基本一样。但是，设备费用常常是新开展一项休闲活动的制约因素，而停止某项活动的原因则更多地选择身体原因。两年后，Jackson 和 Rucks(1993)再次考察了停止某项休闲活动和参与新休闲活动的制约的内部一致性问题。这次他们对量表进行了修订。主要区别是新增加了个人制约和人与人之间的制约因素，由原来各一项增加到了各四项。增加的原因为：(1)青少年自我感知和来自同龄人和父母影响之间的明显关系；(2)为了拓展制约的范围，使之包括 Crawford 和 Godbey(1987)提出休闲制约和休闲偏好的概念，Crawford、Jackson 和 Godbey (1991)进一步构建的休闲制约模型中个人制约和人与人之间的制约因素。为了尽可能使量表的长度差别不太大，新的量表同时也删除了一些项目。比如，对于费用的、交通、信息/意识的问题也由原来的两个只保留了一个。关于场所的问题从 3 个减少为 2 个(制约新活动)和 1 个(停止某项活动)。另外还有些项目进行了修改、增加或替代。

　　同年，Raymore 等人(1993)也制定了一份测量休闲制约的量表。因为前面的许多研究都是针对某项特定的休闲活动，如滑雪，或者特定的人群，如女性，因此 Raymore 等人认为非常有必要能制定一份适合普通人群，不针对具体某项休闲活动量表，该量表包含 21 个题项。Alexandris 和 Carroll(1997)做了一项以希腊人为调查对象的研究。他们在前人的基础上制定了一个由 32 个题项组成的量表，主要分为个人/心理因素、缺乏信息和技能、设施/服务、可通达性/经济、缺乏兴趣、缺乏伙伴和时间七个维度。

　　我国学者对休闲制约的测量标准也不一致。台湾赖家馨(2002)以台北市大学生(N＝997)为抽样对象做了建构休闲制约量表的实证研究。最后制定 32个题项，得到八个因素(p.98)。于可红等(2005)以休闲制约理论为理论基础，针对金融系统职工的实际情况，用 15 个题项测量了内在心理因素、社会交流因素、结构性因素和家务性因素四个维度。

　　凌平教授作为中方的首席调查员，参与了 2006 年杭州世界休闲博览会的一个重要课题"生活方式以及休闲制约"项目。该项目组通过自由列举(free listing)和预备性座谈、小样本测试等方法,确定了一份具有中国特色的调查问卷。其中有 37 个题项测量人们参与休闲活动的制约因素。问卷的内容通过了浙江大学休闲教育研究中心组织的有关专家的论证。结果证明有较好的内容效度和结果效度。随后,在中国的六座城市:北京、成都、青岛、上海、杭州和广州举行了调查。该量表后来在董二为(2006)的博士论文中被正式使用。邱亚君(2009)给出了 15 个题项测量休闲制约,但是没有说明这 15 个题项是如何构建的。

　　笔者作为课题组成员参与了"生活方式以及休闲制约"课题多个阶段的工作。本书实证部分制约因素的测量在此问卷基础上,做了进一步修订。原问卷考察同一内容的题项过多,比如"缺钱"、"费用太高"、"收入太低"和"经济上的压力"都属于经济因素。这在该课题研究中是适合的,因为该课题主要目的就是要考察各城市居民的休闲制约因素。但本课题考虑到以上四个题项测量的主要信息一致和题项的数量,以及制约研究只是本课题的一项内容等情况,因此只保留了"缺钱"一个题项。又如"缺少时间"、"太忙于家务"、"忙于照看孩子和孙子"、"太忙于学习"和"缺少假期时间"等都是测量时间因素。基于同样原因,本研究也精简为一个题项"缺乏时间"。因此,在休闲制约理论构建的三个维度(个人制约、人际间制约和结构性制约)的基础上,参考已有的研究并结合中国的特色,本书第十章的实证部分确定了 11 个题项作为制约部分的量表。

　　由此看来,国内外学者对休闲制约尚未形成统一的测量量表。这种情况也是正常的,因为不同地区、不同文化下的居民所受制约因素不同。正如Godbey、Crawford 和沈向友(2010)表示,休闲制约量表的组成和长度应根据不同休闲活动、不同研究人群以及不同的参与阶段而异。此外,本节介绍的主要是量化的测量,实际上对休闲以及运动休闲制约的定性研究也同样重要。

第三节　城市化与运动休闲参与的制约

　　根据本章第一节讨论到的休闲制约理论,人们参与一项休闲活动的制约可以分成三类,即个人制约、人际制约和结构制约。城市化对制约的影响主要体现在城乡居民之间所受到三类制约的差异。

一、城乡居民运动休闲参与的个人制约

　　城乡居民的运动休闲参与受到他们生产方式和生活方式的影响。生产方

式是人类社会赖以存在和发展的基础,从本质上制约着人们文化生活的全过程。城乡居民生产方式的差异反映在人们生活的方方面面,包括衣、食、住、行、劳动工作、社会交往、休闲娱乐等物质生活和以意识观念、价值观、审美观为重要内容的精神生活都有所不同。城市社会与农村社会在生产和生活方式、人口密度、人口同质性、职业、社会分化、社会流动、组织、环境、经济政治和文化活动等方面均有差异。相对城市社会,农村文化具有较为封闭的特点。农村居民囿于传统生产、生活方式,参与社会文化活动的意识和观念与城市有较大差别。体育是人类生活方式之一,亦是文化的重要组成部分,较之于城市,农村居民体育意识淡薄、体育活动形式单一,折射出城乡之间生产、生活方式、意识观念、文化活动的差异。

生产方式和生活方式的差异,经济条件和教育机会的差异等导致了城乡居民运动休闲意识的差异。甚至对(休闲)体育活动的认识都存在误区,很多乡村居民认为锻炼身体没有必要:"劳动即体育"、"体育是有钱人的事"、"体育与自己无关"等。一直以来,"劳动即体育"的观念扎根于广大劳动人民心中,认为劳动可以代替体育锻炼。并且农民那种日出而作日落而息的生活方式,使得农民几乎没有时间从事体育锻炼。另外,科技文化素质普遍偏低,缺乏对科学文明生活方式以及个人健康知识的了解(徐颂峰等,2006:20)。因为有这些不科学的认识,农民对参与体育活动普遍缺乏兴趣。柳若松等(1999)指出:有 40.2% 的农民认为没有必要锻炼身体,有 32.7% 的人认同生产劳动能代替体育锻炼,有 37% 的人认为体育锻炼影响生产劳动。任远金(2009)指出:"农村的地理状况与农民在我国的长期历史进程中,落后的小农意识和思维方式总是这样或那样影响着人的社会心理,用保守狭隘的心态和习惯去衡量和评判国内外、城乡间的新人新事新风尚。"

农村居民对运动休闲不仅存在认知上的误区,同时对健身意义的了解也偏低。比如于向(2007:746)指出:"农民对全民健身的认识水平及了解程度偏低,只有 30.5% 的农民对我国全民体育健身的意义有所了解,有 69.5% 的农民对国家推行全民健身的战略意义了解得非常肤浅,有 76.8% 的农民对体育健身概念的认识模糊不清,有 78.7% 的农民不清楚体育锻炼包含有哪些健身内容,有 52.1% 的农民不懂得科学体育健身的含义,对体育健身的认识仅仅停留在'没病就是健康'的肤浅层次上,更为严重的有 68.2% 的农民对健身意义的理解根本不正确。"甚至认为"生产劳动就可以替代体育锻炼"(王健、胡庆山,2005)。

但是,对于农村居民的健身意识,俞爱玲(2008)的研究得出了不同的结论,在对浙江省百强县农村社区居民的问卷调查中,她发现对"没有意识到休闲体育的益处"这一问项只有 11.5％ 的农村社区居民持肯定看法,其制约性为最小。"说明绝大多数的居民认识到休闲体育的价值与作用,男女两性没有差异。"

有些运动休闲方式不需要特定的技能,但更多的运动休闲方式既需要技能也需要场所。以游泳为例,我国目前城镇的游泳设施都非常少,农村地区就更无法相提并论,这也是每年暑假大量儿童或学生在户外的江河嬉水,结果不慎导致溺亡的一个重要原因。假定一位村民想游泳,一方面没有场所,另一方面没有游泳课程和培训班,无法学习游泳的技能。在农村,一些胆子大些的男性,还可以到河里去尝试一番,但对女性来说,就非常不方便了。游泳、篮球、乒乓球、羽毛球等常见的运动休闲方式都需要一定的技能。掌握这些技能对农村居民来说,更有难度。马先英等(2004)表示:"目前基层的体育工笔者普遍存在专业知识技能方面上的不足,以及人才机构比例失调,甚至根本没有接受过专业的技术、技能培训。由于受客观条件和主观因素的影响,基层体育工作一方面留不住体育人才;另一方面,专业体育人才也不愿意去农村。"俞爱玲(2008)对浙江省全国百强县农村社区居民的调查结果显示,缺少活动技能是制约参与休闲体育的一个技术性因素,缺少必要的活动技能是影响男女农村社区居民参与休闲体育活动的最主要因素之一($M=3.43,SD=0.52$)。

以上大部分文献显示无论是对运动休闲的认知,参与运动休闲的意识,对健身重要性的认识以及一些具体技能的掌握,农村居民都比城市居民受到更大的制约。只有一个研究(俞爱玲,2008)发现农村居民对健身价值和意识也有很高的认识,不是一个重要制约因素。

二、城乡居民运动休闲参与的人际制约

运动休闲参与的人际制约主要包括缺乏伙伴与家人支持。城乡居民人际制约是否存在差异,迄今尚未有实证研究进行论证。从已有文献来看,城市居民与农村居民均受到缺乏伙伴的制约,而且缺乏伙伴是一个比较重要的制约因素。

不少研究已经证实农村居民的运动休闲受到人际制约。比如张晓春(2006:16)在分析山东省农村居民不参加体育运动的原因中,其中社会因素分为"怕人讥笑或不理解,没人组织,没人指导",同时将"参加体育锻炼需要的条件情况"中社会环境因子细分为"有人指导,有人组织,有同伴一起活动"。这一情况说明"有同伴一起活动"是一个重要因素,如果缺乏同伴,就会带来运动休

闲的人际制约。李二伟(2011)对山西翼城县农村体育现状的研究发现,"活动伙伴"是在"场地器材"、"指导员"之后的第三个影响因素。此外,韩琦(2011)比较了城乡中学课外体育锻炼的情况,结果发现:"适当的体育群体活动也是影响他们锻炼的一种因素,农村中学占 42.56%,城市中学占 34.12%。体育锻炼的很多项目都是需要团结协作的,缺乏体育锻炼的伙伴和群体,体育锻炼的快乐是会打折扣的。"他的研究说明城乡中学生都受到缺乏体育锻炼的伙伴和群体的制约,而且从数值来看,农村中学生受到的影响更大。但是对这两者的差异是否显著,则没有进行论证。

关于城市居民参与运动休闲受到人际制约的研究更为丰富。凌平(2005)在分析了国内北京、上海、深圳、成都、青岛和杭州六个城市居民参与休闲的制约因素时发现,"缺乏伙伴"在所有制约因素中排在第四位,前三位是"时间"、"钱"和"工作太忙"。他在分析了这些人的经济基础、社会背景、家庭情况和闲暇时间后"我们发现没有固定的'玩伴'是其中的最大障碍。部分人因难以找到与自己水平相当或略高于自己的玩友或球友而很少参与休闲娱乐活动。……目前杭城的乒乓球、羽毛球、网球中出现的陪练收费现象和有偿服务,从反面证实了这种制约因素。"

对大学生的调查也显示缺乏伙伴是一个重要的人际制约。根据鲁国斌(2004)对大学生课余体育活动的调查,除了内因以外,在外因方面,大学生受环境、群体(同学)影响的比率最大,达到了 88.6%,说明体育环境尤其是体育伙伴对人有明显的影响。张宏成等(2008)通过对江苏省 16 所普通高校大学生和专家领导的调查,显示场馆匮乏、学生学习负担重,无专人指导和无锻炼伙伴等因素是影响大学生自主体育活动的主要因素。其中"无专人指导和无锻炼伙伴"是排在第三的制约因素。赵承磊(2012)对北京、上海、广州、河南、山东、黑龙江、海南、新疆、贵州、四川、福建等地的 34 所大学阳光体育运动的开展情况进行了电话访谈,调查显示 49.3%学生因缺乏锻炼伙伴而不愿参加课余锻炼。

三、城乡居民运动休闲参与的结构制约

结构性制约主要是锻炼的场所和设施,以及时间和经济等因素。公共设施、教育、社会保障等政府投入的城市偏向造成城乡社会事业发展的不协调,影响着城乡体育资源配置的均衡性。城乡经济发展差异的"烙印"也反映在城乡社会事业领域。在城市,居民所需要的水、电、路、通讯、医疗、卫生、教育、文化、体育等公共设施和基础设施建设,都由各级政府财政提供和投入。除去少数经

济比较发达的地区以外,多数农村公共设施建设经费来源主要由农村居民自身来承担,城乡各社会事业差异的格局正是基于上述差异的作用下形成的。其中社会福利包括提供公共体育场地设施和组织开展公益性活动。以 2002 年和 2003 年为例,城市社会保障经费支出占总支出的 95％以上,而农村不足 3％。"目前约占总人口 15％的城市人口享用着 2/3 比例的医疗保障服务,而比例约占总人口 85％的农村人口只享用不到 1/3 比例的医疗卫生保障服务。"(裴立新、王晓辉,2008)除此之外,城乡之间科技服务、信息服务等公共服务亦存在着较大的鸿沟。以上反映出农村居民享受不到与城市居民同等的公共服务待遇。具体到体育领域,城乡公共体育场地设施建设、学校体育教育水平、公益性的群众体育活动组织与城乡公共设施建设、教育以及社会保障等社会事业有着直接或间接的联系。城市偏向型的社会资源配置,注定了体育资源主要是覆盖城市而非农村,农村居民缺少社会保障,难以享受到城市居民所具有的公共体育设施福利待遇。

这些基础设施投入的城乡差异,包括体育设施的城乡差异。根据资料显示,"1996 年我国有各类体育场馆约 61 万个,其中占国土面积 16.5％和占总人口 29.92％的城镇(包括城市郊区)拥有 78.8％的体育场馆,而占国土面积 83.5％和占总人口 80.0％左右的农村仅拥有 20.2％的体育场馆"(董新光,2000)。截至 2003 年 12 月 31 日,我国拥有符合第 5 次全国体育场地普查要求的各类体育场地 850080 个,但乡(镇)村仅占其总数的 8.18％。场地设施的这一分布结果导致"乡村缺乏甚至没有体育活动场所与设施"。

从绝对数量上看,农村地区的体育场所和设施比城市居民少,这点是事实。但是,因为农村居民普遍缺乏锻炼意识和锻炼习惯,很少坚持体育锻炼。与之相反,城市居民参与运动休闲的比例更高,而城市人口的密度又远远高于农村人口的密度,在此背景下,很有可能城市居民更会反映缺乏场所。比如根据对长沙市民的调查,发现六成居民认为场地缺乏是制约户外锻炼的主要原因。可见,虽然城市的总体锻炼设施比农村多,但是因为城市人口密集,分布不均衡,尤其是现有城市的体育设施也主要分布在学校,人均体育锻炼面积就非常有限。因此,体育设施等结构制约同样是影响城市居民参加体育锻炼的重要因素。

至于经济收入等结构制约的城乡差别更为显著。社会科学院城市发展与环境研究所 2011 年发布的《中国城市发展报告 No.4——聚焦民生》显示,中国目前城市人口的收入是农村人口的三倍以上,具体是 3.23:1。这使得中国成为世界上城乡收入差距最大的国家之一。国际劳工组织 2005 年公布的数据显示,绝大多数国家的城乡人均收入比都小于 1.6,只有包括中国在内的三个国家超过 2。英、美等西方国家的城乡收入差距比在 1.5 左右。2014 年中国省域竞争力蓝皮书《"十二五"中期中国省域经济竞争力发展报告》指出："十二五"中期,我国城镇化战略深入实施,城镇化水平进一步提高,2011 年我国城镇化率达到 51.3%,城镇人口规模首次超过农村。2010 至 2012 年,我国城镇化率由49.9%上升至 52.6%,城乡居民家庭人均收入比差由 3.2284 下降至 3.1029,城镇化水平显著提高,城乡居民收入差距趋于缩小。31 省、市(区)的城镇化率的绝对差距和相对差距都呈缩小的趋势。虽然最新的这份报告显示城乡收入比 2011 年缓和,但是比例仍在 3∶1 以上。

城市化对城乡收入差距是否有影响呢?以往大部分研究结果显示,城市化对城乡收入差距的影响显著。以"城市化"和"城乡收入差距"作为 CNKI 文章篇名的检索信息,结果显示有 69 篇论文探讨它们之间的关系。[①] 这些研究把城市化对城乡收入差距的影响分成三类:

一是城市化缩小了城乡收入差距,比如苏雪串(2002)认为城市化滞后是导致城乡收入差距扩大的根本原因。姚耀军(2009)对中国 1978 至 2002 年金融发展、城市化与城乡收入差距的关系进行了实证研究,发现城市化水平与城乡收入差距负相关且前者是后者的格兰杰(Granger)原因,即城市化水平是导致城乡收入差距的原因。曹裕等(2010)研究发现在 1987 至 2006 年我国城乡收入差距具有明显的阶段波动性,且呈扩大的趋势,我国的城市化水平城乡差距与经济增长之间存在长期稳定的面板协整关系,城市化缩小城乡收入差距的作用显著。毛其淋(2011)用我国 1995 至 2008 年的省际面板数据,采用系统广义矩方法进行实证分析,认为城市化水平是缩小我国城乡收入差距的重要因素。

第二种观点认为城市化扩大了城乡收入差距。陈迅和童华建(2007)基于全国统计数据,通过城市化及其相关变量对城乡收入差距的多元回归分析,得出了 1985 至 2003 年中国城市化扩大了城乡收入差距的结论。肖卫(2010)认为城市化和工业化倾向的发展战略导致二元经济结构形成,农产品价格剪刀差、优先发展工业、劳动力流动限制等工业化、城市化倾向的政治因素在推动工业化、城市化的同时,导致城乡差距不断扩大。王子敏(2011)通过利用 2000 至2008 年的 30 个省级面板数据,通过建立空间面板计量模型,得出的研究结果表明,在报告期内城市化拉大了城乡收入差距,城市化每提高 1 个百分点,城乡

---

　　① http://10.15.61.247/kns55/brief/result.aspx.

居民收入差距就拉大 0.39 个百分点。王业斌(2012)基于 1980 至 2009 年的时间序列数据,对现有城市化率数据进行了修正,研究了城市化对广西城乡收入差距的影响。结果表明,城市化显著扩大了广西的城乡收入差距,在其他条件不变的情况下,城市化率每提高一个百分点,城乡收入差距扩大 0.51 个百分点。邱福林和穆兰(2011)选取衡量广东城乡收入差距和城市化水平的数据建立时间序列,通过协整检验、误差修正模型和灰色关联度分析,结果表明:1984 至 2008 年广东城乡收入差距与城市化水平呈正相关,存在长期协整关系,且两者在发展过程中的关联度很高。

第三种观点认为城市化对城乡收入差距的影响与收入差距大小和不同城市化发展时期有关。比如郭军华(2009)选取了 1978 至 2007 年全国 30 个省市的面板数据,运用面板单位根检验、阈值面板数据模型对我国城市化和城乡收入差距的关系进行了检验和估计,发现我国城市化对城乡收入差距的作用并非简单地促进或者抑制,其效应还要取决于城乡收入差距本身的水平,当城乡收入差距水平较高时(即城乡居民收入比大于 2.54),扩大城市化将扩大城乡收入差距;当城乡收入差距水平较低时(即城乡居民收入比小于或者等于 2.54),加速城市化能有效地缩小城乡收入差距。而范晓莉(2012)则认为,城市化虽在长期不利于城乡收入差距的缩小,但在短期则能显著缩小城乡收入差距,并且城市化对城乡收入差距的影响力度更为明显。

以上三种观点都认为城市化对城乡居民收入差异有显著影响,而收入又是影响居民参与运动休闲的一个重要结构制约因素。因此,城市化对居民参与运动休闲的结构制约存在影响。

小　结

本章深入研究了城市化背景下运动休闲的制约因素:个人制约、人际制约和结构制约。但由于国情不同、个人因素的差异,形成统一的制约测量量表有一定困难,目前尚无统一的休闲制约量表。国内学者需要在借鉴国际经验的同时,结合我国的国情,做一些修订,但修订需要有严格的依据和过程。城市化对于个人制约的差异主要体现在对休闲的运动观念的差异:一般情况下,农村居民对于运动休闲的理解停留在浅层次上,换句话说,农村个人制约影响比城市要大。人际制约和结构制约也存在城乡差异。同时,它们也与运动休闲社会环境、物理环境联系紧密,这将在第八章、第九章详细讨论。

第八章　城市化与运动休闲参与的物理环境

第一节　物理环境的分类及其影响

物理环境(Physical Environment)包括自然环境和人工环境。本书的物理环境尤其指与运动休闲参与有关的各种有形环境(Built Environment)。

近几十年来,西方的卫生健康部门和相关科学研究一直把物理环境作为影响运动休闲参与,进而影响人们的健康状况的重要因素。这些机构希望通过了解物理环境与运动休闲参与之间的关系,进而通过改善物理环境来促进人们的运动休闲参与,从而最终达到保持健康的目的。因此,政府部门对与此有关的研究投入了大量的经费,有些非政府组织也对此非常支持,设立了专门的基金为高校研究人员提供经费支持。在这种背景下,涌现了大量探讨物理环境与运动休闲关系的研究文献。

这些研究在考察物理环境因素对人们的运动影响时,通常将物理环境的范围缩小到居民区、学校以及运动休闲场地周围的物理环境。一方面,城市中个人活动空间有限,与居民日常生活、工作、学习、运动休闲关系最密切的物理环境也主要是这几个区域;另一方面,在有限的场所进行观察也更具可行性和操作性。

一、自然环境

运动休闲自然环境是指与运动休闲活动这一主体相互联系、相互制约、相互作用的一切自然条件,如山川、河流、大气、大地、噪声、生物等。这里所讲环境,并非广阔无垠的自然界,而仅指与运动休闲这一主体产生相关性的自然环境因素,因此,运动休闲自然环境的分类与环境科学中自然环境的分类方法有所不同,主要包括大气环境、陆地环境、水环境、生物环境四个方面。大气环境可分为气候如亚热带季风气候等气候带天气,如阴晴雨雪。陆地环境主要是指地形地貌如高原、盆地地形,喀斯特、丹霞地貌等,水环境包括陆地地表水、陆地地下水,等等。生物环境主要指动植物环境,即常见的森林、动物栖息地。

二、人工环境

人工环境指人类为活动专门修建的环境场合,诸如建筑楼群、公园、绿地乃至街区、城市之类,通常带有基础设施,如供水设施、供电设施。人工环境也是人类劳动所产生的实体性、空间性、文化性的产物,并具有为人类的生产、生活、娱乐提供基本的物质要素和能源。现今,人工环境定义为"可供人类生活、工作、娱乐消遣的日常基础"。人工环境涉及大量由人们兴建或改造的地点与空间,包括建筑物、公园、公共交通。最近,公共健康研究按照"智慧成长"的可持续发展,又将人工环境内涵扩大化:包括健康饮食提供点、社区花园、步行路况。

在公共健康方面,人工环境是指物理环境,作为社区健康设计不可或缺的一部分,研究表明社区设计方式能够同时对社区居民的运动和精神健康起到影响。有研究也表明专为促进运动打造的人工环境能够提高运动参与率,并对健康产生积极影响。步行路况较好的社区,由于居民运动的次数攀升,肥胖率更低,抑郁症发病率更低,社会资本更多,酗酒率更低。可步行路况的特点主要有:安全度、人行道建造数量、步行可达的目的地数量。除此之外,步行可达的社区了解程度,特别是人行道良好的路况和各条人行道连接情况都与较高的运动参与率有关,评估可步行度可采用地理信息系统。

公共健康也强调其他人工环境要素,比如自行车路况,健康饮食提供点如到商店或社区花园的距离,自行车路况指多条到达某地安全行车的路径,步行路况和自行车路况常常是运动的决定因素,健康饮食提供点方便程度也是人工环境重要因素之一,便利店的分布程度与儿童肥胖有关,相反,改造后的离社区超市与农产品超市更近的距离与肥胖率下降有显著关系。小卖部普遍程度能够降低肥胖风险,社区花园也是人工环境的一部分,并且水果与蔬菜摄入情况更加普遍,学者认为社区花园能够缓解人们压抑和紧张感,给他们带来积极的社会和心理上的影响,提升健康感知,从而对个人以及社会整体健康产生影响。

公共健康与其他学科的交叉性体现在人工环境的设计过程中,包括环境规划、政策研究、土地使用规划。研究表明人们处于综合型或商业、居住混合区,并且人口稠密、街道通达性高的地区运动更为活跃。生活在方便步行环境中并且也喜欢散步的人群肥胖率更低,此外,那些汽车代步环境中,驾车次数更少的人肥胖率也比较低。通过环境减少肥胖率最有说服力的证据由疾控中心得到进一步说明,在其"预防肥胖公共社区措施方案"中,也包括了健康食物提供以及运动活动环境的措施。

运动休闲视角下的人工环境概念与公共健康领域的人工环境概念一致,都是指各种人造环境,尤其是为了促进运动休闲参与的环境。

三、自然环境对运动休闲的影响

除了人为原因,全球气候变暖的自然原因主要包括海洋、陆地、火山活动、太阳活动等,不少科学家还将气候变暖归结为大气条件。全球变暖对运动休闲淡旺季会产生一定影响:"温暖气候的增加将使得高尔夫球运动、野营和划船等项目的营业时间增加。同时,气候变暖将直接影响以冬季旅游项目为主的国家,缩短其旅游旺季,减少客流量。气候变暖将导致降雪和冰川减少,这对主要经营冰雪项目的冬季休闲度假地的游客量造成了损失(如北美和阿尔卑斯山地区)。"(王肖、黄绍梅,2010:140)由此可见,作为自然环境变化中的因子之一,气候变暖对运动休闲的作用主要体现在影响运动休闲的时间和空间分布上。

不利的气候因素如酷暑、暴雨、雨雪天气都会影响休闲人群运动:Tu等人(2007)发现恶劣天气,如超过 90°F(32℃ 左右)以上的气温,20°F(零下 6℃ 左右)的寒风天气、阴天和雪天都会导致女性项目的中断。大气压强越高,出勤率越高,但日照时间越长,出勤率反而越低。Wolff 等人(2011)研究了天气因素与户外运动休闲的影响关系,根据日常汇总的天气数据与实际观察情况得出结论:天气因素确实能够影响大部分运动。

晴雨风雪、季节更替也可以孕育出多种运动类型:春天,风和日丽,可以去远足、郊游和踏青,而广东、广西交界的瑶族则可以打泥仗和湖边垂钓;夏季,人们可以在河中游泳、打水仗、捉鱼等;秋天,丰收时节,在收割后的稻田载歌载舞庆祝丰收;冬天,可以在雪地里堆雪人、打雪仗等(刘亚云、李可兴,2007:80)。季节给人们带来运动条件,也可以制约人们的运动休闲活动,但会不会阻碍人们运动,就要结合具体实际分析。

气候环境不仅是影响运动的条件,也会影响到运动参与者的生理机能和心理机能。在气候的各种因素中,影响较大的是气温、湿度、风和降水。在气温较高的环境中运动会导致体温明显升高,此外,由于大量出汗而使体液丢失,血浆量减少,这些变化可能使循环血量减少,最终影响氧运输能力。在寒冷气候中,身体主要器官兴奋性下降,关节灵活性降低,易发生冻伤,寒冷还会使肌肉黏滞性增加或寒颤,既影响运动技能的发挥,又会使运动损伤的危险性增加。

"平坦的自然地形如平原等在视觉上往往上下平衡,主要视觉对象是天空或草坪,并产生虚实对比。平坦地形最简明、稳定,在运动休闲中给人一种轻松感和安全感。"(黄贵、丁俊武,2002:15)地形起伏较大的环境,如山地,可能会对人们运动休闲产生阻碍作用。Seclen-Palacin 等人(2003)研究了秘鲁城市人口运动休闲的频率与物理环境因素之间的关系。研究者按照八个地理区域来分析,除了性别因素外,常规运动锻炼的地区为热带雨林地区,中部山区、沿海中心地带。常规运动最低的地区则是南部山区以及首都利马城区。Ortega 等人(2014)分析欧洲城市青少年健康状况、肥胖程度、心血管疾病与运动联系,这些青年代表欧洲南部和欧洲中北部两个地理区域。研究结果表明,山地较多的欧洲南部青少年运动不活跃,体型更胖。

再者,地理环境也可能对休闲运动传播起到限制作用。可以说,一般而言,地理环境制约着某些体育运动项目的产生和布局。"这就不难理解为什么在北欧的挪威、瑞典和中欧的阿尔卑斯山地区盛行滑雪运动,冰球则在加拿大盛行。"(郑勤,1994:420)

当然,山地环境也会对体育运动产生促进作用,以湖南为例,湖南三面环山,一面环湖,西部地区地势最高。山涧沟壑众多,在这种地势中生活,行动不便不言而喻。但是人们凭借自然工具的力量,"想出了'荡藤过涧'、'撑杆越沟'、'抓藤爬崖'等办法","特别是一些药农或采岩耳的汉子,更是有一身爬山越岭、攀藤附葛、荡索渡涧的好本领。这就形成了健身活动,并促使湖湘健身体育文化发展"(刘亚云、李可兴,2007:80)。

而高原、高山地区因海拔较高,空气稀薄,在此种情况下出现生理反应为:"人体肺活量、血压、心率和最大摄氧量等心肺功能生理指标水平均随着海拔的升高而有所下降,运动能力也随之下降,这是由于高海拔地区氧分下降,使动脉血饱和度下降,最大心输出量减少,肌肉横面减少,肌肉质量下降,从而使人体有氧代谢能力下降。"(次旦晋美等,2000:76)

在地貌中,丹霞地貌、武陵地貌以其独特的景观构造,除了提供日常旅游资源外,也为人们提供绝佳运动场所,如洞穴探险、攀岩、山地滑翔运动等。

水环境,主要包括河流、湖泊、海洋、湿地等实体环境。液体的物理特性,使得运动不同于陆地运动。"冲浪运动是对地理环境依赖性较大的运动,它的盛行多在温带或亚热带海域,如美国夏威夷、澳大利亚大堡礁等附近。"(郑勤,1994:421)

动植物环境为休闲运动提供动植物资源和植物资源。动物资源如斗鸡、信鸽比赛。"典型的'五禽戏'是公元前 3 世纪的道家医生华佗通过对熊、猴、鸟、虎和鹿的观察而编制的。"(百家,1992:2)

事实上,对运动休闲的影响并非以上单一一种自然环境制约,运动休闲往往受自然环境多方面的影响。"自然环境对社区体育设施布局的影响主要体现在两个方面,一方面自然的山体河流起到了分隔的作用,由此可以形成社区体育单元之间的边界;另一方面,自然环境为社区体育设施的选址提供了新的机会。"以深圳市为例,多山多水多植被,为体育社区的地理界限提供天然的条件,亚热带气候和濒临海洋的地理位置条件催生了野营、徒步穿越以及在海水中进行的运动,如潜水、摩托艇、帆船比赛等。"深圳年轻人对于攀岩和穿越的热衷,使得靠近山体和水系的社区体育设施可以开展这类活动。"(董金博,2012:60)

再如杭州西湖附近的群山,近距离感受杭州西湖的美,少不了徒步登山的运动,不同的自然景点提供了不同的景观。如"九溪烟树"、"栖霞岭路线"、"云栖竹径"等,为运动增添了自然之趣,独特的自然景观成了杭州人运动休闲的好去处。

对于人类体育与地理环境之间的影响与联系,百家认为是必然内在的联系:"地理环境决定着人类体育的产生和形成,这种决定性作用在人类体育的初期是直接的、根本性的;地理环境规定着人类体育发展的方向和发展的过程,虽然在体育发展的过程中,逐渐渗入了其他社会因素的影响,但地理环境的影响是基本的,是人类体育与生俱来的;地理环境制约着人类体育作用的发挥,人类体育对人的活动的作用发挥,无论是在实践、认识关系和价值关系的哪一内容中,都必须通过地理环境,并在地理环境的制约下才能实现。"(百家,1992:5)

四、人工环境对休闲运动的影响

1. 城市公园对城市休闲运动的影响

城市公园是日常居民接触到的最频繁的公共设施之一,城市各种类型的公园,提供了各式各样的运动场地,开放性的公园在功能上满足不同人群的需要。公园影响人们运动休闲的具体表现在于保障运动休闲的稳定性和规律性。

城市公园的场地成为某类人群运动休闲的主要甚至是唯一的物质保障。Krenichyn(2006)发现城市女性锻炼的唯一去处就是城市公园了,公园提供了休息室并且她们可以穿着舒适的衣服,自然是对感官的一种刺激因素,对于女性恢复体力有重要帮助。在我国,城市居民运动休闲的场地由于主观或客观原因,比起农村人群运动场地选择性并不强:"大部分老年人的经济状况并不宽裕,所以老年人的闲暇生活质量主要靠社会保障来实现,由社会福利提供高质量的闲暇环境和健身设施。城市公园正好提供给老年人很好的休闲健身、社会交往、欣赏自然风光的场所——这对他们显得尤为重要。"(覃杏菊,2006:45)由此可见,城市公园所提供的运动场地保障某些运动人群的运动休闲,这就是稳定性的体现。

2. 城市开敞环境对城市休闲运动的影响

城市开敞空间为运动休闲人群提供了便捷性。城市开敞空间是指"在城市的建筑实体以外存在的开敞空间体,是人与社会、与自然进行信息、物质和能量交换的重要场所,它包括山林农田、河湖水体、各种绿地等的自然空间,以及城市的广场、道路、庭院等的自然与非自然空间"(王立新,2007:145)。城市开敞空间拥有着比城市公园更为广泛的空间概念,"城市社会中人的活动(分为室内、户外两大类)需要一定的场所。城市居民的户外活动,包括经济的、交往的、商业的、政治的、文化的、体育的、休闲娱乐的、科研的、教育的,等等,都需要一定数量和质量的开敞空间"(王立新,2007:145)。可见,城市开敞空间所覆盖的地域,影响人们生活、工作的范围更广。日常人们经常可以接触到各种类型的开敞空间,城市开敞空间的存在,提高了人们运动的便捷性,相比公园而言,人们需要去一个固定的地理位置运动休闲,而开敞空间的存在,使人们的随时随地运动成为可能。Rastogi 等人(2012)研究了纽约市低收入家庭学龄前儿童的运动情况,发现可步行地区与运动锻炼成正相关。最终得出结论是住在行道树区的锻炼运动越多,儿童皮脂越少。行道树可以看成城市开敞空间类型的一种——城市绿色开敞空间,无论是锻炼次数多,还是皮脂减少,都反映出绿色开敞空间运动频率的增加能够为儿童运动提供便捷性,同时,绿色空间能够为运动提供持久的心理动机,为休闲运动提供心理上的良性循环。Aspinall 等人(2013)从环境心理、健康研究以及城市设计三个方面来论述城市绿地与运动休闲的关系,经过科学手段的测量,发现城市绿地带给人们的是积极情绪,并能够促进人们参与运动活动,这样人们的情绪又能够得到改善。Richardson 等人(2013)调查了城市绿色空间与个人健康的关系,并来检测运动是否是两者之间的中介因素,经过研究得出了如下结论:社区附近绿色空间程度越高,社区居民的心理健康越好;绿色空间达到社区面积 15% 以上时,患心血管疾病的风险会降低;社区绿化程度越高,运动休闲水平就越高。绿色空间,特别是一些小型的绿化带、绿化区对个人运动休闲个性化需求有保障。这同样也是开敞性的体现,满足多样化的运动休闲需求。"在北京,居民更喜欢方便且靠近生活地的小空间,而不是远处的大空间。"(傅凡、赵彩君,2010:23)"距离越远,人们利用公园的频次越低。三分钟步行距离范围内的公园是人们可以天天充分利用的公园。那么解决问题的方法就是在城市内广泛散布数以百计的小型绿地。对于城市绿地总量一定的情况下，小绿地比大绿地数量更多，分布也会更加广泛，甚至遍及整个城市，使居民可以更靠近绿地，更方便地使用绿地。"（傅凡、赵彩君，2010:24）开敞空间，将原本整块、集中式的布局化整为零，分散布局使得人们运动休闲的便利性大大增加，运动休闲行为更加普遍。

3. 城市建设以及交通基础设施建设对城市休闲运动的影响

城市建设和交通基础设施对休闲运动的影响在于为休闲运动资源提供了通达性基础。从城市规模上看，城市规模越小，密集的布局客观上使人们运动休闲动机增加。例如 Coogan 等人（2009）从纽约、芝加哥、洛杉矶三座城市20354 名黑人妇女的运动发现，城市形态，如住房密度大的地区，步行的频率更加频繁。对于国内小城镇的社会调查表明，"四川省小城镇居民在追求生活目标的选择中，健康总是被列为首位，健身运动被列为生活中的重要内容"（曾华、胡蝶，2010:33）。城市客观规模越小、越密集的布局，使得人们对运动休闲中的各种资源获得的方便性大大增加。除此之外，交通便利性也使得人们步行意愿增强。Fitzhugh 等人（2010）观察了一条连接住宅区与非住宅区的道路经过翻修改造成绿荫路径后，大大增强了交通的便利性，这种基础设施改善以后，人们活动量显著增加。Pearce 等人（2011）选取了新西兰的毛利人、太平洋岛国居民，以及新西兰城市低收入水平三类人群为对象，发现公共空间与街道的互通性对运动有积极影响，增强物理环境中的某些因素对弱势群体会产生有利影响。以湖南城市自行车运动条件来看，阻碍运动休闲发展的具体原因是市内没有自行车专用道，也没有停车场。可见，骑自行车上路，在机动车道上可能会被机动车撞到，在人行道上可能撞上行人，而且人行道路况并不适合自行车行驶。这个例子也直接阐明了城市道路基础设施建设对运动休闲的直接影响。

4. 商业娱乐服务设施对城市休闲运动的影响

城市商业娱乐设施也会对人们运动休闲产生影响。比如，Wen 等人（2009）分析了芝加哥社区周围物理环境与运动锻炼的影响，发现住在酒吧附近的人，可能大多数将泡吧作为一种休闲消遣活动，从而很少参加积极的健身活动。Voorhees 等人（2009）通过非裔美国青少年来调查环境因素对游憩设施的影响，得出的结论是青少年热衷于运动花费低廉的场所，并且能够提供良好的设备以及他们喜爱的运动，还要离家近一点。若没有足够的运动设施，他们往往会找替代场所，比如街道或空旷的停车场。年轻人受到经济能力的限制，对于运动游憩场所的价格比较敏感，自然而然选择低廉的游憩场所。

第二节　物理环境的测量

科蒂和她同事（Giles-Corti&Donovan，2002）研究测量了六个正式设施和三个非正式设施与休闲体育参与之间的关系。正式设施包括健身房或健身俱乐部、游泳池、网球场、高尔夫球场或其他（比如，游艇和帆船俱乐部、壁球或羽毛球场）；非正式设施包括公共空地、河流和海滩。虽然科蒂（1998）和Broomhall(1996)的研究考虑了空地的"美观"因素，但是她2002年的研究没有考虑，只假定所有设施的美观度是同等的。

在这些研究文献中，物理环境一般有两种测量方式，即主观感知和客观测量。主观感知就是使用自我报告的形式。表8-1列举了有关感知的环境因素与参与体育活动关系的论文的特点与主要发现。每篇论文都说明了用到的环境变量、测量的等级（刻度），以及具体的体育活动等。

表8-1　主观感知物理环境的测量指标、运动休闲的形式及其关联性

作　者	性别样本/年龄	环境变量	刻度	场景	体育活动行为（主要变量结果）	与主要变量的重要关联
Ball et al.（2001）	N＝3392 成人 男性＝46%	你的小区很友好，你在家的附近很愉快，你住的地方很吸引人，在步行范围内有公园或者沙滩，附近有自行车道，商店的距离在步行范围内	Likert（1～5）	社区的空地	散步形式的锻炼（散步/不散步）	不吸引人和不方便的环境与不散步有关联
Booth et al.（2000）	N＝3392 60岁 男＋女	你家有健身设施（比如健身自行车、游泳池、健身碟片）。人行道里散步安全，设施的可通达性（自行车小径、高尔夫球场）	是/否	家里社区	剧烈活动，散步休闲，中等程度活动	小径的安全和当地设施的可通达性与积极的活动有联系

续表

作 者	性别样本/年龄	环境变量	刻度	场景	体育活动行为（主要变量结果）	与主要变量的重要关联
Jakicic et al. (1997)	N＝2053 成人	你家里有哪些运动娱乐和健身设施（共列举了14种）	有/没有		散步/爬楼梯运动和游憩活动	Liker 全副设备和高/中和全身活动有关系
King et al. (2000)	N＝2912 ＞40岁 女性	人行道，繁忙的交通，小山，街灯，无人照看的狗，优美的风景，犯罪活动的频率，白天独自散步和慢跑的安全性（Likert（1～5）），缺乏安全的锻炼场所，糟糕的天气	有/没有		闲暇时间中等强度活动在家时间剧烈活动工作时间（积极/静坐）	小山，没有人照看的狗，优美的风景和活跃程度有关联
Leslie et al. (1999)	N＝2729 17～76岁 男＋女 男＝42%	注意到校园的健身设施健身房会员	是/否	大学校园	游憩性质和交通性质的散步，中等强度活动，剧烈活动（足够/缺乏）	更多意识到健身设施的存在和更活跃有关联
MacDougall, et al. (1997)	N＝1765 成人 男＋女	娱乐设施居住环境	Likert (1～4)	开阔地	中等程度活动，运动设施，剧烈运动	娱乐设施少和环境仅与男人的不活跃有关联
Sallies et al. (1989)	N＝1789 成人 男＋女	缺乏设备缺乏设施缺乏好天气	频率		剧烈活动	家庭健身设施与剧烈锻炼有关联
Sallies et al. (1999)	N＝110 平均 20.6岁 男＝25%	请指出你家有哪些（比如，有氧设备，自行车，狗，蹦床等），你们邻里有哪些（人行道，交通繁忙，小山，街灯，无人照看的狗，优美的风景，犯罪），你的邻里是（住宅，商业，混合型的）	是/否	家里/社区	散步锻炼，力量锻炼，剧烈运动	家庭设备与力量锻炼有关联

续表

作 者	性别样本/年龄	环境变量	刻度	场景	体育活动行为（主要变量结果）	与主要变量的重要关联
Shaw et al. (1991)	N=14674 18～69岁	附近没有设施/设施不够	有/没有		剧烈运动，中等程度游憩，步行锻炼，自行车运动（参与/不参）	有设施和更多的参与（仅限妇女）有关，不足的设施与更多静坐相关
Stähl et al. (1999)	N=3342 ≧18岁 男=43%	我附近有许多可以保持活跃的机会/当地俱乐部和其他机构提供了很多机会	Likert (1～5)		全活动（活跃/不活跃）	更多地意识到机会与更活跃有关联
Sternfeld et al. (1999)	N=5000 20～65岁 女	缺乏设备/缺乏设施	Likert (1～5)	工作中家里闲暇中	工作有关的活动，家庭活动，运动和锻炼	缺乏设备和设施与运动和锻炼呈负相关
Wilcox et al. (2000) (2001)	N=2912 ≧40岁女	人行道，繁忙的交通，小山，街灯，无人照看的狗，优美的风景，犯罪率高，很方便进入，步行小径，游泳池，缺乏安全的锻炼场所	有/没有	闲暇时/家里/工作中	中等程度活动，剧烈活动（活跃/静坐）	缺乏风景与农村妇女的静坐生活有关联

　　最早的有关研究是萨利斯（Sallis）等人在 1989 年做的。他们采用社会认知理论的概念（比如，自我效能、模型、家庭和朋友的支持、障碍等）。研究发现邻里环境、设施的方便和一些剧烈运动没有显著相关关系，和剧烈运动最相关的变量是家里是否有运动设备。这里值得注意的是，是强度很大的剧烈运动而不是普通的运动休闲。另一个使用同一份量表的研究（Hovell et al., 1989）发现散步和邻里环境有一定的相关关系。问卷中经常使用"设施的方便"和"缺乏设施"等项目来表示物理环境。比如 Booth 等人（2000）发现当地健身设施的可通达性与老年人积极参加体育活动呈显著正相关。在一项多方差分析中，公园的可通达性和感知到的小路径的安全性与散步呈显著正相关。

　　除了上面大量的主观报告式的测量物理环境的方法以外，也有少量采用客观测量方法的研究。下表 8-2 列举了应用客观评估的环境因素与成人参与体育活动关系研究的特点与主要发现。Sallis 等人（1990）客观地把所有受访人的地址和当地以地图网格为基础的所有付费和免费使用的健身设施都进行了记录,以求客观地记录每位参与者可通达的设施密度。他们发现邻里的密度、付费设施和锻炼频度有显著相关,但是和免费设施没有关联。这些免费的设施中有些可能是居民没有意识到的,或者没有意识到他们可以使用,或者认为使用不是很合适,比如学校附近绿草覆盖的开阔地。

表 8-2　客观评估的物理环境测量指标、运动休闲具体行为及其关联性

作　者	性别样本/年龄	环境变量	刻度	场景	体育活动行为(主要变量结果)	与主要变量的重要关联
Bauman et al. (1999)	N＝16177 成人 男＝42％	居住地		内地/海边	散步,中等程度活动,剧烈活动(静坐/充足/很多)	海边居住地与充足和很多活动有关联,与静坐活动呈负相关
Giles-Corti & Donvan (2002)	N＝1803 18—59岁 男＋女	功能性的(小路径/商店),吸引性的(交通/树木),人工设施的可通达性,自然设施可通达性	有/没有		散步,中等程度活动,剧烈活动(大部分时间每天锻炼30分钟)	4个变量各自与参加锻炼没有关联,但4个变量综合分数与大部分时间每天锻炼30分钟有关联
Sallis et al. (1990)	N＝2053 平均48岁 男＋女	付费和免费设施的密度	地图网格		剧烈活动	更高密度的付费设施与锻炼有关联
Troped et al. (2002)	N＝413 平均51岁 男＋女	与自行车道的距离,自行车道的陡坡到自行车道要穿过的繁忙街道	GIS	社区空地邻里	使用/不使用车道	陡坡和更远的距离与不使用自行车道有关联

Bauman 等人(1999)的研究中使用了邮政编码来客观地判别澳大利亚成人的居住地。如果他们的居住地是在海边,他们就归为"海边"的类别,如果不是,则归为"内陆"。居住在海边的人比居住在内陆的人不活跃的比例少23％,参加活跃运动比例高38％。Troped 等人(2001)使用了地理信息系统来制定三个客观环境变量,如离家距离最近的自行车道是否和繁忙的街道相连,是否

有陡坡。他们还把这些客观的环境变量和居民自我感知的环境变量进行比较，发现如果居民认为与繁忙街道相连以及地理定位信息发现有陡坡障碍和不使用自行车道有关联。

Giles-Corti 和 Donovan(2002)使用地理数据，发现空间的可通达性（道路的距离）及娱乐设施（天然的和人工的）和体育活动的参与没有关联。笔者还测量了功能性环境，比如，居民的街区是否有步行小道和可看见的商店和环境的吸引度，比如交通的繁忙程度、树木的多少等。发现这两项变量也和体育活动没有关联，但是综合这四个变量发现一个支持性的物理环境和参加体育活动有很强的相关性。

表 8-1 和表 8-2 的物理环境可以归为五类：设施的可通达性、设施的机会、天气、安全和美观。其中安全因素与是否有街灯，是否有人行道等信息相关。

根据有关物理环境对运动休闲参与影响的研究，游憩设施的通达性是一个预测人们是否参加体育活动的重要因素。Hofstetter 等人(1990)的研究表明对娱乐设施的感知方便和邻里的安全性提高了锻炼的自我效能，因而可以影响参与体育活动的意愿。虽然有人认为人们距离设施近与使用该设施之间的联系可能是一个常识就能理解的问题，但是游憩设施的可通达性能提高经常的体育锻炼的结论仍然难以解释。Sallis 等人(1990)发现不管参与者的社会经济状况如何，更多的通达性和参与更多的高强度的体育活动有关。苏格兰的发现表明不同社会经济状况的小区之间游憩设施的不平衡分布使居住在贫困地区的人更难享有游憩设施的可通达性，从而减少了他们的体育活动参与(Macintyre et al.，1993；King et al.，1995)。

地理学家认为把可通达性作为游憩设施分布的测量方式，其中可通达性是受到人们克服"距离隔离(spatial separation)"的愿望和能力的调节(Hansen，1959)。相应的，个体的愿望和能力又受到其感知的重要性（比如，感知到的需要）、设施的吸引度（比如，设施的特征）、设施的位置以及个体靠近距离交通地点（如靠近公交车站或地铁口）的距离的影响。

"距离"一般被认为是一个使用休闲体育设施的障碍。Knox(1978)认为居住在设施附近的居民有更多的使用机会，花费在交通上的费用也较少。但是，有时候，"距离"的不利因素可以被设施的"美感"因素或活动与其他设施之间的距离（也就是其空间结构）所调节(Fotheringham，1981；Kim & Fesenmaier，1990)。对"美感的测量"与具体的环境有关，不同类型的游憩也有不同的层面。比如，调查到当地公园去的休闲旅游，美感因素包括公园的面积大小、水体的大小、有上下船的活动坡道、游泳的机会、露营地的数量，等等（Kim &

Fesenmaier,1990)。在一项对游泳池的研究中,美感因素包括游泳池的面积大小、所提供的设施以及拥挤程度(Goodchild & Booth,1980)。但是,这些研究都不测量具体个体与游憩设施之间的可通达性。通常,研究人员是考察住在不同地区的人群进入娱乐设施的难易程度。这些研究假设居住在同一区域的每个个体的机会是均等的,不管他们实际居住的确切地点。

国内也有部分学者考察了参加运动时间的物理环境因素。杨月敏(2004)讨论了体育环境对社区体育发展的影响。她把体育环境分为自然环境、政治环境、经济环境和法律环境、物质环境和舆论环境,并认为这些环境有熏陶作用、凝聚作用和导向作用。

莫连芳(2007)研究了居家周边的体育场地器材对大学生体育锻炼的影响,认为场地器材的不足,必然会影响学生寒暑假期间参加体育锻炼,影响学生体育锻炼习惯的形成与保持。笔者发现广西大学生居家周边的体育锻炼氛围不浓,这就使相当部分想参加体育锻炼的大学生因缺少良好的大环境,受到周围人群的潜移默化的影响,参加体育锻炼的频度也就不高。而部分没有体育锻炼习惯的大学生会因为缺乏锻炼氛围也不参加体育锻炼。体育锻炼程度越低的大学生其家周边的体育锻炼氛围更差。

王飞雄等(2007)考察了西安城市体育环境对居民体育生活的影响,指出西安体育场馆社会化程度低,严重制约居民的休闲体育活动参与。姜兰琼等(2007)调查了浙江衢州的住宅小区的体育设施,发现体育设施严重不足。

熊茂湘(2003)在其专著《体育环境导论》中论述了体育活动的各种环境,其分类系统虽然与国外相关研究不一样,但是比较系统地论述体育活动环境的首部专著,具有重要的意义。

国内对物理环境的研究基本上从大的方面点到为止,在实证研究方面,差距很大。而且一般情况下,只是介绍物理环境的多少,并没有调查这些物理环境与运动休闲参与之间的关系。无论是对物理环境测量方法的掌握、测量工具的应用,还是对其实际意义的理解和重视程度,与国外同类研究相比,都存在相当大的距离。在可操作性和对政策制定的支持方面更加不足。

国外物理环境的测量特点大多采用定量研究,将笼统的研究对象量化:多大的面积、多长的运动路径对人们休闲运动会产生影响;将抽象概念具体化:散步、爬楼梯、跑步等具体的运动;将庞大数据模型化;在较小的范围内进行实验,建立一个微型的物理环境场景,并观测、分析、总结,推测出在更大区域、多元群体中物理环境因素对人群运动休闲所起到的作用,同时整理、归纳总结后建立理论模型体系供后人研究。

研究重在理论支撑,贵在研究方法科学合理。国外物理环境研究已有了一定历史积累,专业性非常强。我国本身国情特殊,对休闲运动进行研究既是挑战又是机遇,比如,对运动程度类型进行分类方面(高强度运动、中等强度运动、轻微运动),国内研究还应用得不够,包括本书的实证部分同样未能测量运动休闲的强度。同时,国家对运动休闲越来越重视,必将促进相关研究。

综上,我国研究物理环境所缺乏的是系统的理论支撑和测量方法的科学化。物理环境调查研究是现实与理论的结合体,至于怎样去把握,还亟待更多有识之士参与讨论。

第三节　城市化与运动休闲参与的物理环境

本节主要讨论城市化背景下,城乡差异与运动休闲物理环境的关系。

一、城市化对自然环境的影响

城乡之间的物理环境差别是显著的。"自然性是人类的基本属性之一,人对自然的回归就成为'天性'的流露与表达方式,户外运动就是对自然的一种回归。"(阎德柏,2012:31)广阔的乡、镇、县拥有着比城市中更多的自然运动资源。以广西桂林市为例(卿前东,2011:25),目前桂林地区已开发的户外运动线路56条,这56条线路分为8个系列。桂林市区有16条户外线路,地级市一下共有40条线路,这些目前开发的线路,主要以自然风光为主,包括野外徒步穿越、漂流、山地自行车、溯流线路,重点突出山水特色。

在这些线路中,阳朔拥有着国内质量最好、数量最多、难度最大的攀岩路线;资源县五排河漂流区,不仅满足普通大众的漂流运动需求,同时也被国家体育总局定为"国家水上运动训练基地"。按照桂林市统计局的数据,"第六次人口普查数据显示,2010年桂林市城镇人口184.01万人,城镇化率达38.76%","从2012年情况看,桂林市5个城区城镇化发展空间已不大。而12个县城镇化水平达到40%以上只有灵川、荔浦两县;达到30%以上的是阳朔、临桂、兴安3个县;其余7个县城镇化率均在20%～30%之间"[①]。由此可见,桂林市城镇化水平并不高,其所辖的县域城市化仍处于初级阶段,若从发展经济的角度来

─────────────────────

① 桂林市县域城镇化水平仍处于初级阶段. http://www.gltj.gov.cntjfxztbd/201312/t20131225_401383.htm,2014-7-20.

户外运动路线分布（单位：条）

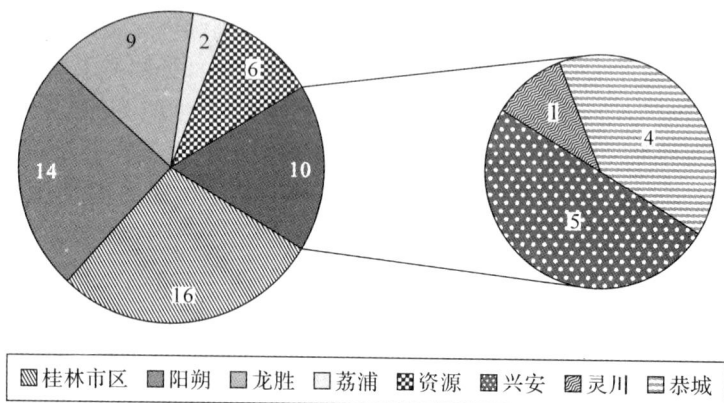

图 8-1　户外运动线路分布
资料来源：卿前东，2011：26。

看，"桂林地市合并后，中心城市受山水自然地理条件限制，所辖的五城区经济规模、人口规模、社会服务功能基本没变，对周边区域辐射带动作用不强，没有明显的优势"。自然地理条件限制了城市化的进程，成为发展城市化的制约因素之一，而从运动休闲角度来看，自然地理条件对于受城市化影响程度不深的地区而言，却成为有利的因素，丰富的自然运动资源蕴含在乡野之处，在质与量上，均比城市高且多。如果将目光放眼于全国范围内看，根据 2013 年《中国统计年鉴》，按照西部与东部划分，2012 年东部地区城市化平均率为 66.07%，西部城市化平均率为 44.26%，说明我国城市化水平西部地区普遍偏低，西部运动休闲受地理环境的制约并不是太大，独特的自然地理条件，造就了西部各个地区具有地域特色的体育运动项目。"云贵高原、川北山区的居民长期过着狩猎和采集的生活，这使她们具有极强的攀登和奔跑能力；青藏高原、内蒙古大草原的藏民族和蒙古族居民过着游牧生活，锻炼了他们的骑马技术和摔跤技艺；广西沿海壮族居民以大海为生，他们游泳、划船的技术肯定要高于其他地区的居民。"（李增民、杨冀，2004：84）

　　城市化是一种过程，但随着改革开放，我国各个地区的经济繁荣发展，经济欠发达的西部地区也感受到了城市化带来的远甚于地理环境的强大作用。具体作用表现如下。

　　城市化改善了运动休闲中自然环境的可通达性（accessibility），以重庆市彭水苗族土家族自治县善感乡为例,"该地处于乌江画廊精品段,境内碧水怀抱,奇峰异景,怪石林立,古树参天,苗乡风情,形成了以山水石林为一体的天然画卷,是集休闲、娱乐、健身、观光于一体的乡村旅游胜地"①。为了吸引更多运动休闲爱好者,充分利用本身青山碧水,重峦叠嶂之美景,"善感乡争取了近300万元资金,启动了周家寨登山健身步道修建。整个步道长10公里,按宽1.2米的规格修建。目前,已经完工了6公里多,预计在6月底能全面竣工"(彭水频道,善感乡修建登山健身步道,2013年5月)。"彭水县谷地、坡麓、岩溶洼地及小型山间盆地相间,逆顺地貌并存。各类地貌中丘陵河谷区占13.39%,低山区占52.88%,中山区占34.03%。"②善感乡从地理位置上处于我国西部,是一座典型城市化程度不高的山村,善感乡积极发展现代化建设,在自身城市化过程中努力争取国家的政策扶持,克服阻碍运动休闲发展的自然环境所产生的不利影响,修建了现代化健身步道,大大提高了运动休闲者在此地健身运动的便捷性,借此登山道的修建,对于此地运动休闲知名度会有极大提升,也对该乡的城市化建设有重要促进作用。

当地的城市化也可能对自然环境造成不利影响。城市化某些具体不当行为,会对自然环境产生不利影响。当人类的不合理活动超出了自然本身的环境承载限度时,破坏作用显而易见。还是以步道为例,这次是以神农架的步道为分析对象:"游步道均以板石铺砌,虽方便清洁,但少自然野趣。在美国的国家公园几乎从来看不到台阶的步道,除了少量停车场旁的观景台外,凡是徒步路线(hiking trial)均为土路,体现了保护自然与自然相融的原则。"(朱璇、朱海森,2007:137)城市化对自然环境的介入出现不利影响。城市化中,人类对资源加工开采的活动同样也会对运动休闲自然环境产生不利影响,特别是能源需求越来越巨大,不可避免对自然环境造成一定破坏性影响。2010年发生在美国墨西哥湾的一起原油泄漏事故,对当地的休闲垂钓产业产生了不小影响。"钻井平台现在已经沉入海底,估计每天泄漏点有5000桶的原油流出。从见诸报端之时起,所有与鱼类相关的产业都已经加以禁止(包括贸易及休闲产业)。"再如,青岛沿海海滨浴场是当地重要的运动休闲场所,但是每年夏季浒苔大爆发,"浒苔恶性繁生,使昔日水色翠绿的山东青岛第二海水浴场等沿岸景观地失去往日的亲和力,而映入游人眼帘的竟是浒苔和袒露的白浊海水共存的一片沼

① 善感乡修建登山健身步道. http://www.cqps.gov.cn/ps_content/2013-05-24/content_2839861.htm,2013-5-24.

② 走进彭水. http://www.cqps.gov.cn/node_37728.htm,2013-5-24.

泽。分析认定,近岸海域的富营养化来源于两个方面:其一是河流径流将陆地各种污染物质(包括滥用过量的化肥)携带入海;其二是近岸海水养殖自身污染物的排海"(刘英霞等,2009:9567)。人类城市化活动不可避免对本该为休闲运动提供优质资源的自然资源产生了破坏作用。运动休闲自然环境会随着城市化的进程加快而减少。一方面,城市化带来的人口迅猛增长,运动休闲自然资源可能会被庞大的人口基数而摊薄。另一方面,城镇化带来的住宅、商业、工业用地增加势必会削减自然资源的面积。城市化对于某一些地区的运动休闲来说,是一把双刃剑,不管这些地区的城市化程度有多高,只要有城市化的活动,自然资源破坏作用难以避免,至于减少其带来的不利影响,需要坚持"有理、有利、有节"的原则:对当地自然资源改造应该合理,对当地经济和民生有利,开发改造的限度应当节制。

二、城市化对运动休闲人工环境的影响

不同经济发展水平地区地方城乡设施差别极大,资源分布不均:"2009 年,云南省体育局组织开展了群众体育工作的全面调查研究,结果显示:全省 16 个州(市)所在地半数缺乏基本体育场馆,全省 60％的县(区、市)没有体育场馆,80％以上乡镇、50％以上行政村没有体育设施。"①而在沿海发达地区,城市化程度较高的乡镇地区,体育设施建设情况较好:"目前,江阴市级体育场馆功能不断提升,新建 31888 座体育场、18000 平方米全民健身活动中心、2500 座市民水上活动中心在 3 年内相继建成投运;镇级体育健身设施提档升级,新建镇级游泳池(馆)16 个,达到镇镇都建游泳池,新建镇级体育馆 4 个,70％乡镇都建有体育馆、400 米塑胶田径场和 2000 平方米全民健身活动中心实现乡镇全覆盖;村及社区'新四个一工程'健身设施向自然村和小区延伸,3 年新建体育设施面积 120 万平方米。"

此外,江阴市积极加快推进城乡"10 分钟体育健身圈"建设,新建设施做到利民便民。在推进市、镇、村"新四个一工程"的同时更加注重建设群众喜闻乐见的体育公园、广场、绿道,建成自行车、健身步行绿道 100 多公里,镇镇都有体育公园、广场,并延伸到村。公共体育设施全面开放。全民健身活动中心所有设施对外开放,年接待群众健身达 100 多万人次;学校、企业、社区等公共体育资源实现了共建共享。全市乡镇、街道学校的体育设施向社会开放率达 94％。

---

① 2013 全国群体工作会经验交流让百姓得实惠. http://www.sport.gov.cn/n16/n2061573/n2760828/3962097.html,2014-7-12.

无论是体育场馆,运动场地数量、面积、里程、场馆本身的建设标准,还是场馆本身开放程度,发达地区均比欠发达地区要高出许多。再如对天津滨海新区城乡群众体育活动场所进行调查(孙凡发,2013:20),统计如表 8-5:

表 8-5　天津滨海新区城乡群众体育活动场所

地　方	城市(%)	乡村(%)
公园	34.14	16.58
经营性体育场所	2.78	0.92
公共体育场所	29.96	21.19
公路街道旁	14.98	29.03
单位或小区住宅	10.80	7.83
室内	2.43	14.28
其他	4.87	10.13

资料来源:孙凡发,2013:20。

城市锻炼人群主要在公园和公共体育场所,很少待在室内,而农村则比较倾向于在公路街道旁和室内锻炼,说明农村在选择场所上比较随意,同样也反映出农村运动场所资源的匮乏。从根本上说,体育设施和体育器材的缺乏,反映出城市化对运动休闲的人工环境真正的促进作用并没有真正发挥出来。

但是,城市化水平较高的地区,其运动休闲的人工环境并不一定处于优势地位。以深圳社区体育设施为例,目前存在的问题有体育设施层级结构失衡:体育设施位置分布不均;有的体育设施名不副实;缺乏适合社区的小型体育设施;社区体育器材和场地封闭排外;大型体育馆和小区设施较多,但街道办级别的体育设施较少。同时,发达地区自身城市化,吸引大量外来人口涌入,造成深圳社区体育设施人均指标偏低。

"在 2005 年之前,深圳市体育设施的占地面积达到 396 万平方米,以全市 2000 年年底 432.9 万常住人口计,人均体育设施占地面积达到 0.9 平方米,其中社区级体育设施的人均占地面积达到了 0.51 平方米。到了 2009 年,深圳市体育场地设施总面积为 2976.17 万平方米,按当年深圳市常住人口 891.23 万人计算,人均公共体育设施面积 3.34 平方米/人;扣除高尔夫球场面积后,人均公共体育设施面积为 1.17 平方米/人,去除市、区级大型体育场馆,社区体育设施的面积不足 0.7 平方米/人。"(董金博,2012:21)

城市相比农村,在运动休闲的人工环境上自然享受先天性的优势,但从城市自身内部剖析,按照发展的观点来看,这种想当然的观点似乎并不恰当,研究运动休闲物理环境,需要用发展、辩证的观点看城市化背景下运动休闲的自然环境和人工环境,城市化对于自然环境有利有弊,先天经济不发达可以在后天弥补,先天经济优势并不意味着对休闲运动会起到良好的促进作用,随着城市化的发展,问题也会自然而然暴露出来。如何让更多的人享有更多、更平等的运动休闲物理环境,希望本章的研究能够给读者带来些启发。

小 结

物理环境主要分为自然环境和人工环境两个方面,本章从自然环境、人工环境的定义和分类入手,讨论了自然环境和人工环境对运动休闲的影响。对于物理环境的测量,笔者详细探讨了国内外研究的已有成果,并对国内外的测量手段进行评价。城市化背景下的物理环境对休闲参与既是促进因素也是阻碍因素,在一定的条件下二者可以实现相互转化。

第九章　城市化与运动休闲参与的社会环境

第一节　社会环境的定义及分类

除了物理环境对运动休闲参与和其他健康行为的影响得到重视以外,社会环境的影响是研究的另一个重点。社会认知理论常常被用来考察和解释物理环境、个人行为和感知的社会环境。大多数干预研究考察了社会环境(来自家庭和朋友的社会支持)在健康行为改变中所起的作用,但是其他环境考虑得很少(Ståhl,2001:2)。根据美国医学研究所(Institute of Medicine,2003)的定义,社会环境是塑造规范,加强社会控制,提供或不提供从事某种特定行为,减少或产生压力,给个人的选择带来制约的环境机会。岂俊荣(1994)认为社会环境是指人在社会中的地位、家庭影响与教育、人际关系及群体影响、政策制度与舆论影响等。本书采用岂俊荣(1994)对社会环境的定义。

社会支持是社会环境的一个重要组成部分。社会支持最早由法国社会学大师迪尔凯姆(Durkheim)研究"自杀"行为时提出,他认为自杀的比率与亲密社会关系(close social ties)的缺乏有很大程度上的关系。社会支持系统是一种持续与其他个人、网络、团体及组织产生社会互动的体系,不仅提供个人回馈他人的机会,且使个人在其所处的社会环境中具有影响力。Caplan(1974)指出社会支持是个人从正式或非正式的关系中,获得精神上、知觉上和物质上的支持。精神上的社会支持指的是一种促成有舒适安全感的行为表现,而且可使个人获得尊敬、关爱与由他人所提供的照应与安全感;知觉方面的支持是指个人在生活事件与调适过程中所获得的信息、知识与忠告;物质上的支持则是提供实际物品和服务,用以解决实际所遭遇的困难。House(1985)提出社会支持是一种人际间的相互交往,从交流中彼此可以获得情感上的慰藉(情感、关爱、喜欢),也可以获得物质上的互通(金钱、物质协助、行动介入)、知识信息的互换(忠告、建议、指导),以及评价的支持(肯定、回馈、社会比较),可以缓解压力对个人的打击,对身心健康有正面影响。

综合以上学者的分析,社会支持主要有三种基本类型:(1)情绪性支持,促使被支持者对参加某项活动产生兴奋的心理,具体形式有鼓励、包容、表扬,等等;(2)信息性支持,提供被支持者相关的消息或知识;(3)工具性支持,给予被支持者某方面的辅助和帮助。

一、社会环境的分类

社会环境可以根据来源分为以下四类:政策、制度、法规环境;专业人士或医师;同伴、朋友、同学和同事等;家人和亲戚。

1. 政策、制度和法规环境

体育权利是公民享有体育运动的权利,是中国社会每个成员应有的基本权利,是由《中华人民共和国宪法》所赋予公民的并由国家强制力保障实施的法定权利,《中华人民共和国体育法》和《全民健身计划》等法律性文件给予具体保障和政策支持。此外,《义务教育法》、《全民健身计划纲要》、《中共中央、国务院关于进一步加强和改进新时期体育工作的意见》,以及其他一些地方性条例,如《山东省体育市场管理条例》、《无锡市体育经营活动管理条例》、《上海市市民体育健身条例》等也从法律、法规、政策层面上对休闲运动提供了政策支持。

不同国家的政府往往会根据当地运动休闲实际情况来制定一系列政策、方案、规章、制度来宣传、鼓励、激励居民积极参加运动休闲计划。比如 Healey 等人(2013)认为创造出一个社区运动锻炼合作方案很有必要,种族差异在美国许多地方仍然存在,创造接受非裔美国人锻炼运动的社区首先要从资金、组织、时间入手,达到一种与当地其他人群有意义、互信、持续和稳定的关系。这是按照本地社区具体情况,制定的针对解决某一具体种族的运动休闲问题的计划,以营造和谐的社区气氛。而 Ura 等人(2011)发现城市老年人不常运动的原因是缺乏运动的动机,但是借助政府的力量,通过"增强体质"这种计划,老年人参与运动的热情显著提高,同时研究人员也发现诸如人际交往频率、朋友或他人邀请也是衡量老年人运动的重要指标,同时指出运动动机与年龄无关。这项调查的特点是带有试验性质的活动计划,进行局部的试点,找出真正能够带动老年人运动休闲的因素:运动计划。

运动休闲是我国现今民生建设的热门领域,以浙江富阳市为例,政府成立

"富阳政府运动休闲办公室",提出"热爱体育运动,享受健康生活"的目标,制定了一系列运动休闲的政策,比如《中共富阳市委、富阳市人民政府关于进一步加强体育工作,加快发展体育事业的决定》《中共富阳市委 富阳市人民政府关于加快旅游业发展的实施意见》《富阳市体育现代化发展规划(2004—2020年)》和《富阳市旅游行业管理暂行办法》。

2. 医生或专业人士的建议

从医生角度来探讨运动休闲,表达的意义在于运动休闲不再停留在以前的"劳动即锻炼(休闲)"这种浅显的个人理解,如今随着休闲运动中出现的一些问题,医生的作用在于主要通过与运动休闲方面的医嘱起到干预、预防和调整的作用。Navarro等人(2007)认为身体健康状况、社会关系、个人技能、医生建议是个人运动动机的明显组成结构,同时医生的建议和要求锻炼的类型也影响着个人运动的选择。显然,医生的建议对病人的运动休闲产生影响。当然,医生自身的运动休闲行为和运动态度也会影响到他们对病人的运动休闲建议。Patra等人(2013)对医生职业进行调查,日问诊量少于30人的医生认为自己的健康生活方式影响他们的医嘱,大多数医生存在着运动不活跃,对病人不询问和不给出运动建议的情况。

目前,一些学校的运动场基本是对社会人士开放,每天傍晚都会有中老年人在操场跑道上跑步,和他们攀谈以及从他们的相互交谈中获知,锻炼中有相当多一部分人存在着高血压、高血糖、高胆固醇以及其他由缺乏运动导致的健康问题,而他们锻炼的原因是医生建议每天进行适度的运动,比如散步、跑步等。此外,对于城市中所出现的一些心理问题,医生也会建议多接触大自然,进行户外活动。因此,医生的建议直接促进了一些特定人群参加运动休闲。

专业人士则是指具备专业运动休闲知识的人士,如体育教师,在学生身心素质发展的过程中,体育教育的主导作用是其他任何教育形式所不可替代的。体育教师在教学活动中的作用在于:"强调学生学习的积极性和学习潜能,提高学生的体育学习能力;根据学生的差异性确定学习目标和评价方法,并使每个学生都能体会到学习成功的乐趣,以满足自我发展的需要。"(崔永久,2006:136)

社会体育指导员是另一种专业人士。社会体育指导员是我国最近兴起的一种专业化的体育运动指导形式。1995年颁布的《全民健身计划纲要》中明确规定,"充分发挥各群众组织和社会团体在开展群众性体育活动中的重要作用……实施《社会体育指导员技术等级制度》,加强社会体育骨干队伍建设",同时,"《国家级、一级社会体育指导员培训教材》中指出,广大社会体育指导员积极开展群众健身活动,进行现代体育观念的传播和科学健身知识的普及,不但通过逐步提高社会体育发展水平而推动体育事业的全面发展,直接增进群众的体质与健康,而且有利于建立科学文明健康的生活方式和提高生活质量,同时对于群众陶冶情操,增进友谊,提高文化修养,树立道德新风,促进社会主义精神文明建设等方面都发挥着重要的作用"(吕旭涛,2007:61)。李树怡将社会体育指导员的作用归纳为:进行体育活动及各种身体练习的基础指导;提高运动技术水平的专项技术指导;负责体育保健指导;负责制订体育锻炼计划;负责健康测定评价;群众体育的组织管理;群众体育研究;宣传发动不参加体育活动的人参加到体育活动中来;健康管理和安全管理九个方面。

吴云红(2011)则认为社会体育指导员的支持作用主要有三点:一是组织和带领群众积极参加健身活动。体育意识不强,锻炼程度不够,不论是青年、中年和老年人所承担的社会责任较重,闲暇时间基本不多。因此社会体育指导员要把推进全民体育运动作为自己的责任,积极调动全民参加运动的积极性,提高群众自觉锻炼的意识,做好社会体育的有关指导工作。二是指导群众科学健身,有效提高锻炼效果。在社会体育发展过程中,群众的体育素养水平较低,具体表现为缺乏科学合理的锻炼方法等。这些都需要社会体育指导员做好体育知识服务,宣传科学的健身知识。三是引导群众进行合理的体育消费和体育投资。体育产业已经融入大众的日常生活中,各种形式的体育运动消费产业也蓬勃兴起,体育指导员也要积极合理引导群众科学对体育运动产业投资和利用,促进体育产业和体育事业积极发展。

3. 同伴和同学的支持

独乐乐不如众乐乐,运动休闲虽然是个人的事情,但也和其他同伴或者同学有着直接或者间接的联系。比如,Nies等人(2013)研究居民运动休闲与同伴的关系,则是通过引入"社区业余健康工笔者"这一种志愿工作,让他们处理少数族裔社区的安全、运动服务,来检验是否能够提高社区居民对运动的信心。结果表明,有了工笔者的存在,当地社区的体育锻炼率有了提升。陈晓明对南京市玄武区老年人锻炼者体育行为调查分析后发现老年人参加体育锻炼"喜群不喜单"。近70.0%的老年人选择与他人一起锻炼身体。对于老年人来说,退休后生活方式有很大转变,远离了长期建构起来的工作中的人际关系群,闲暇时间增多,同时现代家庭结构缩小,子女不在身边等种种因素,容易使老年人产生孤独感,为缓解这一心理状况,老年人希望与他人进行交流、希望拥有友情、关心,希望拥有一个可以归属的群体,因此多选择与他人一起参加体育健身活动。运动休闲同伴的存在,给予被支持者更大程度上的是情绪上的支持,参与运动的人得到来自他人的鼓励、表扬甚至是钦佩,能在运动休闲中找到自身的愉快的心理体验,增进与社会的沟通交流,从而实现自我价值。

赵龙在分析大学生运动休闲阻碍因素时,提到了"在受试者中,认为运动休闲信息资讯来源最多的是朋友和同学的有 138 人(39.5%),然后依次是新闻媒体 117 人(33.5%),体育课上 82 人(23.5%),父母亲戚 12 人(3.4%)。同学朋友和新闻媒体是大学生获得运动休闲信息的主要来源(73%),还需要在体育课上增加学生对运动休闲信息的了解"(赵龙,2003:36)。在高校大学生运动休闲过程中,人际关系的影响尤为重要,除了众所周知的事实——同伴能够为运动休闲者提供情绪上的支持以外,在这项研究中,同伴也是运动休闲方面的知识信息和技能获取的对象。信息性和情绪性支持是同伴支持的两大特点。

4. 家人、亲戚的支持

家人或亲戚是运动休闲中的重要影响因素,现在以血缘关系为范围,划分出运动休闲的界限:内部与外部。从家人或亲友内部来说,运动休闲往往是互相影响:父母影响子女,子女间的影响,亲戚之间的影响。Siegel 等人(2011)研究了生活在墨西哥城市的青年人,发现年龄越大,活动量越少,父亲往往比母亲运动方面更为活跃。母亲运动影响男生运动。年龄、体重指数、身高、父母的运动情况影响女生运动。家人之间的运动休闲显得较为封闭,在小范围内对运动休闲者产生最直接、最深层次的影响。特别是在家人的陪伴下,运动休闲显得更为活跃。

由家人提供的信息支持也是休闲运动中重要的途径,陈修谦等将运动休闲中的信息支持部分划分为六项:旅行社、报纸杂志、亲友介绍、旅游宣传手册、电视及其他。问卷中各种信息渠道选择中,"亲友介绍"信息渠道所占的比例最高。

二、社会支持对运动休闲参与的影响

作为社会环境的最重要组成部分,社会支持对运动休闲参与有积极影响。这些影响主要体现在以下三方面。

1. 情绪性支持

情绪性支持包括关爱、了解、接纳、尊重、肯定,而这些支持来自对当事者有重要意义的人。当个人参与某项运动休闲活动时,希望获得他人的了解与肯定。情绪性的支持来源充足,则个人会增加某休闲活动的参与频率或从中获得较多的喜悦;反之,则个人不会增加参与的频率或停止参与该项活动。笔者的一位同事提到过她自己的一个例子。她来自农村,对家人和事业都认真勤勉,对锻炼身体也非常重视。有一次她买了一张杭州舒适堡健身中心的健身年卡，却得不到公公婆婆的理解。公公婆婆甚至认为去健身房锻炼身体是一种奢侈的生活方式，顶多在小区锻炼一下就可以了，对于她这位出身农村的人来说，去健身房锻炼简直更是"腐化堕落"。这里我们避开公公婆婆与笔者同事之间的代沟和文化差异不谈，至少她的运动休闲方式没有获得家人的支持，这对她的参与造成了极大影响，以致她锻炼了几次后索性把健身年卡送给了一位朋友，以避免家庭矛盾。

情绪性支持对亚洲文化圈的人们尤其重要。这点已经得到众多学者的研究认同，特别是来自跨文化研究学者的实证支持。比如，Triandis 等（2006）认为，来自中国、日本、韩国这种重视集体主义（Collectivism）的国家（地区）的人通常更重视集体的和谐，而来自加拿大、美国和欧洲这种重视个人主义（Individualism）的国家（地区）的人则通常更在乎他们自己。

缺乏情绪性支持也表现为个人内部制约与人际制约。同样，因为亚洲文化圈更重视情绪支持，也就意味着会面临更多的个人内部制约与人际制约。正如沃克等人（Walker, Jackson & Deng, 2007）发现的那样，当需要开始一项新的休闲活动时，中国学生更容易受到个人内在因素与人际关系因素的影响，而加拿大学生则更多地受到结构性因素的影响。中国学生还提到履行职责（role fulfillment），比如做一个好学生、好朋友，或者好儿子/女儿。很多情况下这些制约因素来自中国传统文化价值观。

2. 信息性支持

信息性支持指通过他人提供意见、建议和信息给运动休闲参与者，彼此沟通，这样参与者可以学习新的技能或改善其参与活动的技能，也因此获得活动的信息。前面已经讨论过，家人、亲戚以及朋友是休闲的重要信息来源。如果缺乏休闲技能，会产生个人内部的制约，如果没有足够的休闲信息，则产生了结构性制约。笔者在加拿大访学的那段时间，生活的方方面面都受到相关信息的影响，在运动休闲方面更是如此。因为笔者所访问学院是体育与游憩学院，办公室与全校体育健身场馆就在同一幢（排）大楼，因此相对其他中国访问学者和留学生，笔者对学校的健身项目和健身场馆更熟悉。当不少留学生想参加运动休闲活动却又缺乏各类信息时，笔者就不遗余力地向他们介绍。其中，介绍得最多的是一个随到随用的项目（drop-in program）。很多中国留学生因为不明白"drop-in"这个概念，即使浏览到了这个信息，还是无法真正理解。其实，它是指除了参加游泳课程等固定时间的项目外，休闲游憩机构提供的一个随到随用的项目。但是为了便于管理并顾及场所设施的使用安全和效率，管理机构也会给这些随到随用的使用者一些集中的时间段。比如,周末随到随用的游泳时间是下午 13:00～16:00,平时则是每天有三个时间段:中午 11:00～13:00,下午 16:00～17:50,晚上 17:30～19:00。在这些时段里,可随时进入泳池游泳,也有救生员值班等管理。而在其他时间段,场馆则为上课、训练或提供团体预订等服务。每游一次 4 加元(18 岁以下为 3 加元),也可以购买 20 加元月卡,不限次数。这些信息的提供促成了多位留学生参加游泳锻炼。其他运动休闲参与需要信息性支持的例子更是举不胜举。

3. 工具性支持

工具性支持是通过他人获得直接帮助,包括时间、经济上的支援等。如家里有父母或保姆帮助照看小孩,年轻的妈妈更有可能会有时间参加一些休闲(包括运动休闲)活动。又比如家人及朋友能提供参与运动活动的交通工具,则能大大增加运动休闲参加的机会。再以笔者小孩为例,因为其父亲基本能做到每天接送她游泳,所以她对游泳的兴趣爱好能够得以坚持。而在她要参加的瑜伽课程中,最初因为是朋友介绍有个知名瑜伽馆正在进行促销活动,第一个月无论参加多少次课程只需要 40 加元,所以她和我们商量过后就在网上注册并付费了。但是在后来实际参加课程的过程中,瑜伽馆工作人员告知她不到 16 岁的小孩必须要有一位 21 岁以上的成人陪同,否则不能参加。同时也给了她两个选择,一个是退钱给她,另一个是让她找到一位成人陪同。最后她找到了她同学及同学母亲,不但解决了需要成人陪同这个问题,同时还解决了每次的交通问题。实际上女儿参加瑜伽这个案例,既包括信息支持也包括工具支持,因为该瑜伽馆促销信息也是邻居提供的。此外,女儿能最终参加瑜伽课程,也离不开笔者以前带她参加瑜伽练习的基础,以及对她的鼓励等方面的情绪性支持。由此可见,这三类社会性支持也是密切相关,而一项运动休闲活动的参与也很有可能是多项支持共同作用的结果。

当拥有良好的社会及人际关系时,个人可以获得认同感与归属感,并增进对外在环境的控制感。以上社会支持可以帮助增进情绪的稳定,通过别人的关心与努力,产生正面、健康、积极的情绪;还增加认知的广度,通过他人所提供的知识、经验、帮助其解决问题;并解决实质的困难,通过他人提供的人力与物力资源,克服生活上的问题。因此,以上不同社会支持,可以促进个体的运动休闲参与。

第二节 社会环境的测量

社会环境的测量分为两个方面。一个方面是根据来源分类从四个层面进行,另一个方面是把它分为社会支持和社会融合两个维度。

一、政策、制度、法规环境的测量

在研究运动休闲的政策、制度、法规中,《全民健身计划(2011—2015年)》是比较重要的公共体育政策,季谋芳(2013)将此政策作为个案分析,原因首先在于它是现行有效的并且是本届政府正在实施的政策。其次,该政策属于基本政策层次,涵盖几乎所有地域、行业、公民及公民团体,具有稳定性和权威性。再次,地方制定的体育政策能够体现中央政策的执行环节——根据现实环境与条件对中央政策分解。第四,个案政策体现了体育事业的主要方面。对于政策的环境测量分为以下要素:执行要素包括与体育休闲运动有关的法律、政策等;执行主体为各级体育部门(包括国家体育总局、地区体育局)、各级政府相关部门(包括财政、宣传等部门)、体育社会团体与群众组织;执行客体为全体公众;执行资源为人力、财力、物力。执行中的人力资源不仅包括各级政府体育部门相关人员,同级政府相关部门人员,还包括社会体育指导员、优秀运动员、教练员、体育科技工笔者、体育教师、体育专业学生和社会热心人士等。财力的来源为三类,一是各级政府投入,二是体育彩票公益金,三是社会集资。执行《全民健身计划(2011—2015年)》的物力包括公共体育场地设施、国民体质测定所需仪器设备等。可以从这些要素的具体情况入手具体考察相关的政策对运动休闲的影响。

二、专业人士的测量

在郭可雷对社会体育指导员的类型的分类中,将社会体育指导员详细分成了老年人体育指导员、社区体育指导员、休闲娱乐指导员、职工体育指导员、青少年社会体育指导员、医疗康复指导员、竞技体育指导员(郭可雷,2007:38-39)。代敏对武汉市主城区中老年人广场舞开展现状的研究中,把社会体育指导员细化为"专业的广场舞健身指导员",并从两个方面考察广场舞健身指导员对中老年广场舞健身的作用:一方面,观察中老年人广场舞是否有指导员;另一方面,从中老年人的角度评价指导员是否专业。

三、同伴、朋友、同学和同事等测量

岂俊荣(1994)认为社会环境是指人在社会中的地位、家庭影响与教育、人际关系及群体影响、政策制度与舆论影响等。西方学者对社会环境的测量也没有统一的标准。有的研究只测量是否是俱乐部成员,有的研究只测量是否拥有狗,因为假设有狗的受访者每天会遛狗,因而得到锻炼(Gorti,2003)。也有的研究把是否安全和是否有伙伴作为社会环境指标。比如,Foster 等人(2004)设计了两个题项"有人和我在小区里一起散步"、"我喜欢和别人一起在小区里散步"来测量英国人参与步行的社会环境。而大多数研究把朋友支持和家庭支持作为社会支持的指标。

刘迪峰(2013)在调查汨罗市初中生参与课外活动的方式时,得出结论,无论是农村还是城镇学生,大部分课外体育活动形式都受到不同社会环境(学校、班级、朋友和兴趣小组)的影响,见表 9-1。

表 9-1　初中生参与课外体育活动方式(%)

类　型	老师组织	班级同学	自己练习	朋　友	兴趣小组	其　他
农村	6.4	25.8	14.3	33.0	8.7	11.8
城镇	8.7	21.3	15.6	29.0	10.2	12.1

资料来源:刘迪锋,2013:21—22。

宁青(2007)调查了洛阳市区体育人口参加体育活动组织形式,发现与朋友同时一起参加的占 62.40%。笔者的研究结果验证了人际间因素和社会支持(朋友的支持)对参与体育锻炼的重要性。

表 9-2　洛阳市区体育人口参加体育活动组织形式

组织形式	中选频率	序　位
与朋友同事一起	62.4	1
个人锻炼	47.29	2
与家人一起	39.15	3
单位锻炼	25.97	4
社区活动	20.93	5
在辅导站、俱乐部锻炼	18.22	6

资料来源:宁青,2007:220。

四、家人和亲戚的测量

江保林(2011)对信阳的城乡居民休闲行为进行了研究,发现信阳城市居民休闲伴侣的选择首先是家人亲戚,占38%;其次是朋友,占33%;然后是同事/同学/战友,占20%。城市居民的休闲伴侣主要是家人亲戚,说明其注重亲情,其次是朋友和同事/同学/战友,说明他们也很注重友情。这反映了城市居民进行休闲时对亲情和友情的依赖和信任,与亲朋好友一起参与休闲活动是居民消除工作疲劳和缓解当前生活压力的最直接的选择。而信阳乡村居民休闲伴侣选择首先是家人亲戚,占49%;其次是朋友,占31%。这两部分共占了80%,其余仅占20%。笔者认为这说明信阳乡村居民在进行休闲活动时,首选的休闲伴侣是家人亲戚,这体现了他们注重血缘亲情,同时也体现了他们偏爱社会成员的地缘和业缘友情。注重血缘上的亲情与我国几千年来儒家文化所倡导的伦理观念相符合,偏爱社会成员的地缘和业缘友情同信阳乡村居民重视情谊的社会风俗相一致。这也说明信阳乡村居民在进行休闲伴侣的选择时具有相对稳定的亲密性和适度开放的社交性特征。

2006年,哈佛公共健康学院的博士后McNeill等(2006)对社会环境和体育活动的参与关系进行了综述。虽然估计会有重叠部分,她们还是归纳了三大类5个维度的社会环境:人际关系(比如社会支持和社会网络),社会不平等(比如社会经济地位和收入不平等、种族歧视)和邻里及社区特征(如社会融合和社会资本、邻里因素)。然后她们对几类社会关系进行了描述以及分析了她们的运行机制,在这5个维度中,Ståhl等人(2001)认为社会支持和社会融合是社会环境的两个最主要维度,因此,在他的研究中,他对这两者进行了测量。他应用了10个题项来测量来自家庭和朋友的支持,以及一些稍微间接一点的社会支持,如报纸、电视、工作场所、学校、社区、政治家、医生和保险公司。通过因子分析,他把这些题项归为三个因子:个人环境(朋友/熟人、妻子/丈夫、家人、亲戚、工作场所、学校);媒体环境(期刊、报纸、电视、收音机)和外部环境(健康保险、医生、政治家和社区)。基于国情的差别(如种族歧视在我国不构成一个维度),本研究也用社会支持和社会融合作为社会环境的两个主要维度。社会支持部分基本采用Ståhl等人(2001)的量表,略微有调整,即在媒体环境中增加了互联网题项,在外部环境中去除政治家因素,得到社会支持的调查表(见表9-3)。

表 9-3 社会支持的调查表

社会支持	题 项
个人环境	(1)朋友和熟人 (2)丈夫或妻子,以及家人和亲戚 (3)工作场所 (4)学校
媒体环境	(5)期刊/报纸 (6)电视/收音机 (7)网络
外部环境	(8)健康保险 (9)医生 (10)社区

资料来源:整理自 Ståhl 等人,2001。

本书实证部分对社会融合的测量,采用 Sampson 等人(1997:920)制定的量表:(1)这个社区的人都很乐意帮助别人;(2)这个社区的人拥有同样的价值观;(3)这是一个亲密的社区;(4)住在这个社区的人可以信任;(5)住在这个社区的人相处得很好。

从以上测量内容来看,国内外调查内容的差异在于,国内社会环境中的政策因素在休闲运动中显示出重要的地位,反映了集体主义文化环境下政策的重要功能:举国体制下,国家政策整体作用大于地方政策,集体因素大于个人因素。国内内容调查比较正式,内容概括性较强,而国外内容调查生活气息比较多,内容更为细化。运动休闲突出个人为主题,因此国内调查内容上看,还需要从日常化、细节化、人性化的角度设计调查内容。

国内虽在某些方面如调查的人性化、工具的科技化、分析的客观化上与国外有些差距,但这并不妨碍国内在社会环境调查上取得重大成就,毕竟吸收借鉴国外的先进调查理念和技术,转化为适合自身国情的,能够为今后运动休闲社会调查做出更多铺垫,才是好的测量方法。

第三节 城市化与运动休闲参与的社会环境

城市化是动态的过程,社会环境作为城市环境的一部分也是变量因素,对运动休闲的影响也会出现波动的影响。本节将对城市化进程中社会环境对运动休闲的影响进行具体分析。

一、政策、制度和法规环境的城乡差异

政治是阶级、政党、社会团体和个人在国内和国际关系方面的活动。政治包括政治法律制度及其设施、社会意识形态。政治的核心是国家政权,其基本职能是为经济基础服务、维护统治阶级的统治和维护正常的社会秩序(李金龙、刘坚,2006:35)。不同的政治制度影响着居民休闲体育的参与权利、热情,等等。政治制度为体育的参与提供了政治条件和基础。当权阶级通过国家政权颁布法律、政策、法令,规定着体育的宗旨、方针、政策,由专人设立的体育机构,以强制性手段监督执行,并通过任命体育机构领导人有效地掌握体育领导权(卢元镇,2004:82)。而这些措施对居民的休闲体育参与影响巨大。

城市化进程中政治发挥的影响和作用,具体是通过法律法规,即政府主导的社会舆论工具具体实现的。城市化政策和运动休闲之间有着明显联系。Aytur等人(2008)通过研究美国63座大城市1990年到2002年之间的数据发现,容纳性城市发展政策(Urban Containment Policies)与休闲运动参与有着正向联系——容纳性政策释放程度越强烈,运动休闲参与的人数就越多,特别是步行、骑自行车上班人群更多,除此之外,生活在有增长边界(Urban Growth Boundary)政策管理的城市人群,运动休闲的活动时间明显要比那些没有该政策的城市人群多得多。特别是容纳性城市发展政策的主要表现形式之一——"绿带(greenbelt)""较好地保护了环境和自然资源,并为广大市民提供了良好的游憩场所"(韩昊英等,2006:165)。绿带政策对城市扩张的限制作用保障了市民运动休闲场所不被其他用地形式侵占,这种政策调控手段使得市民运动休闲活动的发生次数变得频繁起来。而对于城市居民自身所生活的社区,Carlson等人(2011)通过问卷调查的形式,得出了公众对于城市街道设计的意愿和支持直接影响到决策者对社区特色和政策的判定,这些街区的设计政策反过来又对社区锻炼运动起着促进作用这一结论。公众将自身的运动休闲意愿向城市政策制定者表达出来,政策又会对居民社区环境进行调整、改善,从而使居民的运动休闲行为加以强化和巩固。

研究农民工的休闲运动时发现,户籍制度就是中国城市化中一个鲜明的特色,农民工持有的农村户口对其在城市中的休闲运动产生了影响,即属地管理制度将农民工的运动休闲权利滞留在农村,"以致他们的体育权利就纠缠于农村与城市社区或单位之间得不到合法的保障,而有关政府部门对农民工参与未进行及时有效的组织与管理,保障农民工参与的各项体育健身服务体系不够健

全,且各用工单位过于强调经济效益,忽视城镇农民工身体锻炼的需要,缺乏必要的组织,因此农民工群体享受不了作为城市公共服务内容组成部分的体育等的福利待遇。首先,农民工体育参与责任主体的缺失表现在社会、政府对农民工群体体育参与活动的重视程度不够;其次,由于农民工的社会流动性很大,这给农民工体育活动的组织与管理造成很大的困难;最后,由于社会保障制度的疲软使得农民工体育参与权利无法得到较好保障"(安剑群,2011:72—73)。

政府作为法律政策的制定主体,在当今社会民生焦点问题日益突出的情况下,能否从弱势群体入手解决关系到其切身利益的问题,打破城乡二元体制,建立城乡一元体制,特别是从运动休闲这方面着手,彻底改变严重制约运动休闲主体不合理的制度,让每个社会主义公民真正享受到改革发展的利益果实。不但合情合理,而且在当今城乡问题的解决上具有可操作性。

2003年,国务院颁布施行的《公共文化体育设施条例》中第二章"规划与建设"中明确提出:"公共文化体育设施用地定额指标,由国务院土地行政主管部门、建设行政主管部门分别会同国务院文化行政主管部门、体育行政主管部门制定。"以现在的居民住宅为例,现在的高档小区建设都在相应的园区内按照规定配备了健身运动器材或者是运动场地,方便了广大业主的锻炼。然而存在的问题是,锻炼场所被挪作他用,健身器材损毁严重无人修理等,无相关单位负责处理反映出了法律政策目前的尴尬境地:法律流于形式。

其次,作为法律政策的制定主体——政府,更需要照顾到各个年龄运动主体、社会阶层的运动需要,才能提高各个人群的运动意愿。作为世界城市化广度最大的发展中国家,中国城市儿童也凸显更多的身体上、心理上的问题,除了家庭环境的因素外,社会环境因素也不可忽略。高层住宅是中国城市化的一个缩影,密集的楼群都会在不知不觉中让儿童远离自然,患上所谓的"城市病"。和谐社会,讲求人与人、人与社会、人与自然的和谐,因此政府有必要采取手段调整城市发展结构,还必要的休闲空间给市民,让更多的人有兴趣有动机参与休闲运动。最后,农村留守儿童及其他人群的运动机会也应关注和重视。

二、专业人士环境的城乡差异

本节讨论的专业人士主要是从事与运动休闲领域有关的职业人士,其中包括体育教师、体育运动专家或者是指导员等。城乡体育教师在体育教学时长上有明显区别,客观上,外界给予的教学安排、教学课时和场地,主观上,自身的教学素养和教学能力,都对学生运动休闲产生一定的影响。以山东临沂城乡初级中学课外活动比较为例,整体上还是不能够正常地开展课外体育活动,特别是在每周 1～2 次方面,乡镇初级中学则表现较差。在实地调查过程中了解到,主要原因在于学校领导和体育教师的重视程度有关,课外体育活动一般都安排在每天下午第四节课,经常被其他学校或班级活动挤用,乡镇则表现为:体育教师和领导的不重视,加上场地器械与师资的限制,课外体育活动通常是以自由活动的形式进行的"(李宝松,2013:37—38)。城乡两地体育课的时长差异通过体育教师对于体育教学本身的观念差异造成的。除了现实客观的物理环境因素之外,体育教师对于体育活动的影响不容小觑。因此,加强体育教师自身的教学观念转变,显得尤为紧迫。

社会体育指导员对城乡居民休闲运动影响的差异在于,其资源数量和服务指导水平上,乡镇农村体育社会指导员明显低于城市。在对社会指导员作用的评价上,城乡居民的满意度可以看出在城乡背景下,社会体育指导员受到何种影响。根据王怀建、张华新的调查发现:"在城市和乡镇的对比中,城市中要比乡镇中的体育指导员略令人满意一些。感觉非常满意的两者相当,都为5.0%,而选择较为满意选项的体育参与人群中,乡镇只有城市的一半,城市的为 25.0%,乡镇只有 12.5%,选择一般的体育参与人群中,城市和乡镇的区别不大,在较差和很不满意两个选项中,乡镇都要比城市高。"(王怀建、张华新,2011:117)这说明与农村相比,在城市中,社会体育指导员更得到普遍认可,城市化程度越高,社会体育指导员接受程度越高。从农村来看,社会体育指导资源本身就不足,大众得不到相应的指导,所以评价相对较低。而城市,无论是从服务水平和服务态度来看,比乡镇的水平要高。评价的差异化,更强调城市化对社会体育指导员的资源配置的问题,同时城市化对体育指导员的服务水平和服务态度的影响更是表明了资源配置的优化作用。

医生对于城乡休闲运动的影响主要是促进人们对自身运动休闲的功利性质关注程度,在发达国家或地区,医生对于休闲运动的作用更多体现的是提出更多预防性、保健性的建议,而在不发达国家或地区,尤其是类似于我国这样处于城市化进程中的国家来看,医生的影响尤为特殊:首先,关于我国医生对运动休闲具体影响作用的论述文章较为缺乏,寥寥数语大致说明有作用,而究竟是怎样起作用,没有数据,没有具体论证过程,显得语焉不详。其次,前面提到我国农村普遍持有"劳动即运动"观点,农民有了病,由于观念、经济和社会原因,更多是自己扛着,很少去看医生,况且农村医疗资源从质和量来看,比城市要匮乏,即使看了病,也只是"头疼医头、脚疼医脚",很少去关心自身的生活方式的问题,以及后续的措施。当然,不排除生过病后,增强了自身运动意识,这是"后知后觉"的观念。而在我国城市,医生如社区医生、各个医院的保健医生还有电视媒体上的各种中医养生,以及专家提示,等等,各种医学资源多起来了,使得城市人群对于运动休闲关注的意识要比农村高得多,这是"先知先觉"。最后,我国是一个发展中国家,经济建设放在第一位,而健康意识不知不觉沦落为第二位,等到有了病,才去治疗,才想起要多运动,这种功利性质的观念和行为,与其他不发达国家地区一样都是很普遍的。目前这些与医生对运动休闲影响相关的专业论证较少,亟待更多文献来论证。

三、个人环境的城乡差异

我国学者选取了北京市体育活动先进社区——北京东城区东四街道社区的居民和典型的农业山村——湖南省隆回县富源村作为案例来比较,研究结果发现:"东四社区居民参加体育的主要形式,排第 1 位的是'个人锻炼',占53.6%,'与朋友同事一起'者占 37.4%,'参加社区内组织的活动'者占22.2%,村落居民则多倾向于小群体活动,自觉的个性化的休闲体育活动被认为是村落的异类,是不受欢迎的。"(罗湘林等,2008:87)农村和城市在运动休闲伴侣选择上有着差异:农村更倾向于以宗族、邻居、同村为运动伴侣,而城市多为邻居街坊,对同样一种运动有着同样爱好的人,于是形成了差异化的运动类型,如农村中观看戏剧、耍狮舞龙等。城市中运动场景多为在一起打球的人,聚在一起跳广场舞的人员。

家长在培养孩子运动休闲观念或是运动休闲习惯的养成上具有不可替代的作用。从心理方面来看,运动中有家长陪伴,可以降低子女对运动休闲的排斥心理,提高他们在运动休闲中的安全感,家长的言传身教对于子女优秀的体育培养具有正面示范作用。从生理方面来看,运动休闲中家长的存在,可以将外界的伤害程度降到更低。Kuo 等人(2007)研究了美国巴尔的摩市处于青春期的女青年,观察得出家庭成员的亲密程度影响她们参与运动的水平,关系越亲密就越能够促进她们参加活动。

"城市居民由于与亲朋好友经常不生活在一个社区,方便度成为重要因素,加之与周围邻里不熟悉,因此休闲氛围影响较小。农村居民的休闲活动经常是在由亲人邻居组成的小圈子进行,方便度较少构成阻碍,周边休闲氛围显得格外重要。"(廖庆荣,2012:52)在城市中,亲戚居住较为分散,因此,在地理位置上,与个人的运动休闲程度并不会有太直接的联系。农村大都是聚族而居,亲戚之间大部分在同一个村里面,具有宗族关系,既是邻居也可以说是亲戚,因此运动休闲的同伴大多数是亲人。需要指出的是,在农村,以亲戚为休闲活动的陪伴对象,通过血缘、家庭凝聚力对促进他们运动休闲有着积极作用,在城市,由于这种关系的相对封闭性,这种陪伴形式成了阻碍因素。不同的环境,产生出与之相对应的陪伴模式。

小　结

社会环境对运动休闲的主要作用体现在提供社会支持。来源分为四类:政策、制度、法规环境;专业人士或医师;同伴、朋友、同学和同事等;家人和亲戚。在此基础上,社会支持对运动休闲产生三种影响:情绪性支持,信息性支持,工具性支持。同时,从测量角度对四种来源进行测量,将社会环境进行定性、定量研究。城市化对运动休闲的社会环境带来影响,主要体现在这些环境因素在城乡之间表现出来的差异中,比如政策制度环境差异、专业人士环境差异和个人环境的差异等。

社会环境对运动休闲参与的作用尚未引起足够重视,国内相关研究也较缺乏。当我们的健身场所不断增加,各种"硬件"不断丰富时,无论政府还是学者以及从业人员,都应更重视社会环境因素。

第十章 城市化与运动休闲参与的实证研究

第一节 研究问题、变量测量及研究样本

一、研究问题

前面几章我们已经论述了城市化的发展及其利弊、城市化进程中运动休闲的兴起和发展、运动休闲参与的个体因素和环境因素等问题。本书的核心研究问题是城市化对运动休闲参与的影响。围绕这一核心问题,进一步探讨城市化对运动休闲参与个体因素(动机和休闲)的影响,以及城市化对运动休闲参与环境因素(物理环境和社会环境)的影响。这些研究问题具体表述如下:

总研究问题:城市化是否影响运动休闲的参与?

研究问题一:高城市化与低城市化社区居民的运动休闲参与是否存在区别?

研究问题二:高城市化与低城市化社区居民的运动休闲参与动机是否存在区别?六种动机之间是否存在差异?

研究问题三:高城市化与低城市化社区居民的运动休闲参与制约是否存在区别?三种制约之间是否存在差异?

研究问题四:高城市化与低城市化社区居民的运动休闲参与的物理环境是否存在区别?

研究问题五:高城市化与低城市化社区居民的运动休闲参与的社会环境是否存在区别?

研究问题六:城市化、动机和制约三个因素结合起来对运动休闲参与有何

影响？

　　研究问题七：城市化、物理环境和社会环境三个因素结合起来对运动休闲参与有何影响？

二、变量测量

　　城市化的测量方法是采用城市（镇）人口占总人口的比例。这是国际上通用的统计标准。本书城市化水平的测量采用杭州市统计局的数据，因为取样时间是 2008 年 4 至 6 月，当时能获得的最新数据是 2007 年发布的 2006 年的城市化人口比例。

　　运动休闲的参与、参与者的动机、制约、物理环境和社会环境的测量分别在相应章节已有论述。这些变量的测量在借鉴国际常用量表的基础上，根据中国文化社会现状做了调整。

　　本书问卷的编制是以社会生态模型为理论依据，借鉴前人的研究，并结合我国的实际情况，测量动机有 15 个小题项；测量制约因素有 11 个小题项；测量物理环境有 3 个小题项；测量社会环境有 15 个小题项；测量运动休闲活动的参与有 4 个题项，另外还有一些社会人口因素题项。

三、研究样本

1. 研究地区概况

　　本书选取浙江省省会城市杭州为研究区域。杭州历史悠久，自秦时设县治以来，已有 2200 多年历史。杭州是华夏文明的发祥地之一，早在 4700 多年前就有人类在此繁衍生息，史称"良渚文化"，其遗址位于杭州市郊。杭州曾是五代吴越国和南宋王朝两代建都地，是我国七大古都之一。杭州古称钱塘，公元589 年，隋朝开皇九年，废钱塘郡设置杭州，杭州之名首次在历史上出现。公元1381 年，杭州成为浙江行省的省会，此后一直是。

　　近几年来，杭州坚持以科学发展观统领经济社会发展全局，按照"构建大都市、建设新天堂"的要求，着力推进城市化、工业兴市、旅游西进、开放带动和环境立市"五大战略"。2013 年的规划中指出，要使杭州形成"一主三副、双心双轴、六大组团、六条生态带"的开放式空间结构模式。"一主"是主城，"三副"是江南城、临平城和下沙城，"六大组团"包括：余杭组团、良渚组团、瓶窑组团、义蓬组团（大江东新城）、瓜沥组团和临浦组团。城市发展方向是"城市东扩，旅游西进，沿江开发，跨江发展"。

　　杭州现辖八个城区和五个县（市），即上城区、下城区、江干区、拱墅区、西湖区、滨江区、余杭区和萧山区(见图 10-1),临安、富阳、建德 3 个县级市和桐庐、淳安 2 个县。全市面积 16596 平方公里,其中市区面积 3068 平方公里,市区建成区面积 327.45 平方公里。

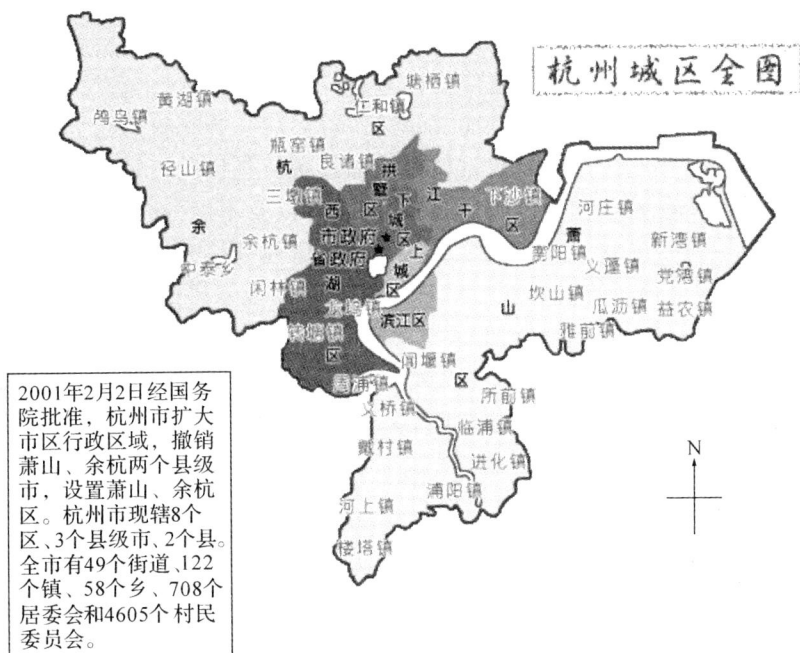

2001年2月2日经国务院批准,杭州市扩大市区行政区域,撤销萧山、余杭两个县级市,设置萧山、余杭区。杭州市现辖8个区、3个县级市、2个县。全市有49个街道、122个镇、58个乡、708个居委会和4605个村民委员会。

图 10-1　杭州城区全图

　　与全国其他大中型城市一样,杭州市在改革开放以后,城市人口经过了迅速的增长。总人口从 1978 年的 505.55 万,增长至 2006 年的 666.31 万,非农业人口从 116.06 万增长至 309.78 万。城市化水平从 22.95％增长为 46.49％[①],这是我国东部沿海地区的平均水平。

　　2. 样本选取

　　本书研究的目的是探索城市化与运动休闲参与的关系,希望通过了解不同城市化水平地区居民的运动休闲参与情况来分析它们之间是否存在差异。因此,本书研究设计在两个不同城市化水平地区选择两个不同的小区,然后再从这两个不同城市化水平的小区按照科学的方法抽取调查对象。根据这个总体

---

　　① http://www.hzstats.gov.cn/webapp/tjnj/nj2007/2/nj_.htm,2008-3-12.

取样的原则,本书采取了以下步骤。

3. 判定各城区的城市化水平

为了更准确地了解具体某个城市的城市化水平,周一星、冯健(2002)等学者把城市分成中心区、近郊区和远郊区等几个区域。中国大城市的"中心区",习惯上也叫"城区"或"旧城区"。"中心区"就是"中心城市"的核心部分。中心区以外一定范围则为郊区。根据距离的远近又分为近郊区和远郊区。一般各市区有约定俗成的划分。另一方面,随着城市的发展,近郊区和远郊区的概念又在发展演变。而这个过程也正是城市化的过程。正因为近郊区和远郊区的概念在不断的演化过程中,所以对于不同的学者以及不同的时期,近郊区和远郊区的概念会发生变化。既为了沿用在城市化研究领域具有一定影响力的中心区、近郊区和远郊区的概念,也为了使本书的城市化水平的测量更加准确,本书结合了这个概念,并根据杭州市统计局的数据算出了 8 个城区的实际城市化水平。详细情况如表 10-1 所示。

表 10-1　杭州市各城区的人口数和城市化水平(2006 年年末)

城　　区	总户数 (万户)	总人口数(万人)		城市化水平
		合　　计	非农业人口	非农业人口占 总人口的比例(%)
上城区(中心区)	11.45	31.97	31.97	100%
下城区(中心区)	11.86	36.7	36.59	99.7%
江干区(近郊区)	10.74	43.71	37.39	85.5%
拱墅区(近郊区)	9.85	31.07	29.63	95.4%
西湖区(近郊区)	15.02	56.77	48.91	86.15%
滨江区(近郊区)	3.13	13.53	11.21	82.3%
萧山区(远郊区)	37.6	118.52	35.59	30.0%
余杭区(远郊区)	23.6	81.89	25.01	30.6%

资料来源:杭州市统计信息网,2008 年 3 月 12 日。

4. 确定具体街道和社区

步骤一:在清楚了各个城区城市化水平的基础上,需要进一步确定城区下面的街道。国际上认为 75% 以上就是城市化水平高的地区,我国《2001—2002 中国城市发展报告》中提出,我国城市化的 11 项战略目标主要的一项就是用 50 年左右的时间,全面超出世界中等发达国家的城市化水平,将中国的城市化水平提高到 75% 以上。因此本书决定选择一个高城市化水平社区,即城市化水平高于 75% 的社区,和一个低城市化水平社区,即城市化水平低于 75% 的社区。同时,争取尽量让这两个小区分布在杭州的中心区和近郊区。

步骤二:根据以上思路和原则,本书决定在市中心的上城区选择一个城市化水平高的社区。在近郊区的江干区选择城市化中等水平的社区。在算出城区的具体城市化水平后,在符合要求的街道做进一步挑选。最后确定的是城市化水平为 93.79% 的下城区石桥街道和城市化水平为 61.23% 的江干区彭埠街道。

步骤三:选择的范围已经从城区缩小到了街道,但是需要进一步缩小到一个具体的社区。王凯珍(2004)在其博士论文《社会转型与中国城市社区体育发展》把社区分为四种类型:传统社区、单位社区、综合性社区和城乡结合社区(王凯珍,2004:57—58)。

(1)旧城区的旧居住地带(传统社区)

旧居住地带是新中国成立前遗留下来的,以及新中国成立后"见缝插针"盖起来的;归属于房管所或私人;以低层为主;不成规模;陈旧、拥挤、环境和卫生条件差;居住者以商服人员为主。

(2)以单位社区为主要特征的混合居住地带(单位社区)

改革开放前国营企事业单位、行政机关自己建的房(现在也有),分给自己的职工居住,居住就业重合;以 4～6 层单元房为主;配套设施较齐全,居住环境较好;依单位的属性而发生居住上的分化,如工业类单位的工人居住区,文教单位的知识分子居住区。

(3)新居住地带(综合社区)

80 年代后在城区周围开发的新型居住区,以居住区的形式而非单位形式为主开发,就业与居住分离;以中、高层为主;居住分化明显,有高收入人群购买的花园式别墅和高级住宅,也有单位和政府组织的旧城改造、城市建设搬迁来的和低收入人群购买的经济实用型康居工程。

(4)城乡接合部与都市里的村庄(城乡接合社区或边缘社区)

主要是外来人口居住,流动性大,条件差,呈组团状镶嵌或位于城乡接合部。本调查选取的城市化高水平社区——天堂园社区,是以单位社区为主要特征的混合居住地带(单位社区)。低城市化水平社区可归入第四类,即城乡接合部。

5. 调查准备和抽样方式

在充分论证的基础上,本调查最后确定了两个小区作为取样的区域。为了获得高质量的数据,在调查前经过了长时间精心准备。也获得了多方面的支持,如新闻媒体、街道居委会等,其中杭州一高校社会系学生经过培训后担任了本次调查的入户调查员。本研究首先采用分层抽样以确定受调查的小区,然后在确定的小区采用随机抽样。

6. 问卷回收状况

本次调查在两个不同城市化水平的四个社区共发出 400 份问卷。高城市化水平社区回收了 190 份,回收率为 95%;低城市化水平社区回收了 175 份,回收率为 87.5%;剔除缺省 10% 以上题项的问卷和没有参与休闲体育活动的问卷之后,得到高城市化水平社区问卷 176 份,低城市化水平问卷 182 份和低城市化水平问卷 140 份。有效问卷共计 316 份。

7. 样本特征分析

本次调查对象的男女性别比例均衡,分别为 162 名(51.3%)和 154 名(48.7%)。总体样本的受教育程度中,初中、高中和大专三个中间层次数目最多,整体呈正态分布。居民收入中比例最高的每月收入 1000 至 3000 元,以及 3000 至 5000 元,收入情况也呈正态分布。受访者平均年龄为 31.3 岁。详细情况如表 10-2 所示:

表 10-2　样本社会人口特征

变　量	频　率	百分比(%)
性别		
男	162	51.3
女	154	48.7
教育		
小学或以下	7	2.2
初中	66	20.9
高中	83	26.3
大专	81	25.6
本科	20	22.2
研究生	9	2.8
家庭总收入(元/每月)		
<1,000	16	5.1

变　量	频　率	百分比(%)
1,000＜3,000	128	40.5
3,001＜5,000	86	27.2
5,001＜7,000	32	10.1
7,001＜9,000	26	8.2
＞9,000	28	8.9
城市化水平		
高	176	55.7
中	140	44.3
低		
年龄	均值	标准差
	31.3	9.7

第二节　研究结果与讨论

一、量表的信效度分析

1. 量表的信度分析

测量是研究中的一个重要环节,测量的准确性和可靠性是研究者需要特别关注的问题。测量的信度(reliability)即可靠性是指测量结果反映系统变异的程度,它是测量反映被测特征真实程度的指标。主要有三种信度系数类型:稳定性、复本法和内部一致性。

(1)稳定性系数:以隔日测验的重测法(Test-retest Method)来决定,换言之,是相同的受试者在不同时间完成相同版本的量表,即再测信度(Test-retest Reliability)。

(2)编制复本:编制两组内容相同的题项,对相同的受试者同时施测,然后计算两个分数间的相关,以获得信度系数,即复本信度(Alternate Forms Reliability),换句话说,让同一组受试者完成一个量表的两个不同版本。

（3）内部一致性：所关注的是组成量表之间题项的同质性，也可以说，当一个量表的题项与其潜在变项间有很强的关系，则这些变项彼此间也将会有很强的关系。因此，一个量表的题项彼此间高度相关，代表其测量相同的事情，是内部一致的。有数种方式可以获得内部一致性信度，包括：当日重测法（Test-retest Method）、折半法（Split-Half Method）、库李法（Kuder-Richardson Method）、α系数法（α Coefficient Method）。其中，克隆巴赫系数（Cronbach's α）是目前研究中使用最广泛的信度指标。它是 Cronbach 于 1951 年提出以内部一致系数作为测量信度的指标。它准确地反映了测量项目的一致性程度和内部结构的良好性（王重鸣，2001）。

本书前面的章节已经讨论了相关变量的测量方法。本书研究采用 Cronbach's α 系数评价测量的信度，并依据 Nunnally 于 1978 年、Churchill 和 Peter 于 1984 年所建议的信度标准，即"以 Cronbach's α 系数与分项对总项的相关系数，来检定量表题项在衡量变数时的内部一致性程度，Guilford（1965）指出 Cronbach's α 介于 0.7～0.98 间，可称为具高信度，若低于 0.35，则须拒绝之。至于分项对总项的相关系数以大于 0.6 为佳"（蔡邦弘，2004:47）。通过对总量表的所有相关题向和各分量表做 Cronbach's α 系数信度检验，发现总量表和各分量表的信度都非常好，具体信息如表 10-3 所示：

表 10-3　总量表及各分量表的 Cronbach'α 信度检验结果

项　　目	题项数目	Cronbach's α
总量表	60	0.80
物理环境量表	3	0.70
动机量表	15	0.80
社会环境量表	15	0.86
制约量表	11	0.80

2. 量表的效度分析

效度（validity）即有效性，它是指测量工具或手段能够准确测量所需要测量的事物的程度。量表的效度就是指一个量表在测量某项指标时所具有的准确程度。一般有三种类型的效度：内容效度、准则效度和结构效度。内容效度是比较常用的验证效度方法。专家评定法，即德尔菲法（Delphi）是判定内容效度的一种常用方法，本研究采用德尔菲法来确定量表的效度。

从 2007 年 9 月至 2008 年 3 月，笔者在国内导师凌平教授和美国两位指导教授 Linda Cadwell 和 Garry Chick 三人的共同指导下,在大量阅读文献和掌握现有中西方相关研究的基础上,经过了多达 15 次的问卷修改。期间,笔者就研究问题和问卷题项的设计分别与三位导师进行了数十次沟通,每次三位导师独立给出他们的意见,相互间没有进行任何沟通和讨论。最后,笔者综合这三位专家的意见,修订出一个最后版本,分别发给三位专家,得到了他们的一致认可。

在此过程中,笔者还专门咨询了另外几位研究休闲、运动休闲和统计的知名学者。比如美国休闲研究专家 Goeffrey Godbey 教授、加拿大阿尔伯塔大学体育和游憩学院 Gordon Walker 教授、澳大利亚西澳大利亚大学健康学院著名健康研究专家 Billie Giles-Corti 教授,以及宾夕法尼亚州立大学统计学教授李润泽,等等。

在问卷制定后又进行了小样本测试。在不同城市化水平地区发放了小部分问卷,特别是在教育程度不高的人群中也进行了预调查。并对被调查人员强调他们标记对问卷有不理解的地方和有疑问的地方。根据这些被调查人员的意见,数次修订问卷中的个别用词,使之更容易理解。通过这一系列工作,本问卷获得了较高的效度。

二、数据分析

数据使用 SPSS 和 SPSS Amos 20 软件进行分析。剔除了缺省值超过 10% 的问卷,以及没有填写运动休闲参与时间或频率的问卷,获得 316 份问卷,其中高城市化社区居民 176 份,低城市化居民 140 份。问卷中的缺失值用中位数值替代(Gaskin,2012)。

首先,对运动休闲参与的总时间进行了平方根转化。多元回归模型的诊断结果比如直方图、正态概率图和散点,均显示标准化残差符合普通最小二乘法假设的线性、常态性和异方差性。

其次,使用信度分析计算各量表的 Cronbach 系数(如 Nunnally,1978)。然后使用系列配对样本 T 检验区分六种动机和三种制约之间的差别。运动休闲参与总体时间是参与频率和每次参与时间的乘积。采用独立样本 T 检验来考查高城市化水平与低城市化水平居民运动休闲参与动机和制约的差别。差别的检验除了 P 值,还进一步使用 Cohen(1992)提出的效应量(Effect sized)d。d 值是 0.20 表示效应量达到基本标准,但是是小效应量;d 值是 0.50 表示效应量中等;d 值是 0.80 表示效应量大。

第三,使用结构方程模型考察城市化、动机和制约三个因素结合在一起对运动休闲参与的影响,城市化对动机、城市化对制约的影响,动机与制约之间的关系。结构方程模型分析包括一个测量模型(验证性因子分析模型)和一个结构模型(回归模型),来验证假设模型和样本数据之间的适配度(Byren,2001)。测量模型包括多指标变量动机和制约,以及单指标变量城市化和运动休闲参与。根据前人的研究(Hubbard & Mannell,2001;Son et al.,2008;Wilhelm Stanis et al.,2009),六种动机和三种制约的均值作为变量指标,分别是乐趣动机、健康动机、外表动机、能力动机、毅力动机和社交动机,以及个人制约、人际制约以及结构性制约。

结构方程模型的路径分析使用最大似然估计法。修正指数(modification indices)建议一些误差项被允许共变,以修正和提升模型(Diamantopoulos & Siguaw,2000)。结构方程中用来检验所建立的模型与数据的拟合程度的指标,即拟合指数包括卡方与自由度的比例小于3(Carmines & McIver,1981),近似误差均方根(Root Mean Square Error of Approximation,简写为 RMSEA)在 $0.05 \sim 0.08$ 之间(Browne & Cudeck,1993)。拟合优度指数(Goodness-of-Fit Index,简写为 GFI),比较拟合指数(Comparative Fit Index,简写为 CFI),赋范拟合指数(Normed Fit Index,简写为 NFI)和增量拟合指数(Incremental Fit Index,简写为 IFI)应在 0.9 以上,如果达到 0.95 就是非常好(Tabachnick & Fidell,2013)。

最后,采用线性逐步回归分析考察城市化、物理环境和社会环境三个变量结合起来对运动休闲参与的影响。回归分析的自变量是运动休闲参与,因变量是城市化、物理环境,以及社会环境的四个因子:个体环境、媒体环境和外部环境以及社会融合。

三、研究结果及讨论

研究问题一:高城市化与低城市化社区居民的运动休闲参与的差别?

首先分别统计高城市化和低城市化水平居民运动休闲参与的均值与标准差(见表 10-4)。结果显示,两个社区居民参加运动休闲的总时间分别为739.24 分钟和 569.42 分钟。进一步的独立样本 T 检验结果显示,两个社区居民参加运动休闲的时间有显著差异($t=2.29$,$p<0.05$)。为了验证两者间差异的效应量大小,依据 Cohen(1992)划定的标准。通过计算,高城市化水平和低城市化水平居民参加运动休闲总时间差异的效应量为 0.27,达到并高于小效应量标准。

表 10-4　高城市化和低城市化社区运动休闲参与时间均值、标准差以及独立样本 T 检验

变　量	城市化高	城市化低	t 值	d 值
	均值(标准差)	均值(标准差)		
运动休闲参与	739.24(736.26)	569.42(534.55)	2.29*	0.27

注:p＜0.05。

研究问题二:高城市化与低城市化社区居民的运动休闲参与动机是否存在区别？各种动机之间是否存在差异？

信度分析结果显示,动机以及动机六个维度(乐趣、健康、外表、能力、毅力和社会)的 Cronbach α 系数都高于 0.60,显示了较好的信度。独立样本 T 检验显示高城市化水平和低城市化水平居民的运动休闲动机及六个维度都无显著差异(见表 10-5)。这种观点与陆俊(2008)的研究结果一致。陆俊比较了北京市城区和周边农村小学开展课外体育活动的情况,发现两者的主要动机并未存在差别,均是"锻炼意志品质"和"预防疾病增进健康"。但本研究与其他研究结果(罗湘林、任海,2008;倪永辉、王文洪,2013;仇军、黄俊亚,2003;孙征、田雨普,2009;张华岳、王庆庆,2011)不同。这些研究认为城市居民的锻炼动机与农村居民的锻炼动机存在不同,但是这些研究都是定性研究,无法证明这些差异是否显著。

表 10-5　城市化高与城市化低社区运动休闲参与者动机量表、题项、均值、标准差以及独立样本 T 检验

	城市化高 均值(标准差)	城市化低 均值(标准差)	α 值	t 值	d 值
动机	3.45(0.67)	3.36(0.59)	0.80	0.16	0.16
健康	3.88(0.89)	4.02(0.74)	0.75	−1.51	0.17
为了健康	4.14(1.02)	4.22(1.03)			
为了放松	3.90(0.96)	3.95(0.95)			
为了减少压力	3.60(1.18)	3.90(0.86)			
乐趣	3.69(0.81)	3.75(0.80)	0.76	−0.66	0.07
为了锻炼后的好心情	3.75(0.97)	3.86(1.07)			
为了调整情绪	3.79(0.95)	3.73(1.11)			
为了快乐	3.70(1.11)	3.71(1.21)			

续表

	城市化高均值(标准差)	城市化低均值(标准差)	α值	t值	d值
为了自己感觉更好	3.53(1.10)	3.71(1.96)			
毅力	3.67(1.05)	3.50(1.08)		0.37	0.08
为了锻炼毅力					
外表	3.30(1.07)	3.04(1.23)	0.70	1.96	0.23
为了保持身材	3.49(1.19)	3.34(1.25)			
为了减肥	3.10(1.25)	2.75(1.54)			
能力	3.20(1.12)	2.98(1.18)		0.38	0.19
为了学习技能					
社交	2.96(0.86)	2.83(0.79)	0.70	1.51	0.16
为了增进家人的感情	3.25(1.23)	3.08(1.07)			
为了与朋友在一起	3.24(1.11)	3.19(1.11)			
为了认识新朋友	3.00(1.12)	2.99(1.10)			
为了逃离日常生活	2.36(1.30)	2.09(1.05)			

注:动机采用李克特量表测量,1表示非常不赞同,5表示非常赞同。高城市化社区居民和低城市化社区居民的样本数分别为176和140。* $p < 0.05$。

根据配对样本检验结果,六种动机的得分从高到低分别是健康动机、乐趣动机、毅力动机、外表动机、能力动机和社交动机(见表10-6)。

表 10-6　动机的配对样本 T 检验

动　机	健　康	乐　趣	毅　力	外　表	能　力	社　交
均　值	3.95[a]	3.72[b]	3.60[b]	3.18[c]	3.10[c]	2.91[d]
标准差	0.83	0.81	1.07	1.15	1.15	0.83

注:动机采用李克特量表测量,1表示非常不赞同,5表示非常赞同。均值上标不同,表示动机维度之间存在显著差异($p < 0.05$)。

健康动机是最重要的动机,其次是乐趣动机、毅力动机、外表动机、能力动机和社交动机。健康动机在所有动机中最重要的结果与西方的研究结果一致(比如,Alexandris & Carroll,1997b;Ebben & Bruddzysnki,2008),也与国内的一些研究结果相同(比如陈善平等,2006,2013;Sit,Kerr & Wong,2008;

余学锋、许小东,2002)。自古以来,中国人民就格外重视身体的健康,比如道家的养生和长寿思想至今对人们的生活影响至深。同时,昂贵的医疗费用却阻碍了人们对健康目标的追求(Shao & Shen, 2010),但也迫使人们更多地参与运动和锻炼,尽量让身体保持健康,而不必依赖医生和药物(Wang, Xu & Xu: 2007)。以 2005 年为例,中国的人口占世界总人口的 22%,但是中国的医疗开支仅占全球的 2%。因此,我们不难理解健康动机是人们参与运动休闲的最重要动机。

表 10-6 新增的毅力动机也是人们参与运动休闲的重要动机。前面我们提到孟子(约前 372—前 289)强调"故天将降大任于斯人也,必先苦其心志,劳其筋骨,饿其体肤,空乏其身……"告诉人们需要拥有能经受各种困难的毅力,才能担当大任。因此,很多人喜欢通过坚持体育锻炼来加强自己的毅力。在社会竞争日益加剧的今天,毅力品格的培养显得尤为重要。学校教育也倡导人们通过体育锻炼来培养毅力。据笔者所知,西方研究没有明确把毅力作为一个锻炼动机,但是希腊学者 Carroll 和 Alxandris(1997)提到了一个类似的动机,即"坚持"(persistence)。Triandis(1995)认为希腊像中国一样,也属于重视集体主义的国家。Heine 等人(2001)的实证研究显示,集体文化国家的人更倾向认为不断努力能带来成功,因此在遇到困难或失败时,会不断努力坚持。无论是我国的传统文化,还是西方的实证研究均表明,至少在集体主义文化内,毅力是一个重要的锻炼动机。

同时,笔者还发现,高城市化社区居民把毅力动机与乐趣动机置于同等重要的位置,但是低城市化社区居民的乐趣动机高于毅力动机。这可能有两个方面的原因:一是在高城市化地区,人们的日常生活和工作中经受更大的压力和竞争,生活节奏也更快,这就使得人们需要拥有更强大的精神来应付各种挑战;二是高城市化水平居民一般情况下受到的教育程度也更高,而受到教育程度高的群体更容易受到传统文化的影响(Nelson, Badger & Wu, 2004)。

得分最低的是社交动机,这点同样值得关注。本研究的社交动机包括了家人和朋友两个方面的因素。对大多数中国人来说,家庭意味着责任和义务(Gao, Ting-Toomey & Gudykunst, 1996),另外,中国人在家人面前又常常因为要顾及身份形象等原因,不能像在朋友面前那样尽情表现,因而显得拘谨和腼腆。这种情况导致社交动机,尤其是与家人在一起的因素不会是中国人看重的休闲动机(Freysinger & Chen, 1993)或者是运动休闲的动机。

研究问题三:高城市化与低城市化社区居民的运动休闲参与制约是否存在区别?

　　信度分析结果显示,制约以及制约的三个维度(个人制约、人际制约和结构制约)的 Cronbach α 系数都高于 0.60,显示了较好的信度。独立样本 T 检验显示高城市化水平和低城市化水平居民的运动休闲制约及三个维度都存在显著差异。他们的均值分别为:制约,M=2.85 和 M=2.47;个人制约,M=2.57 和 M=2.17;人际制约,M=2.88 和 M=2.36;结构制约,M=3.09 和 M=2.87。效应量 d 值介于小到中之间,只有人际制约超过中等程度(见表 10-7)。

表 10-7　城市化高与城市化低社区运动休闲参与者制约量表、题项、均值、标准差以及独立样本 T 检验

	城市化高 均值(标准差)	城市化低 均值(标准差)	α 值	t 值	d 值
制约	2.85(0.80)	2.47(0.87)	0.80	4.00****	0.46
个人制约	2.57(1.01)	2.17(1.04)	0.81	3.39****	0.39
缺乏技能	2.33(1.22)	1.89(1.21)			
没有兴趣	2.62(1.23)	2.24(1.19)			
我很害羞	2.75(1.19)	2.39(1.18)			
人际制约	2.88(0.79)	2.36(1.08)	0.69	4.19***	0.56
缺乏伙伴	2.96(1.27)	2.44(1.12)			
缺乏家人支持	2.80(1.25)	2.29(1.26)			
结构制约	3.09(0.79)	2.87(0.82)	0.70	2.43*	0.27
缺乏交通	2.79(1.26)	2.41(1.12)			
停车不方便	2.79(1.23)	2.44(1.12)			
缺乏时间	3.28(1.20)	3.26(1.25)			
缺钱	2.99(1.32)	2.72(1.31)			
缺乏场所和设施	3.36(1.25)	3.19(1.15)			
太拥挤	3.31(1.18)	3.19(1.10)			

　　注:制约采用李克特量表测量,1 表示非常不赞同,5 表示非常赞同。高城市化社区居民和低城市化社区居民的样本数分别为 176 和 140。* $p<0.05$,** $p<0.01$,*** $p<0.001$,**** $p<0.0001$。

　　由此可见,城市化水平高社区的居民在个人内部制约、人际制约、结构性制约和总体制约方面均高于城市化水平中、低社区的居民。根据休闲制约理论,个人内部制约因素主要包括"我很害羞,不好意思参加"、"没有兴趣参加"和"缺

乏技能"三个因素。邢建辉(2005)在调查制约河北石家庄居民参加体育锻炼的社会心理因素时发现,不锻炼成年人群对自身不参加体育锻炼的归因倾向于工作忙、无兴趣、家务重、无时间、无活动场地和缺乏技术指导等。其中无兴趣就是属于个人内部制约因素。可能城市居民比非城市居民面临着更多运动休闲活动的选择,而很多休闲活动需要一定的技能,当居民不具备这些技能的时候,就更会感到害羞和没有兴趣。而非城市居民的运动休闲选择活动比较少,受到个人制约也会相应少一些。

人际制约因素包括缺乏伙伴和缺乏家人的支持两个因素。现代城市人忙碌的生活往往使他们很难找到一起参与运动休闲活动的伙伴。美国哈佛大学普特南教授在其文章《孤独的保龄球者——下降的社会资本》(1995)和著作《孤独的保龄球者》(2000)中使用大量数据说明美国的社会资本在下降。正如标题显示的那样,保龄球原来是一项集体的运动休闲活动,但是,在美国却有很多人因为找不到伙伴一起去打,结果只能独自一人去打保龄球。这种状况并非是美国独有的现象。凌平(2006)在《中国部分城市休闲制约因素的研究》一文中统计了25种制约城市人休闲的因素。其中"缺乏伙伴"在25个因素中排名第四,"缺乏家庭支持"排名第七。高城市化社区比低城市化社区更缺乏家人和同伴的支持。

本研究的结构性制约因素包括缺乏时间、缺钱、缺乏交通工具、缺乏设施和场所、停车不方便和参加休闲体育运动的地方太拥挤等因素。其中,缺乏时间成了众多研究中显示的最重要因素。凌平文中统计的25个因素中排名第一的因素就是缺乏时间。冯守东(2004)对河南省知识分子不参加体育活动的原因进行了调查,发现制约他们参与体育活动的最重要的两个原因是缺乏闲暇时间和工作负担重/身心疲劳,前者占所有制约因素的41.35%,后者占36.63%。缺乏时间成了影响最大的结构性制约因素。缺乏时间似乎是个矛盾的话题,因为,一方面,我们宣称休闲时代已经来临,人们拥有了更多的闲暇时间。这在某种程度上是事实,因为工业化、信息化的发展使人们从很多日常杂务中解放出来,为人们节省了不少时间,节假日也比以前增多,一年中约有三分之一的时间是假日。然而另一方面,现代化的发展也给人们带来了更高的要求,人们的各种知识储备都需要进行日新月异的更新,需要不断充实自我,这需要占用大量的闲暇时间,因此闲暇时间也不一定能用于参加休闲活动。

事实上,人们是否真的拥有了更多的闲暇时间一直是个有争议的话题。人类学家艾伦·约翰逊(Allen Johnson,1978)根据对秘鲁 Machiguenga 印第安人进行的长达18个月的考察,认为尽管科技进步给人类带来了更多的物质产品,却不能给工业社会中的大多数人带来更多的自由时间(戈比,2000:34)。现代社会结构日趋复杂,社会变化日益加速。一个普通人不得不学习越来越多的新知识,而这些知识通常会涉及复杂的技术原理,并且更新换代极为频繁。有大量证据表明我们的生活节奏在不断加快。电脑、传真机的使用,层出不穷的技术革新都在加速我们的生活。当然,作为我们这个社会标志的无节制的消费主义也在推波助澜。办事要花钱,赚钱要花时间(戈比,2000:32)。目前,在我们的社会里,有很多人感到自己"极度饥渴"。这不是像索马里或其他传统文明饥荒时代那种对于食物的饥渴,而是对后代社会中某种极为匮乏的东西——时间的饥渴(戈比,2000:68)。由于以上种种原因,人们还是感叹时间不够用,没有时间参加运动休闲活动,因而时间因素成了制约运动休闲的最大结构性制约因素之一。由此看来,越是城市化高的社区居民,可能越缺乏时间,时间更是制约他们参与运动休闲的因素。

　　此外,为了检验居民受到三种制约因素的影响程度,比如哪种制约因素是最重要的影响因素,本研究进行了配对样本 T 检验。结果显示结构制约是居民参与运动休闲最大的制约,其次是人际制约,最后是个人制约,具体数值参见表 10-8。

表 10-8　制约因素的配对样本 T 检验

制　约	均　值	标准差
个人制约	2.39[a]	1.04
人际制约	2.65[b]	1.11
结构制约	2.99[c]	0.81

注:制约采用李克特量表测量,1 表示非常不赞同,5 表示非常赞同。均值上标不同,表示动机维度之间存在显著差异($p<0.05$)。

　　与国内外研究(如俞爱玲,2008;陈钦,2012;Alexrandris & Carroll, 1997a;Brown, Brown, Miller & Hansen, 2001; Henderson, Neff, Sharpe, Greaney, Royce & Ainsworth, 2001)结果一样,本研究也发现结构制约是人们最大的运动休闲制约。结构制约中得分最高的是缺乏场所和设施、拥挤和缺乏时间。缺乏场所设施和拥挤是密切相关的,正因为场所设施太缺乏,所以在有限的设施中才会人满为患,拥挤不堪。根据 2005 年发布的第五次全国体育场地普查数据公报,截至 2003 年 12 月 31 日,我国各系统、各行业、各种所有制形式(不含港澳台地区)共有符合第五次全国体育场地普查要求的各类体育场地 850080 个,其中标准体育场地 547178 个,非标准体育场地 302902 个,占地面积为 22.5 亿平方米,建筑面积为 7527.2 万平方米,场地面积为 13.3 亿平方米。以 2003 年年底全国总人口 129227 万人(不含港澳台地区)计算,平均每万人拥有体育场地 6.58 个,人均体育场地面积为 1.03 平方米。[①] 我国人均体育场地面积远远小于西方发达国家,比如日本每万人拥有的体育场地为 200 个,人均拥有体育场地面积为 20 平方米。另外,卢元镇和于永慧(2005)对北京市住宅小区体育设施状况的调查显示,37% 的小区没有体育设施。作为首都北京的情况尚且如此,其他城市的情况就更不容乐观了。当然,近年来,有些新建小区在体育设施配套上有进步,但是人均体育场地面积还是远远不能满足人们的运动健身需求。至于缺乏时间,这与其他对中国人休闲制约的研究结果一致(Dong & Chick,2012)。缺乏时间也是全球性的制约因素,但是对中国人来说,时间制约因素尤为明显。一个原因是改革开放以来,全国上下形成共识,一心奋发努力,积极追赶西方发达国家的发展。这必然使不少人长期处于长时间工作状态,闲暇时间非常少。另一个原因是,我国的带薪制度没有得到很好落实。虽然我国在 2008 年 1 月 1 日就正式实行《职工带薪年休假条例》,其实施状况实在差强人意。2013 年发布的《国民旅游休闲纲要(2013—2020 年)》明确提出到 2020 年职工带薪休假制度基本得到落实的目标。笔者希望带薪休假制度能得到更好落实,人们有更充裕的时间来休息、休闲和放松。

研究问题四:高城市化与低城市化社区居民的运动休闲参与的物理环境是否存在区别?

运动休闲参与的物理环境包括自然环境和人工环境,后者主要指各种健身活动设施。是否有运动的场所和环境是影响运动休闲的一个重要因素。本书研究的物理环境包括小区的体育活动设施、小区的自然环境、小区附近是否有方便到达的操场、公园、健身房等三个选项。

调查结果显示,低城市化水平社区的自然环境好于高城市化水平社区,但是社区的体育活动设施和社区附近的大操场、公园和健身房等则更少。独立样本 T 检验结果显示,调查选取的两个不同城市化水平社区的总体物理环境均值为 3.62 和 3.24,高城市化水平社区的物理环境明显高于低城市化水平社区(表 10-9)。此调查结果与本书第八章第三节关于城乡之间物理环境差别的描述完全一致,即城市化水平低的社区,自然环境优于城市化高的社区,但体育活动设施则相反,城市化高的社区多于城市化低的社区。

---

① 国家体育总局(2005)第五次全国体育场地普查数据公报. http://www.sport.gov.
cn/n16/n1167/n2768/n32454/134749.html,2014-5-25.

表 10-9　城市化高与城市化低社区运动休闲参与者物理环境量表、题项、均值、标准差以及独立样本 T 检验

	城市化高 均值（标准差）	城市化低 均值（标准差）	α 值	t 值	d 值
物理环境	3.62(0.80)	3.24(0.87)	0.70	3.32****	0.46
社区有很好的体育活动设施	3.72(1.04)	3.23(1.05)		3.39****	0.47
社区有很好的自然环境	3.55(0.94)	3.94(0.96)		−3.36****	0.41
社区附近有方便到达操场、公园、健身房等	3.60(1.03)	2.57(1.09)		5.21****	0.97

注：制约采用李克特量表测量，1 表示非常不赞同，5 表示非常赞同。高城市化社区居民和低城市化社区居民的样本数分别为 176 和 140。* $p<0.05$，** $p<0.01$，*** $p<0.001$，**** $p<0.0001$。

研究问题五：高城市化与低城市化社区居民的运动休闲参与的社会环境是否存在区别？

相对于物理环境，社会环境更为隐性。它的作用及运动休闲参与关系往往更难以觉察，也往往不被人们重视。但社会环境同样是影响运动休闲参与的重要因素。来自家人、朋友的支持和鼓励，来自媒体的信息影响，以及政策环境、医生、社会指导员的专业指导等都会促成个体参与运动休闲。居住的小区环境也是一个因素。如果小区的人们友好，小区是一个安全舒适的集体，人们走出家门参加锻炼的可能性就更高。本课题通过引入西方学者对社会环境的测量方法，把社会环境分为社会支持和社会融合两个大的维度，然后再把社会支持分为个人环境、媒体环境和外部环境三个小的维度。

社会环境总信度、社会支持和社会融合两个维度以及社会支持下面的个人环境、媒体环境和外部环境的信度都达到了 0.60 以上。表 10-10 列出了各维度以及题项的均值和标准差，它们之间的差异均不显著。西方大量文献说明高城市化与低城市化社区居民的社会环境有很大区别，本研究发现高低不同城市化水平社区居民参加运动休闲的总体社会环境没有显著差别，但是社会融合的三个题项有显著差别。社会融合主要考察居民对所居住小区人与人关系相处的情况。早在 20 世纪初，芝加哥社会学派的学者藤尼斯、齐美尔和迪尔凯姆等社会学家就指出了当时北美城市化进程中人的异化现象，人与人之间的冷漠关系等社会问题。数据显示高城市化社区居民更认同"这个社区的人都很乐意帮助别人"，但是低城市化社区居民更认同"这个社区的人拥有同样的价值观"和"住在这个社区的人可以信任"。三个题项综合以后，整体社会融合没有显著差

别,因此中国的城市化进程对社会撕裂程度并没有西方国家那么严重。社会环境及各维度均值和标准差见表 10-10。

表 10-10 高城市化与低城市化社区居民运动休闲社会环境的量表、题项、均值标准差以及独立样本 T 检验

	城市化高均值(标准差)	城市化低均值(标准差)	α 值	t 值	d 值
社会环境	3.27(0.59)	3.29(0.69)		0.86	−0.37
社会支持	3.21(0.68)	3.17(0.76)	0.81	0.43	—
个人环境	3.37(0.66)	3.29(0.76)	0.68	0.94	—
朋友和熟人	3.56(1.10)	3.49(1.16)		0.60	
家人和亲戚	3.54(1.02)	3.45(1.24)		0.70	
工作场所	3.29(1.00)	3.14(1.11)		1.24	
学校	3.09(0.99)	3.07(1.18)		0.16	
媒体环境	3.03(0.95)	3.11(1.02)	0.80	−0.70	—
期刊(报纸)	3.07(1.05)	3.13(1.16)		−0.43	
电视(收音机)	2.96(1.08)	3.14(1.28)		−1.32	
网络	3.07(1.13)	3.06(1.27)		0.02	
外部环境	3.22(0.90)	3.12(0.98)	0.80	0.91	—
健康保险	3.20(1.16)	3.19(1.17)		0.13	
医生	3.32(1.21)	3.20(1.33)		0.85	
社区	2.7(1.11)	2.99(1.09)			−1.20
社会融合	3.32(0.77)	3.41(0.79)	0.85	−1.05	—
这个社区的人都很乐意帮助别人	3.29(0.97)	3.04(1.04)		2.16*	0.25
这个社区的人拥有同样的价值观	3.12(0.97)	3.43(1.01)		−2.62**	0.31
这是一个亲密的社区	3.30(0.99)	3.43(1.08)		−1.10	—
住在这个社区的人可以信任	3.35(0.96)	3.75(1.05)		−3.50**	0.40
住在这个社区的人可以相处得很好	3.55(0.91)	3.41(0.90)		1.26	—

注:制约采用李克特量表测量,1 表示非常不赞同,5 表示非常赞同。高城市化社区居民和低城市化社区居民的样本数分别为 176 和 140。* $p < 0.05$,** $p < 0.01$,*** $p < 0.001$,**** $p < 0.0001$。

研究问题六:城市化、动机和制约三个因素结合起来对运动休闲参与有何影响?

结构方程初始模型显示的拟合指数是 $\chi^2/df=3.10$，RMSEA＝0.09，IFI＝0.90，CFI＝0.90，NFI＝0.86，TFL＝0.86（见表10-11）。修正指数显示乐趣和健康、健康和能力动机之间的误差项被允许共变（修正指数分别为 MI＝20.3 和 MI＝12.37）。因此，这两组动机之间进行共变。其结果分别为 $\Delta=0.42$ 和 $\Delta=-0.15$，因为乐趣动机包括对情绪的调节，而情绪调节有助于放松，减轻压力。放松和减轻压力又是健康下面的题项，因此，乐趣动机与健康动机存在一定正相关关系。相反，能力的提高可能给参与者带来压力，这将给其健康带来负面影响。调整后的模型获得了较好的拟合指数（$\chi^2/df=2.06$，RMSEA＝0.06，IFI＝0.91，CFI＝0.95，NFI＝0.91，TFL＝0.93），优于初始模型（$\Delta\chi^2=45.75$，$\chi^2/df=2$；$p<0.01$）。

表 10-11　城市化、动机、制约与运动休闲参与总体模型适配度概要及总体模型适配度比较

模型	χ^2/df	RMSEA	IFI	CFI	NFI	TLI	$\chi^2/(df)$	$\Delta\chi^2/(df)$
初始	3.44	0.088	0.90	0.90	0.86	0.86	113.6(33)	46(2)*
修订后	2.06	0.058	0.91	0.95	0.91	0.93	78.21	(38)

注：* $p<0.001$。

修正后模型中与潜变量指标相关的所有因子载荷获得中等以上分值（见图10-2）。而且，除了城市化与动机之间路径不显著外（$p=0.20$），其他所有路径都显著。具体来说，城市化与运动休闲参与呈显著正相关（$\beta=0.13$，$p<0.05$），动机也与运动休闲参与显著正相关（$\beta=0.27$，$p<0.001$），制约与运动休闲显著负相关（$\beta=-0.18$，$p<0.01$）。同时，城市化也与制约呈显著正相关（$\beta=0.25$，$p<0.001$），动机与制约之间也呈显著正相关（$\beta=0.20$，$p<0.01$）。

我国学者对运动休闲参与的动机已经进行了大量研究（请参见第六章）。这些研究考察了老年人、妇女、成人、大学生、中小学生等不同群体的体育活动参与动机，有些比较了中美两国中小学生参与体育活动动机的异同。他们的研究为我们了解不同群体的体育活动参与动机提供了很好的实据资料，比如，是健康因素等外在动机起主要作用，还是其他动机包括为了减轻学习压力（学生群体），或者为了娱乐放松等目的起主要作用。但是这些研究只考察了人们参加运动休闲的动机，没有进一步考察这些动机与体育（运动休闲）参与的相关关系。只有孙晓强（2007）的研究是一个例外，他的研究结果说明外在动机与体育参与频率成正相关关系，内在动机与体育参与频率没有显著关系，而无动机与体育参与频率成负相关关系。本研究没有测量无动机，结构方程模型显示，运动休闲参与和动机呈正相关关系（$r=0.27$，$p<0.001$）。另外动机单独变量和

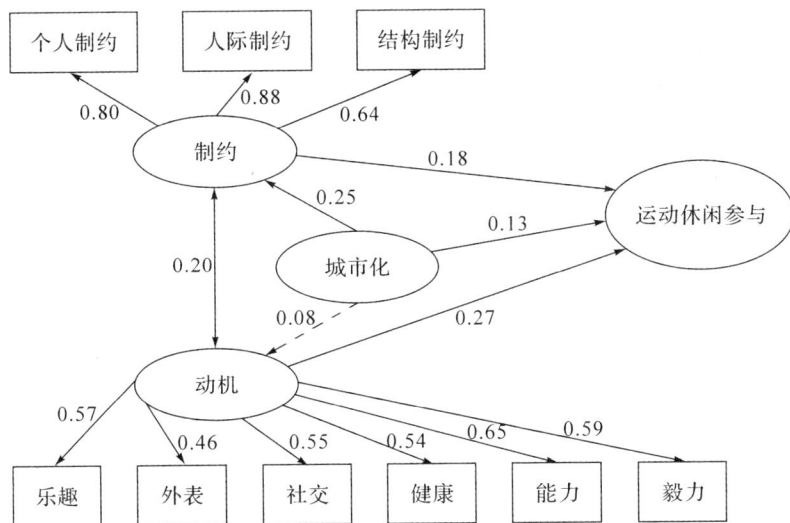

图 10-2 城市化、动机和制约对运动休闲参与的影响,以及相互之间的影响

注:路径系数是标准估计值; * $p<0.01$。

参与之间的逐步回归分析显示能力动机与社交动机(两者都属于外在动机)与参与呈正相关关系($F=11.80$, $p<0.001$;$F=8.19$, $p<0.001$),其他动机与参与的关系不显著。本结果与孙晓强的研究结果一致。

国内学者对(运动)休闲制约因素也有不少研究(请参见第七章)。同样,这些研究除了对制约因素进行描述性分析以外,没有进一步讨论制约和体育活动参与的相关关系。

国外研究对制约与(运动)休闲参与关系的研究经历了一个演变过程。最早的研究假设认为个体受到制约后的唯一结果就是不参加。后来 Jackson (1993)认为人们受到制约后会调整参与。Kay 和 Jackson(1991)发现经常参加休闲活动和不经常参加休闲活动的人都遇到很大的制约,所以认为制约对人们休闲不存在影响。21 世纪初,Hubbard 和 Mannell(2001)认为那些认为受到了较大制约的人可能比受到较小制约的人参与的休闲更多。但是,Alexandris 和 Carroll(1997a)以及 Son 等人(2008)的研究结果相反,他们认为那些不参与的人受到更多的制约。

本研究结果与 Alexandris 和 Carroll(1997a)及 Son 等人(2008)的研究结果一致,即制约与运动休闲参与呈负相关关系($r=-0.18$, $p<0.01$)。

此外,动机也与制约呈正相关。就能检索到的文献来看,目前只有三篇论文讨论了动机与制约的关系。希腊的 Carroll 和 Alexandris(1997)发现动机与制约呈负相关;加拿大的 Hubbard 和 Mannell(2001)发现动机与制约不相关。而王玮(2007)调查了南京市老年人的休闲动机和休闲制约,结果发现休闲动机与休闲制约成正相关。本课题的结果与王玮的发现一致。此结果说明,动机越强的参与对象,感受的制约也越强烈。本书此处的一个不足是没有测量个体的协商策略(negotiation strategies),因为很有可能是动机强的个体,虽然感受到了较强的制约,但是他们同时也采用了各种协商策略来克服这些制约因素,从而实现运动休闲的参与。

研究问题七:城市化、物理环境和社会环境三个因素结合起来对运动休闲参与有何影响?

逐步回归方程被用来考察城市化、物理环境和社会环境三个因素结合起来对运动休闲的影响。首先把城市化、物理环境、社会环境(包括个人环境、媒体环境、外部环境)和社会融合全部放入方程,逐步回归之后,获得四个模型(见表10-12)。首先进入模型的是物理环境,然后依次有外部环境、城市化和社会支持。调整后的 R^2 表示这四个变量一共解释了17%的方差。结果显示物理环境是影响运动休闲参与的首要变量,法律、保险和社区等外部环境,以及整体社会支持都是运动休闲的影响因素。而本书最关注的城市化也对运动休闲的参与带来影响。由此可见,城市化不但直接影响居民的运动休闲参与,还通过动机和制约这两个个体因素以及物理环境和社会环境影响居民的运动休闲参与。这表明动机、制约、物理环境和社会环境同时也是城市化与运动休闲参与关系的中介变量(mediator)。

表 10-12 城市化、物理环境和社会环境预测运动休闲参与的多重线性逐步回归结果

模 型	预测变量	R^2	调整 R^2	F 值	p 值
1	物理环境	0.06	0.05	9.59	0.002
2	外部环境	0.12	0.11	11.45	0.000
3	城市化	0.16	0.15	10.54	0.000
4	社会支持	0.19	0.17	9.32	0.000

注:$p<0.05$,$p<0.01$。

国内关于运动休闲的制约因素,对缺乏场所和设施的研究比较多,但是具体探讨运动休闲参与和物理环境之间关系的研究比较少。欧美国家已有研究表明,物理环境和运动休闲参与有一定的关系,尤其是和某些特定的活动,比如

优美的环境和散步等有关系。本研究的物理环境主要包括小区有很好的体育活动设施、小区有很好的自然环境、小区附近有方便到达的操场、公园、健身房等三个方面。美国和其他西欧国家有大量关于物理环境与运动休闲参与关系的研究。比如 King 等人(2000)对 2912 名大于 40 岁的女性的调查结果显示：小山、优美的风景和活跃的生活方式有关。Ball 等人(2001)的研究表明不吸引人和不方便的环境与不散步有关联。在体育设施方面,Leslie 等人(1999)对 2729 名受访者的调查发现,是否注意到校园设施的存在和更活跃的生活方式是有关联的。Shaw 等人(1991)对 14674 名成人进行了调查,结果说明：有设施和更多的参与有关(仅限妇女),不足的设施与更多的不参与有关。Sternfeld 等人(1999)的调查(N=5000)显示：缺乏设备和设施与运动和锻炼呈负相关。

在设施的通达性方面,Booth 等人(2000)对 3392 名年龄大于 60 岁的受访者进行了调查,询问他们居住附近是否有自行车、高尔夫球场、健身房、公园,调查发现当地设施的可通达性与积极参与活动的生活方式有关联。这些西方研究文献表明,一般情况下,更好的物理环境与居民运动休闲参与呈正相关,缺乏设施及场所和居民的不活跃生活方式相关。本研究结果与这些西方研究结果一致,即物理环境与运动休闲呈正相关($R^2 = 0.06, p < 0.01$)。

社会环境对运动休闲参与的影响在第九章有详细讨论。本书的社会环境分为社会支持和社会融合两个维度,社会支持又由个人环境、媒体环境和外部环境三个因子组成。个人环境主要指来自家人、朋友的支持,来自学校和工作场所的支持;媒体环境主要指来自期刊/杂志、电视、网络等方面的信息;外部环境主要指来自健康保险、医生和社区的支持。许多研究已经讨论了社会支持对健康的积极影响(Antonucci, 1990; House, Umberson & Landis, 1988a; Turner & Marino,1994)。几乎所有考察体育活动和社会支持关系的研究都发现它们之间有积极的联系,既有横断面研究也有前瞻性研究(Sallis & Owen,1998; DiLorenzo, Stucky-Ropp, VanderWal & Gothman, 1998)。朋友和家庭支持能对体育活动的参与产生积极影响(Sallis& Owen, 1998; Sternfeld, Ainsworth & Quesenberry,1999; Steptoe et al. ,1997)。相反,缺乏来自家庭和朋友的社会支持与更低的体育活动参与率联系在一起。也有资料显示,社会支持对女性更为重要,特别是来自家庭的社会支持(Leslie et al. , 1999; Steptoe et al. , 1997)。除了家庭和朋友以外,有些研究发现来自医生的积极影响(Frankish, Milligan & Reid,1998; Sallis & Owen,1998); Eyler 等人(1999)发现那些社会支持感知低的人更有可能拥有静态的生活方式。而那些社会支持感知高的人很有可能比那些社会支持感知低的人每周多 150 分钟参加休闲体育。即使考虑到婚姻状态、年龄、收入和教育水平,这种情况仍然属实。

Ståhl 等人(2001)做了一项包括德国、芬兰、荷兰、瑞士、比利时、西班牙等国家的跨文化健康政策调查。他们的研究结果发现社会环境是参与休闲体育活动的最重要预测因素。那些在他们的个人环境中(家庭、朋友、学校和工作场所)感到获得的社会支持低的人和那些感觉高的人相比,身体不活跃的概率是其两倍。

国内学者宁青(2007)调查了洛阳市区体育人口参加体育活动的组织形式,发现与朋友同时一起参加的占 62.40%。武燕燕(2007)发现,她调查对象中的好几位都是受到上海 2006 年"舞林大会"的影响而到健身俱乐部学习体育舞蹈的。由此可见,媒体作为一种社会支持力量在影响人们的休闲体育参与中所起到的作用。

张钢(1995)在研究体育专业大学生的人际关系时提到:一个班级集体中,一般都有几个或多个自然形成的友伴群;群中的"核心人物"对其他学生的学习积极性、学习态度、学习情绪,以及学习的效果都有着重要的影响;而其中的"孤立儿"和"遗弃儿"由于自身的人际关系问题,在其体育学习方面产生了消极影响。张兰君等(2004)的研究说明有组织的体育锻炼方式比较迎合青年大学生的兴趣点,克服了独自运动锻炼的盲目、枯燥,而且训练组成员成了好朋友,经常约在一起参加体育活动。张文桥(2008)的研究表明:85%坚持锻炼的社区居民是在两人或两人以上的群体中锻炼身体。因此他得出结论:锻炼群体对体育锻炼坚持性有促进作用,保持良好的人际关系对体育锻炼行为具有积极的推动作用。他的研究还指出家庭支持也是一种无形的环境因素,它能有意识对家庭成员的体育锻炼行为产生重要影响。他发现每周锻炼 3 次以上的社区居民,其家庭成员支持率为 66.72%,偶尔活动 1 次的社区居民,其家庭成员支持率 26.46%,基本不锻炼的社区居民,其家庭成员支持率为 6.32%,这反映了家庭支持率与体育锻炼次数呈正相关。

社会融合是指联系的程度和社会中群体间的牢固程度。迪尔凯姆认为,融合的社会拥有丰富的共同道德支持,而不会把个体扔下不管,会让他分享集体的能量,当个体筋疲力尽时给予他支持。社会融合和社会资本理论显示更加融合的社区比不融合的社区有可能产生更好的健康行为。

融合的社区会促进居民休闲体育的参与,因为一是社区中参与运动休闲活动的人更有可能被当作学习的榜样,从而影响社区内其他居民的运动休闲行为;二是融合的社区更有利于关于锻炼的一些信息的传递,而获得有关信息也是参与休闲体育的一个重要条件;三是融合社区的居民更有可能在困难时提供相互支持和帮助,从而克服一些参与休闲体育活动的障碍。目前国内关于社会融合与运动休闲参与关系的研究几乎还没有。本研究的逐步回归分析结果显示社会融合与运动休闲参与之间不存在显著相关,但是社会支持对运动休闲参与有显著的正相关关系。对于社会融合与运动休闲参与的关系,将来需要更多实证研究来验证。

第三节　建议、局限和未来研究

一、建议

1. 促进运动休闲参与者的参与动机

本研究的结构方程模型显示,居民的锻炼动机能直接促进运动休闲行为,尤其是身体健康、快乐及锻炼自己意志等动机。因此,学校和社区的休闲教育都需要融入锻炼的好处、益处等相关知识,让居民意识和了解到参加运动休闲带来的好处。各种媒体也要加强宣传运动休闲的好处,尤其是电视媒体。目前各种选秀节目占据了黄金节目时间,如果有更多的节目关注运动健身健康方面的专家或"达人",相信可以在国内影响大批观众关注运动休闲,从而号召和带动大家参加各种运动休闲活动,促进健康和提升生活品质。

2. 帮助居民克服参与运动休闲的制约

大量研究以及本书的实证研究结果都显示居民受到参与运动休闲的制约因素影响。按照制约理论,这些影响因素被归为个人内部制约、人际制约和结构制约三个类别。本书的调查现在不管是城市还是乡村,居民受到的最大制约还是结构性制约,比如缺乏运动设施和场地、交通不便、停车不便,等等。这些结构制约因素也是影响居民的物理环境因素,这点将在下面重点介绍。个人和人际因素也会影响运动休闲的参与,这些因素的克服也需要休闲意识的培养、休闲技能的培训、和谐社会的构建等方面努力。需要政府部门和企业的共同努力,提供更多休闲设施、项目和服务,给城乡居民提供更多参与运动休闲的机会。

3. 建设和提升运动休闲参与的物理环境

首先,应加强城市公园和空地的利用。根据本研究的调查结果,以及以往的研究,更多居民选择小区里面、小区附近的空地或者到公园里进行锻炼,而非在正式的健身场所。英国"更绿的空间、更好的地方、城市绿色空间任务小组"
在一项报告中指出,在城市社区中有两种休闲文化:一种是以使用室内健身中
心和私人健身俱乐部为基础的健身文化;另一种是以使用公园和其他户外空间
为基础的娱乐文化。Worpole(2002)指出英国的公共资金今天起到的作用正
和它当初的宗旨相反:为所有人的健康和休闲服务,因为现在英国和威尔士的
地方当局每年花在公园和空旷地的钱是 6 亿英镑,根据英国谢菲尔德的研究,
公园和空旷地每年吸引了 25 亿人次;政府花在室内设施的钱是 4 亿英镑,却只
吸引 1 亿人次。另外,政府花在公园和空地上的费用占所有休闲预算的比例从
1997 年的 43%下降到 2000 年的 32%。花在室内休闲、艺术和旅游设施的开
支却增长了。1949 年,路易斯·西尔金(Lewis Silkin)在介绍国家公园的预算
时这样说:"这不仅仅是份预算,这是人民权利的宪章,是人民为了户外空气的
权利宪章。"和其他积极的议会议员一样,他坚信户外游憩是未来大众健康的基
本保障。

我国在制度上对空地的保护、投入、利用及其对人们休闲和健身休闲的重
要性还未有明确的规定。希望今后政府部门能出台详细具体的措施,使人们能
在家门口或者附近享受到更便捷的休闲场所。

其次,在城市设计规划中,应更多地考虑行人的需求。近几十年,西方发展
了系列体育活动参与理论。其发展经历了从基于个人的微观理论到基于社会
生态的中观和宏观理论。从 20 世纪 80 年代起到 20 世纪末的大部分时间都是
微观理论占统治地位,直到 21 世纪初,中观和宏观理论才凸现其重要地位。本
书所使用的社会生态理论就是从中观和宏观视角对体育活动参与进行研究和
探讨。另外一种中观和宏观视角是城市规划理论,即关于城市规划如何能促进
或阻碍运动休闲的参与的理论。为了更好地理解城市设计和运动休闲参与的
关系,环境被分成两种类型:以汽车为导向的环境,是为了保证汽车的安全高效
通行的,另一种是"以行人为导向"的环境,是为了保证人们的安全愉快行走。

行为学家发现不同的设计导向对人们的日常生活行为影响很大,如果设计
思路是以汽车为导向,势必会减少人们的步行行为和其他锻炼行为。当很多国
家和城市意识到汽车带来的系列弊端并开始着手解决这些问题时,我国也正在
面临着同样的问题:马路越修越宽,行人道路越来越窄,骑自行车上下班或者健
身锻炼也因为自行车道和行人道的缩小而变得越来越困难。西方发达国家在
建设自行车道等方面投入了大量的资金。保留和享用自行车道是公民的一种
权利。比如浪漫之都巴黎,从 2007 年 7 月 15 日起掀起了一场名为"自由行"的
"自行车革命"。根据计划,巴黎将在市区设立 750 个自行车存放点,投放 1 万

多辆自行车。巴黎市政府预计,到2007年年底,至少将有20万人固定参加这一计划。而且,自行车和存车点数量也将翻番,分别达到20600辆和1451个。不但非常便利,而且费用低廉,全部费用由商家承担。"人们总是在说,他们喜欢自行车,但只是在乡下,而不是在城市里,"巴黎自行车计划实施负责人塞莉纳·勒波说,"我们要改变人们的这种观念,要让他们意识到,自行车能够为巴黎这种地方带来巨大好处,包括节约时间、增进健康、改善环境和生活方式等。"

德国联邦统计局的数据也表明,在德国每1000名居民中有814辆自行车,其中38%的人骑车上班,因为他们觉得骑自行车不仅简捷、方便、安全,而且还是锻炼身体的好方法。德国交通部为此不惜重金,光2002年就花费2亿欧元投入到自行车道的建设,使德国境内逐渐形成密集的自行车道网。

国内已有些城市,比如上海和深圳开始了市内自行车道的建设。据报道,上海正在加紧制定自行车专用道的规划方案。五年内上海将建100公里自行车专用道。目前做得最出色和最成功的是杭州。杭州市政府自2008年5月1日开通了杭州公共自行车交通系统的第一期,该服务在中国首开公益自行车交通项目先例,与法国公共自行车系统也有所不同。特点是60分钟内免费租用,全市范围内通租通还。2009年5月1日一天租借客流达20万人次。截至2012年年底,每辆车日均租用量为3.7次。截至2013年6月,投入使用的服务点约3000个,自行车67000余辆,日租借人数约23万人次。目前为世界上最大的公共自行车系统,并计划到2020年增加到175000辆自行车。但我国更多城市在城市化过程中却做着相反的事情,把许多自行车道拓展为马路。这样带来的结果是许多居民不得不放弃骑自行车,而改坐公交车或者自己开车。这种改变对健康带来的影响已经是不用笔者着墨也能理解的问题。

此外,要见缝插针地利用空地、空闲草地,修建休闲体育活动场所。目前欧洲和日本体育场馆的二次革命的发展方向就是体育和园林一体化。因为城市市区的用地越来越紧张,很少有大块的绿地专门用于体育活动。我国香港地区和日本、美国等一些大城市在这方面已经有很好的实践。到过香港地区、日本、美国的游客,细心的话,就会发现,那里的高楼大厦之间的空地经常被充分利用来作为休闲锻炼场所。如两幢高楼之间如果有些自然的坡度,设计人员就会依据地形设计一些曲折的溜冰场,因为曲折迂回,不大的空间也能设计成许多条溜冰道。居住在这些高楼上的儿童经常在一起滑冰,既锻炼了身体,也促进了人际交往。在日本和美国的一些大城市,也常常能看到位于高楼间的整齐干净的篮球场等设施。

总之,我国的城市规划应该更多地考虑行人的权利、行人出行的方便和安全等问题,也要充分利用城市中的空地,多修建合适的休闲体育活动场所,改善和提升物理环境,以从中观甚至宏观层面影响人们的健身和健康行为。

另外,笔者认为物理环境与休闲体育活动的参与呈一定的正向相关。因此,物理环境,特别是体育场所和设施的建设也特别重要。美国"健康公民2000年"把增加社区体育中心的数量作为一个重要指标。规定至2000年,美国社区每1000人要建一英里野营、自行车或健身路径,每25000人要建一个公共游泳池,每1000人要建4英亩开放的休闲公园。这些指标已经在1996年提前完成。德国仅社区体育中心从1976年的55100个,到1985年增加至64700个。日本每1万人就要具有1个10000平方米、2个1560平方米、1个720平方米、1个400平方米、1个200平方米的室内和室外场地,即日本每1万人的社区场地应该是6个,面积共1.444万平方米/万人,而且这还是日本在1972年的标准(卢元镇、于永慧,2005)。

全国第五次体育场地普查数据显示,我国人均每万人拥有体育场馆8.85万个,根据卢元镇教授对北京市社区体育设施的调查,有37%的住宅小区无体育设施。饶传坤(2007)对杭州市城西居住区的社区体育设施种类、数量和分布的实地调查以及社区居民利用体育设施的问卷调查认为,目前,城市社区体育设施的主要问题为种类少、规模小、配置不合理等,这些问题主要是由于对体育设施的专项规划,加强居住小区规划中体育设施方面的规划审批工作没有严格执行一些规章和条例的要求。该居住区块内的体育设施室外总用地为2.34万平方米,室内总建筑面积为0.73万平方米,人均水平分别约为0.094平方米/人和0.03平方米/人,即使与2005年指标制定的室外控制指标0.3~0.65平方米/人和室内控制指标0.1~0.26平方米/人的下限相比较,也都不到其1/3的水平。连北京和杭州这样经济相对发达城市的人均体育用地指标都离我国的标准差距如此之大,与欧美国家的差距就更不用说,其他经济欠发达地区城市的体育用地情况则更为有限。为了促进人们参加休闲体育活动,提高人们的健康水平,今后我国将长期面临着体育场所和场馆的建设问题。尤其是为居民健身服务的场馆,而不是只为比赛而建造的场馆。

当前,我国城市体育设施的规划重点还放在大型的体育馆/场的建设上,而忽视住宅小区体育设施的配套规划,这是不利于促进居民的休闲体育行为的。卢元镇等在对北京小区的体育设施进行调查的过程中,指出了目前一些制约开发商建造休闲体育设施的制度因素。我们应该针对这些因素,提出解决措施。各地应将新建的住宅小区体育设施的配套规划作为一项长远的目标来抓,并保证和监督规划的设施。对于已经建好的住宅小区,要利用适当的空间建设简便的体育设施,或改变某些建筑的功能作为市内健身场所,以满足人们参加休闲体育活动的需要。

此外,我国很多城市的静态休闲设施修建得相当完善,但是适合动态休闲形式——休闲体育活动的场所却非常缺乏。以杭州为例,杭州的休闲文化以茶文化、餐饮文化、酒吧文化、咖啡文化为内容,因而以茶馆、饭店、酒吧和咖啡吧为载体的静态休闲为主,这些休闲文化发展得很好,这本身是一件好事,促进了城市的休闲文化建设。但是,仅仅有这些是不够的。因为杭州提倡的"生活品质"是由多种元素构成的。而人是最主要元素,要把以人为本作为基础。人在从事其他休闲活动之前,首先要有健康的体魄。健全的身心是工作、创业和休闲的前提条件。我们不能把本源的东西忽视了。相对于对静态休闲产业的重视,我们应重视如何发展健康事业,尤其是与杭州市的人文环境相吻合的休闲体育,把江南水乡的人文环境、山水与人的健康结合在一起。虽然杭州山水天然资源非常优越,但是人工建造的资源,即一些场馆建筑设施却没有很大的优势,特别是在公共运动场馆方面。比如城西近年来成为高档商品住宅区,人口迅速增长,聚集了一大批教育水平高、文化素养优秀的中层阶级,可是城西却没有公共的体育设施配套。像杭州这种情况的城市在全国绝不是少数。这有很深刻的历史原因,在我国几千年的历史发展中,静态的休闲形式,如琴、棋、书、画一直占据重要的休闲地位。以至于目前我国很多城市的休闲场所还是未考虑动态休闲元素。超大型的市民广场就是一个典型。

为了提高人们的生活质量,我们应该意识到多修建休闲体育设施和场所的重要性。因为休闲体育活动的参与和人的健康紧密相连,而拥有健康的体魄是生活质量的根本出发点。

增加旅游景点的休闲健身功能。目前,我国很多旅游景点只具备观光的功能,而忽视了运动设施的布局和规划。旅游景点的规划课题组成员基本上都是有旅游背景而没有体育背景的成员,所以很多体育元素根本没有在旅游规划中体现出来。而实际上,旅游发展的趋势正由"观光旅游"向"体验旅游"转变。除了体验当地的文化、民俗风情以外,独具特色或者和自然环境非常协调的休闲体育项目也是一项重要的内容。不是简单的观光,而是全身心投入的体验才能给人更多的满足感!

4. 城市化过程中应加强社会环境建设,尤其是高城市化水平社区

本书研究结果显示,城市化水平高地区居民所感受到的社会支持、社会融合及整体社会环境显著低于城市化水平低社区的居民。而社会支持、社会融合和整体社会环境均与运动休闲活动的参与呈显著正相关。

传统农村是以血缘关系为人际关系基础的,人与人之间联系密切,在同一地区(村庄)的人都相互认识,大家的互助意识浓厚,安全感也强。中国的传统社会网络是以个人为中心,向外逐渐扩展,从关系最近的家人,到亲戚、朋友、邻居、同事,一层层扩展开去。每个人的关系网络看起来都像是一个同心圆,由亲到疏,由近及远,但是这些圆是有各种交集的。这是以熟人社会作为社会关系网络特征的传统。

随着城市化的发展,越来越多的人变成城市居民。大家能享受到经济和物质文明增强的同时,传统的社群关系却遭到破坏。陌生人社会特征开始呈现在社会关系网络中。所谓"人际泡沫"中的成员便是这个交往群体中的主体。在他们身上,同心圆式的关系网络开始发生改变。家人、亲戚、朋友、邻居、同事等,每个群体形成大小不等的椭圆形,除了作为中心的个人外,这些群体间很少会有交集。城市里人际关系不断膨胀的泡沫,使得"某个时刻众人簇拥,繁花似锦,一层层退却后只余荒凉"。泡沫破灭之后,显露出来的是一座座千疮百孔的"城市孤岛"。城市的居住方式改变了数千年来邻里间互相熟悉、知根知底的格局,也改变了"远亲不如近邻"的谚语。

由零点研究咨询集团与人合作完成的《零点宜居指数——中国公众城市宜居指数 2006 年度报告》,以多阶段随机抽样调查的方式,对中国 20 多个城市里的 2553 名市民进行入户访问。调查结果显示,有 42% 的受调查者不知道邻居户主的姓名,33.3% 的受调查者不知道邻居家庭有几口人,10% 的受调查者根本不认识自己的邻居。

20 世纪初芝加哥社会学派的沃思(Wirth)把城市化进程中城市的特征总结为"人口多、密度高、异质性"三点,同时,他也注意到城市人口的流动性。20世纪末,同样是一位美国学者,社会学家普特南(Putnam)以其文章《独自打保龄球:美国下降的社会资本》(Bowling alone:America's Declining Social Capital,1995)引起了全美国社会的震动和关注。在美国,保龄球是一种受欢迎的集体娱乐方式,经常成为朋友和同事间聚会所采取的一种方式,而根据他的观察,与朋友一起打球的人越来越少,自己独自打球的人正变得越来越多。他的观点同样引起了休闲学领域对社会资本与休闲参与关系的探讨,2005 年《休闲研究期刊》还专门刊发了一辑特刊,讨论社会资本与休闲的关系。

社会环境和运动休闲的参与有显著相关关系,同时,还可以通过影响参与者的参与动机和制约来影响活动的参与,因为外在动机中的社交动机维度和制约的一种类型——人际间制约都受到社会支持和社会融合的影响。

因此,我们在城市化过程中,必须加强社会环境的建设,弥补城市化带来的社会资本缺失和人际关系淡漠。

5. 加强政府职能部门对休闲(体育)的管理及各有关部门的协作

休闲和运动休闲在国内虽然还是较新鲜的事物,可是欧美等国家的政府部门中早已经纳入休闲服务的职责。他们把为市民提供满意的休闲服务作为政府的一件重要职责来看待。但是目前在我国,由于历史和经济的原因,休闲还是一个新鲜的事物(虽然在我国历史上也有休闲的哲学和思想),我们还没有相应的制度和体制来管理。所以,目前各政府部门之间都没有明确的提供休闲服务的职责,而是分散在文化、旅游、公园和体育等各部门之中。它们之间没有很好的沟通协商制度让彼此共同促进休闲教育和休闲服务的发展。目前,我们的制度已经落后于我们的实践,在制度上解决这个问题已经成了当务之急。美国知名休闲专家杰弗瑞·戈比认为我国在 2008 年奥运会后政府应该设立休闲部门。

中美对于公园管理方面的政府职能部门的明显职能差异就是美国的公园管理部还负责管理娱乐和休闲事物,而我国的园林部门的职能更多地在于保护,而不是开发休闲娱乐项目。我们看到的更多的关键词是"保护、维护"。当然,这是园林局的最根本职能,但是如果能很好地组织开发一些休闲娱乐项目,可以有更多的资金,更好地促进风景和资源的保护和维护,做到保护和开发休闲项目相互促进。

有些公园等景区和园林部门即使组织娱乐活动,也基本是静态的:每逢节假日举行一些展览,比如花展和画展等。居民参加这些展览的形式也是静态的,很少利用一些山水资源优势开展动态的休闲体育活动项目。

这意味着我国的一些职能部门,需要增加其娱乐休闲管理职能,而且要注重规划动态的休闲体育活动,使居民享有更好的休闲体育设施和机会。再以杭州为例,杭州附近的东明山公园、午潮山国家森林公园和其他县市的森林公园可组织探险、露营等活动;在西湖也可以举行划船比赛。

另外,休闲体育活动的开展需要很多部门的共同努力。目前欧美国家发展休闲体育并不是体育一个部门的事情。以美国为例,体育的发展涉及文化部门、国家森林署、公园管理协会、教育部门等。因此笔者认为休闲体育,无论是作为发展居民的福利还是作为一个快速经济增长点,是一个系统工作,涉及体育、文化、教育、旅游、规划、园林等政府部门,也涉及房产开发商等商业机构。

二、研究局限

1. 研究区域的限制

限于研究的人力、物力和其他资源的制约,本研究区域限于杭州市。一方面,杭州市的城市化过程和全国其他城市的城市化过程存在共性,比如城市化发展的进程类似,都是在 20 世纪 90 年代以后进入了快速发展时期;而且城市化发展的方式和途径也类似,比如从市中心向城市的周边发展,逐步扩展到近郊区和远郊区;政府试图通过建立高新发展区带动一片新区的发展;甚至政府(即将)通过搬迁办公所在地来带动新的目标地区的发展;通过搬迁郊区的农民,为他们建立统一的公寓房,建立新的安居房和社区来获得农民的土地用于城市的拓展,等等。以上方式是中国绝大多数城市拓展、加快城市化建设的途径和手段。从这个意义上说,杭州的城市化就代表了我国目前城市化发展的局面,其不同城市化水平社区居民的运动休闲参与也就代表了众多不同城市化发展水平社区居民的参与,因此,本书研究的结果有一定的广泛意义,而且本研究的过程中取样方法尽量做到了科学严谨,所取样本也分别代表了城市化高、低两个不同水平的居民。所以,本书研究的发现和结果具有非常重要的价值。

另一方面,杭州市的经济水平在全国众多城市中居于前列。而且,杭州市的生态环境、文化环境、生活方式和治安环境也有一定的优越性,所以在有些研究变量如物理环境等的测量结果有可能会有更高的值。此外,由于 2006 年杭州世界休闲博览会的举行,杭州市政府把"打造东方休闲之都"作为杭州的一张城市名片,政府部门和各种媒体对休闲生活、休闲与生活质量的关系做了大量的探讨和宣传。这些政策和宣传因素必将也给居民带来更多的影响。

2. 运动休闲的测量

本书的运动休闲参与指标包括运动的种类、频率、持续时间、满意度,但在统计分析部分采用了频率和每次锻炼持续时间的乘积作为每个月参加运动休闲的总时间,并以这个总时间作为讨论的变量。不足之处是本书没有测量运动的强度(intensity)。

3. 物理环境的测量

因为时间、精力、缺乏经费支持等原因,本书对物理测量的方法从简,虽然这也是西方学者常用的一种主观测量物理环境的方法,但是如果能有更详细的指标,特别是适合中国国情的指标,将有利于更准确地了解物理环境和休闲体育参与的关系,从而为制定相应政策提供更多的理论依据。

4. 量表的修订

大量文献表明,中西方研究的观点和视角还是有差异。例如西方研究中把安全(犯罪和暴力)因素作为影响运动休闲参与的重要环境因素。同时,中西方居住环境、生活习性的差异。西方多为独立居住单元,对在自家庭院进行活动,比如园艺活动(gardening)等的研究也非常周详。又如,是否拥有狗也是一个参与运动休闲的重要因素。一方面,居民居住相互间隔很远,在散步中能牵上自己的狗将起到很好的安全防范作用。因此拥有狗就和安全因素联系在一起,而安全因素又和是否参与运动休闲联系在一起。另一方面,遛狗的同时也使自身得到了锻炼,因为拥有狗的家庭,通常每天早晚遛狗两次,每次半小时,那么这半小时主人与狗都在户外散步或跑步,由此可见,问卷中询问受访者是否拥有狗是一个判断对方每天是否会做户外运动的方式,是否拥有狗也成为西方研究中的重要社会环境因素。如此等等,表明西方的有些量表在我国的适用性还需要验证、修订等。本研究在这些方面虽然已经做了初步工作,但是肯定还有改进和继续研究的空间。

5. 结构方程模型的变量

在考察城市化、动机和制约三个变量结合在一起对运动休闲参与的影响时,本书采用了结构方程模型,并获得了比较好的模型拟合度。但是一个研究局限是,物理环境和社会环境无法放入方程模型,所以采用了逐步回归分析来讨论城市化、物理环境和社会环境对运动休闲参与的影响。

三、未来的研究方向

1. 本研究的局限

在许多方面都是探索性的,因此可能存在一些尚未考虑成熟的地方,在一些方面比如物理环境测量等,如果条件允许可以进行更深入的研究。

2. 纵向研究的必要性

本课题的纵向研究(longitudinal study)很有必要,因为我国的发展日新月异,几年时间可能发生很多变化。比如,在 2008 年问卷调查的一年之后,我国才实现全民医保。在此之前,农村居民是无法享受医保的。这个情况对本课题受访者,尤其是城市化低地区的农村居民影响很大,特别是对他们参与运动休闲的动机影响很大。在没有医疗保障的情况下,健康很容易成为参与运动休闲的最重要动机。又如,国外有一个相关题项是研究政治家的影响。但在本课题数据收集的 2008 年,我国对政治人物的运动休闲等生活方式报道比较少,因此当时删除了这个题项。但近年来,我国对领导人的运动休闲方式有更多的报道和宣传,比如游泳和足球等。因此,这些变量也会随着时间的推移而改变。研究结果显示外部环境对运动休闲参与有显著影响。在将来的研究中,可以根据当时社会环境调整外部环境。这些情况都说明,我国最近社会政治经济等方方面面发展巨大,因此我们有必要做纵向研究,并长期追踪这些因素对居民健身活动的影响。

3.考察对休闲制约的协商策略(negotiation strategies)

休闲制约是休闲研究的一个重要领域,但是笔者认为了解休闲遭遇的各种制约因素只是行动的第一步,更重要的是根据这些已经掌握的信息,研究如何克服这些制约因素。这些克服休闲制约性策略被分成认知策略(cognitive strategies)和行为策略(behavioral stratigies)两大类(Hubbard & Mannell, 2001)。本书研究的结构方程模型发现运动休闲参与者的动机与制约呈正相关,此结果可能正是由于参与者运用了协商策略,虽然遭遇了更多休闲制约,但是因为有较强的动机,因此能用各种协商资源和策略克服这些制约因素。这一假设需要得到验证。因此无论是从实践还是理论出发,国内学者都急待加强对协商策略的研究。

4.考察居民参与运动休闲的组织形式

所谓组织形式,如是市民自发组织的,街道组织的,还是单独进行的,等等。了解居民参与运动休闲活动的组织形式可以有针对性地提供帮助,使居民更好地参与运动活动。根据现有研究,各种非正式民间组织在组织市民参与运动休闲中起了重要作用。西方发达国家在休闲以及其他方面的一个最明显优势是有无数的非政府组织。喜爱舞蹈的人组织了舞蹈协会,喜爱艺术的人组织了各种艺术机构,喜爱戏剧表演的人组织了戏剧表演社团。各种组织数不胜数,都是市民以自己的兴趣和爱好自发组织的。成立后会经常举办各种活动,既为这些兴趣爱好者提供了一个交流、沟通、切磋的平台,也提供平台让这些爱好者为其他居民进行表演。当这些组织发展到一定数目的时候,政府才组织成立一个正式的政府部门来管理这些非政府组织,让他们更好地运作。所以,现在美国、英国、法国、加拿大、澳大利亚等政府部门都有休闲娱乐部。有些是和文化部门结合在一起,有些是和体育部门结合在一起。不管是哪种情况,他们对休闲资源的管理、利用,对居民的休闲教育和休闲活动都起到了很好的培养作用。运动休闲活动的发展,离不开这些非政府组织——“民间组织”的重要组织作用,我国应把政府管理职能尽量转移到这些民间组织,让市民自发组织运动休闲活动,这些组织形式、组织特点,及其运行机制和特点等值得我们进一步探讨。

5.下一步研究工作

可在更大区域对这一课题进行研究,比如,考察印度、巴西等正在高速城市化国家的运动休闲参与情况。限于人力、物力和时间等条件,本书研究的对象区域是杭州市。下一步可以扩大研究区域,以收集更多的数据,为做出分析、判断和建议提供更丰富依据。

小　结

本书以社会生态学为理论框架,讨论了城市化对运动休闲参与的影响。首先,城市化对运动休闲的参与有直接影响,研究结果显示高城市化水平社区居民比低城市化水平社区居民参与更多的运动休闲。其次,城市化通过影响与运动休闲参与的个体因素(制约)间接影响运动休闲的参与。具体来说,城市化对动机影响不显著,但是对制约影响显著,高城市化水平社区居民受到的制约比低水平社区居民更多。同时,动机与运动休闲参与呈显著正相关关系,即动机水平高的居民参与的运动休闲更多。制约与运动休闲参与呈显著负相关关系,即制约水平高的居民参与的运动休闲更少。第三,城市化也与环境因素一起影响运动休闲的参与。具体来说,城市化对物理环境影响显著,高城市化水平社区的物理环境优于低城市化水平社区。但是城市化对社会环境的影响不显著,虽然社会环境下社会融合维度的一些方面存在差异。研究结果显示,物理环境、城市化,以及社会环境中的外部环境和社会支持均对运动休闲的参与起到促进作用。这些研究结果对各级政府部门及其他相关机构制定政策有指导作用,可以帮助政策制定或项目设计,让更多居民享受运动休闲的快乐,促进身心健康,提升生活质量和幸福感!

参考文献

中文文献

[1] [德]本雅明.发达资本主义时代的抒情诗人.张旭东,魏文生,译.北京:三联书店,1989.

[2] [美]戴维·波普诺.社会学.李强,译.北京:中国人民大学出版社,1988.

[3] C. E. 布莱克.现代化的动力:一个比较史的研究.成都:四川人民出版社,1988.

[4] 安剑群.差异公民理论视角下的农民工体育边缘化问题及其解决途径——以差异公民理论为研究视角.南京体育学院学报,2011,25(2):71-75.

[5] 白南生.中国的城市化.管理世界,2003(11):78-86,97.

[6] 百家.试论人类体育与地理环境.武汉体育学院学报,1992(2):1-5.

[7] 包亚明.现代性与空间的生产.上海:上海教育出版社,2003.

[8] 毕世明.关于我国政府体育机构改革的设想.体育与科学,2007,28(3):6-8.

[9] 毕永锋.大众体育锻炼干预的理论模式.体育与科学,2002,23(5):15-16.

[10] 蔡邦宏.影响企业组织策略性决策理性程度因素之探讨.台中:朝阳科技大学企业管理系硕士学位论文,2004.

[11] 曹裕,陈晓红,马跃如.城市化、城乡收入差距与经济增长——基于我国省级面板数据的实证研究.统计研究,2010,27(3):29-36.

[12] 常乃军.体育在城市化进程中价值与功能的审视.体育文化导刊,2003(12):10-12.

[13] 陈碧华.初论湖湘传统健身文化.体育文化导刊,2004(8):79-80.

[14] 陈传锋,杨晶晶.城市化进程中村转居社区新居民的休闲方式.浙江学刊,
2007(2):196-200.

[15] 陈嘉明."现代性"与"现代化".厦门大学学报(哲学社会科学版),2003,
159(5):14-20.

[16] 陈钦.城市居民休闲体育活动的影响因素研究.吉林体育学院学报,2012,
28(2):44-46.

[17] 陈善平,闫振龙,谭宏彦.锻炼动机量表(MPAM-R)中文版的信度和效度
分析.中国体育科技,2006,42(2):52-54.

[18] 陈晓明.南京市玄武区老年人锻炼体育行为的调查分析.南京师范大学硕
士学位论文,2012.

[19] 陈修谦,叶莉,谢益民.基于信息渠道的旅游者行为分析.湖南商学院学
报,2007,14(4):46-48.

[20] 陈迅,童建华.城市化与城乡收入差距变动的实证研究——基于1985—
2003年中国数据.生产力研究,2007(10):64-65,105.

[21] 陈元欣,王健,刘聪.新中国成立以来我国体育场馆供给的历史回顾.西安
体育学院学报,2013,30(4):411-417,428.

[22] 仇军,黄俊亚.我国城乡体育人口活动主观动因的比较研究.西安体育学
院学报,2003,20(3):103-106.

[23] 次旦晋美,米玛顿珠,卞利强.特高海拔运动生理研究.西藏大学学报(汉
文版),2000,15(2):74-77.

[24] 崔永久.解读体育新大纲做新型体育教师.科教文汇(下半月),2006
(1):136.

[25] 代敏.武汉市主城区中老年人广场舞开展现状调查与分析研究.华中师范
大学硕士学位论文,2011.

[26] 戴剑松,孙飙.体力活动测量方法综述.体育科学,2005,25(9):69-75.

[27] 丁峰.中国城市社会体育演变的特征与发展前景.成都体育学院学报,
2002,28(5):10-13.

[28] 董海军,倪伟,俞峰.上海市体育公园发展现状及建议.体育科研,2011,32
(2):50-55.

[29] 董金博.深圳市社区体育设施配置研究.哈尔滨工业大学硕士学位论
文,2012.

[30] 董晓虹,黄小玲.外环境条件对浙大学生体育观念的影响研究.中国高等

医学教育,2003(5):7-8.

[31] 董新光.坚持理论联系实际学风,搞好体育社会科学服务.天津体育学院学报,2000,15(3):47-49.

[32] 段全伟,付志朋.运动休闲与休闲体育概念辨析.科教导刊(中旬刊),2012(8):204-205.

[33] 樊炳有,姚峰.我国城市社区体育建设目标模式的理论分析.中国体育科技,2003,39(1):35-36.

[34] 范晓莉.城市化、财政分权与中国城乡收入差距相互作用的计量分析.现代财经(天津财经大学学报),2011(3):44-53.

[35] 冯守东,周珂.河南省知识分子体育活动的动机与影响因素的调查研究.吉林体育学院学报,2004,20(4):112-114.

[36] 付雪婷,薛静,王青,葛淼.城市热岛效应与健康.国外医学(医学地理分册),2004,25(1):43-45,封四.

[37] 傅凡,赵彩君.分布式绿色空间系统:可实施性的绿色基础设施.中国园林,2010(10):22-25.

[38] 傅桦.全球气候变暖的成因与影响.首都师范大学学报(自然科学版),2007,28(6):11-15,21.

[39] 傅蔚冈.城市,该怎样让生活更美好.南方都市报,2013-8-25,下载自http://view.news.qq.com/a/20120118/000032.htm.

[40] 高明有.榆林市城乡群众体育活动现状的调研分析及对策研究.价值工程,2011(16):324-326.

[41] 葛艳荣,李俊达.开展全民健身活动以人际关系和谐促进社会的进步.四川体育科学,2006(4):105-107,114.

[42] 谷鑫.基于全民健身的运动休闲园区规划策略研究.华中师范大学硕士学位论文,2011.

[43] 桂林市统计局网站."不完全城镇化"现象客观存在,农民工的城镇化稳定性差,2014-7-20,检索自http://www.gltj.gov.cn/tjfx/ztbd/201312/t20131225_401383.htm.

[44] 桂林市统计局网站.桂林市县域城镇化水平仍处于初级阶段,2014-7-20,检索自http://www.gltj.gov.cn/tjfx/ztbd/201312/t20131225_401383.htm.

[45] 桂林市统计局网站.中心城市发展水平滞后,2014-7-20,检索自http://www.gltj.gov.cn/tjfx/ztbd/201312/t20131225_401383.htm.

[46] 郭军华.中国城市化对城乡收入差距的阈值效应——基于我国省际面板

数据的实证研究.山西财经大学学报,2009,31(11):23-29.

[47] 郭可雷.广西城市社会指导员现状调查及发展对策研究.广西师范大学硕士学位论文,2007.

[48] 国家体育总局.社区体育健身俱乐部试点工作,2014-3-23,检索自 http://www.sport.org.cn/laws/2008-02-13/160231.html.

[49] 国家体育总局.第五次全国体育场地普查数据公报,2014-5-25,检索自 http://www.sport.gov.cn/n16/n1167/n2768/n32454/134749.html.

[50] 国家体育总局网站 http://www.sport.gov.cn/n16/n299469/2155870.html,2014-7-12.

[51] 国家统计局.三、人口,3～6 分地区年末城镇人口比重,2014-8-8,检索自 http://www.stats.gov.cntjsjndsj-indexch.htm.

[52] 韩丹.我国的体育改革到了关键时刻——从体育工作重点转移说起.体育与科学,1997,18(6):42-45.

[53] 韩丹.论我国体育的发展趋势——1996—2010 年体育的战略任务.山东体育学院学报,1998,14(4):31-35,41.

[54] 韩丹.辨析体育的共性与整体——答熊斗寅同志的商榷之一.体育与科学,2005,25(4):5-9.

[55] 韩丹.谈我国体育体系的根本性大变革.体育与科学,2004a,25(1):4-7.

[56] 韩昊英,冯科,吴次芳.容纳式城市发展政策:国际视野和经验,浙江大学学报(人文社会科学版),2009,39(2):162-171.

[57] 韩琦.城乡中学课外体育锻炼研究与分析.体育教育,2011(28):82-83.

[58] 韩素萍,张晓宁.休闲体育概念研究之综述.山东体育科技,2015,27(4):33-35.

[59] 洪项目.城市公园景观规划及建设的慢生活模式——以厦门市忠仑公园开发建设为例.安徽农学通报,2014,20(7):115—116,143.

[60] 胡鞍钢.城市化是今后中国经济发展的主要推动力.湖南社会科学,2003(6):78-84.

[61] 胡春兰,赵仙伟.论休闲与休闲体育.体育与科学,2003,24(3):34-36.

[62] 胡红,李少丹.大学生学习体育动机的调查与评价.北京体育大学学报,2000,23(2):169-171.

[63] 胡小明.竞技运动文化属性的皈依——从工具到玩具.体育文化导刊,2002(4):15-18.

[64] 黄贵,丁俊武.运动训练与自然环境.解放军体育学院学报,2002,21(1):

34-36.

[65] 黄章晋. 德国的苹果怎么比中国难吃这么多？2013-8-26,检索自 http://www.botanwang.com/node/10600.

[66] 黄喆. 浙江省高职大学生休闲体育内在动机和体验的调查研究. 浙江体育科学,2007,29(3):47-50.

[67] 矶村英一. 城市问题百科全书. 王君健等,译. 哈尔滨:黑龙江人民出版社,1988.

[68] 季谋芳. 体育公共政策执行研究. 湖南师范大学博士学位论文,2013.

[69] 江保林. 信阳城乡居民休闲行为研究. 华中师范大学硕士学位论文,2011.

[70] 江莹. 我国城市郊区化及发展对策探析. 中国软科学,2003(5):22-25.

[71] 江宇,吴翌晖. 江苏省妇女体育锻炼动机、坚持性和参与程度的研究. 北京体育大学学报,2004,27(11):1469-1475.

[72] 姜兰琼,李永刚. 衢州住宅小区体育设施及居民健身状况研究. 洛阳师范学院学报,2007(2):101-102.

[73] 杰弗瑞·戈比. 你生命中的休闲. 康筝,田松,译. 昆明:云南人民出版社,2000.

[74] 金安铭,刘金安,周猛. 影响上海市老年体育参与动机的社会学因素分析. 山西师大体育学院学报,2004,19(3):3-5.

[75] [美]卡拉·烹德森黛博拉·拜尔列席基,苏珊·萧. 女性休闲——女性主义的视角. 刘耳,季斌,马岚,译. 昆明:云南人民出版社,2004.

[76] 康少邦,张宁编译. 城市社会学. 杭州:浙江人民出版社,1986.

[77] 赖家馨. 休闲阻碍量表之编制——以台北市大学生为例. 国立体育学院硕士学位论文,2008.

[78] 李宝松. 基于城乡二元结构下探讨临沂市城乡初级中学体育现状及发展对策. 首都体育学院硕士学位论文,2013.

[79] 李二伟. 山西省翼城县农村体育现状研究. 中国矿业大学硕士学位论文,2011.

[80] 李金龙,刘坚. 体育社会学. 桂林:广西师范大学出版社,2006.

[81] 李鹏. 中学生体育锻炼动机刍议. 内江师范学院学报,2005(20):353-355.

[82] 李相如,范青慧. 我国健身路径工程特征与未来发展. 中国体育科技,2005,41(4):96-98,105.

[83] 李小芬. 我国商业健身俱乐部的发展特征与经营模式. 上海体育学院学报,2006,30(3):26-31.

[84] 李燕霞,崔际熟.男大学生课外体育锻炼动机调查及建议.河北师范大学学报(自然科学版),1995,19(4):109-113.

[85] 李云.对高校男女大学生参与课外体育活动的动机比较与分析.南京体育学院学报,2006,20(5):59-60.

[86] 李增民,杨冀.浅析中国西部体育运动群体的地理分布趋势.青海师范大学学报(自然科学版),2004(2):81-83.

[87] 李铮生.城市园林绿地规划与设计(第二版).北京:建筑工业出版社,2006.

[88] 厉衍飞.全民健身,软件别成软肋.人民日报,2013-6-8.

[89] 郦树龙.华东地区城市老年人体育锻炼动机的研究.浙江体育科学,2002a,24(2):44-46,52.

[90] 郦树龙.关于我国在校研究生体育锻炼动机的研究.体育师友,2002b(5):49-51.

[91] 栗燕梅.运动休闲概念、分类及应用的研究.广州体育学院学报,2008,28(6):57-59.

[92] 梁晨.生活方式市民化——对农转非居民消费模式与闲暇模式的探讨.青年研究,2012(5):86-93.

[93] 梁晋裕.对高校大学生不同阶段体育运动动机的比较研究.考试周刊,2007(23):24-25.

[94] 梁若雯,于可红.浙江省高校高年级学生休闲体育制约因素的调查分析.中国体育科技,2003,39(11):27-30.

[95] 林祥芸.运动训练环境分类及其影响作用研究.当代体育科技,2012,2(30):5-8.

[96] 林正弘.逻辑·知识·科学哲学.台北:东大图书公司,1985.

[97] 凌平.中国部分城市休闲制约因素的研究,2005年休闲与文化国际论坛——文化多样性与休闲发展论文集,2005:68-85.

[98] 凌平.奥林匹克与人类文明,2013-8-25,下载自 http://culture.zjol.com.cn/05culture/system/2007/04/09/008320719_07.shtml.

[99] 刘迪锋.汨罗市城乡初中生运动参与情况调查与分析.吉首大学硕士学位论文,2013.

[100] 刘洪俊.天津市普通高校大学生课外体育锻炼现状的调查研究.天津体育学院硕士学位论文,2013.

[101] 刘慧梅,戈登·沃克.文化、自我建构与中国人的休闲,浙江大学学报(人

文社会科学版),2014,44(4):146-158.

[102] 刘霞.湖南省高校学生体育消费动机的研究.北京体育大学学报,2002,25(6):751-752,759.

[103] 刘亚云,李可兴.湖南地理环境与湖湘传统文化.体育学刊,2007,14(1):79-81.

[104] 刘英霞,常显波,王桂云,赵俊生.浒苔的危害及防治.安徽农业科学,2009(20):9566-9567.

[105] 刘嫄.都市农民工休闲生活特征及其成因——基于上海市农民工的调查.湖南农业大学学报(社会科学版),2010,11(2):48-53.

[106] 刘子众.中西方休闲体育之差异.体育学刊,2003,10(4):34-36.

[107] 柳若松,郑文海,雷福民,杨艺谋,杨勇,宋文杰,张文军.我国西北地区农民体育现状及发展对策研究.体育科学,1999,19(2):18-20.

[108] 卢峰.休闲体育的社会功能探析,成都体育学院学报,2004,30(2):1-4.

[109] 卢元镇.社会体育导论.北京:高等教育出版社,2006.

[110] 卢元镇,于永慧.北京市住宅小区体育设施状况调查报告.体育科研,2005,26(5):20-24.

[111] 鲁国斌.大学生课余体育生活动机及其影响因素研究.青海师范大学学报(自然科学版),2004(1):82-85.

[112] 陆亨伯,周信德.宁波市居民体育锻炼动机的研究.北京体育师范学院学报,1996,8(2):48-51.

[113] 陆俊.北京城区和农村小学生课外体育活动开展情况的调查研究.首都体育学院硕士学位论文,2008.

[114] 陆伟忠,柏慧敏.对体育运动中态度、动机、美感等问题的调查与分析.上海体育学院学报,1996,20(4):86-89.

[115] 罗荣渠.现代化新论:世界与中国的现代化进程.北京:北京大学出版社,1993.

[116] 罗湘林,任海,邱雪.城乡休闲体育之比较——对两个典型社区的考察与分析.武汉体育学院学报,2008,42(4):86-89.

[117] 罗歇·苏.休闲.姜依群,译.北京:商务图书馆,1996.

[118] 吕维娟.一位外国学者眼中的中国城市化——约翰·弗里德曼的中国城市变迁综述.城市规划,2006,30(10):80-84.

[119] 吕旭涛.我国社会体育指导员研究综述.首都体育学院,2007,19(1):60-63.

[120] 马先英,杨磊,沙磊.农村体育:制约我国群众体育发展的"瓶颈".北京体育大学学报,2004,27(10):1310-1312.

[121] 毛其淋.经济开放、城市化水平与城乡收入差距——基于中国省际面板数据的经验研究.浙江社会科学,2011(1):11-22.

[122] 毛荣建,晏宁,毛志雄.国外锻炼行为理论研究综述.北京体育大学学报,2003(6):86-89.

[123] 倪永辉,王文洪.云南大学生体育锻炼行为差异研究.昆明冶金高等专科学校学报,2013,29(6):21-26.

[124] 宁波统计局.2014-7-20,检索自 http://www.nbstats.gov.cn/read/read.aspx? id=22490.

[125] 宁青.洛阳市区体育人口现状及体育动机的调查与分析.科技资讯,2007(10):220.

[126] 诺瑟姆(Ray. M. Northam)1979 年提出了"城市化过程曲线"。经过实证研究,可以把一个国家和地区的城镇人口占总人口比重的变化过程概括为一条稍被拉平的 S 形曲线。见百度百科,检索自 http://baike.baidu.com/view/920928.htm,2014-8-1.

[127] 裴立新,王晓辉.我国城乡体育发展差异成因研究.体育文化导刊,2008(11):8-10.

[128] 彭水频道.善感乡修建登山健身步道. http://www.cqps.gov.cn/ps_content/2013-05/24/content_2839861.htm. 2013-5-24.

[129] 岂俊荣.浅论高校思想政治工作的思维方法.山西大学师范学院学报,1994(2):10,41.

[130] 钱江晚报.社区奥运会引出刘博士新课题. http://qjwb.zjol.com.cn/html/2008-03/19/content_2108712.htm.

[131] 乔秀梅.对我院民族女大学生体育学习动机和兴趣的调查.伊犁师范学院学报(社会科学版),1996(2):59,64-65.

[132] 卿前东.区域性户外运动资源开发研究.广西师范大学硕士学位论文,2011.

[133] 邱福林,穆兰.广东城乡收入差距与城市化进程关系研究.安徽农业大学学报(社会科学版),2011,20(3):15-18,94.

[134] 邱亚君.关于我国部分城市妇女参与健身健美运动的动机及其影响因素的研究.浙江体育科学,1998,20(6):59-62.

[135] 饶传坤.城市社区体育设施现状及发展对策研究——以杭州市城西居住

区为例.中国体育科技,2007,43(1):16-20,48.

[136] 任金远.我国农民体育发展的主要影响因素.体育科学研究,2009,13(1):19-21.

[137] 苏慧.关于城市夏季高温危害及其防御问题的研究.铁道师院学报,1994,11(4):50-55.

[138] 苏家文,赵少雄.海南大学生休闲体育动机的调查与分析.琼州大学学报,2005,12(5):67-69.

[139] 苏雪串.城市化与城乡收入差距.中央财经大学学报,2002(3):42-45.

[140] 孙葆丽,孙葆洁,潘建林.我国群众体育发展的历史回顾.体育科学,2000,20(1):13-16.

[141] 孙凡发.天津滨海新区城乡群众体育活动现状与对策研究.天津师范大学硕士学位论文,2013.

[142] 孙芳萍,陈传锋.被征地新居民市民化过程中的休闲融合研究.浙江万里学院学报,2008,21(6):52-56.

[143] 孙福林,何昉,徐艳,刘燕.我国体育公园建设发展的思考和建议.广东园林,2009(4):12-15.

[144] 孙晓强.体育参与的约束因素、参与动机与参与行为之关系研究——中国青年一代的实证分析.体育科学,2006,26(7):55-59.

[145] 孙义方,李向东,孙媛.中外全民健身活动中心体系发展的比较研究.山东体育科技,2010,32(2):89-91.

[146] 孙岳,马廉祯.对城市化和社会体育相互关系研究的综述.浙江体育科学,2006,28(2):21-25.

[147] 孙征,田雨普.城乡居民健身体育差异及原由探析.体育网刊,2014-5-20,检索自 http://www.Chinatyxk.com/gb/tywk_v.asp? andclassid=6&nclassid=35&bookid=757.

[148] 覃杏菊.城市公园游憩行为的研究——以北京海淀公园为例.北京林业大学硕士学位论文,2006.

[149] 汤晓铃.对影响老年人体育锻炼动机的社会学分析.成都体育学院学报,2000,26(4):30-33.

[150] 唐任伍.我国城镇化进程的演进轨迹与民生改善.改革,2013(6):27-33.

[151] 汪民安.如何体验城市?——城市文化研究读本·序言.国外理论动态,2008(1):72-74.

[152] 王爱丹,董晓春.大学生体育动机、态度与高校体育改革.北京体育大学

学报,2002,25(1):50-52,55.

[153] 王飞雄,张鲲,马连鹏.西安城市体育环境对居民体育生活的影响.辽宁体育科技,2007,29(4):9-11.

[154] 王怀建,张华新.嘉兴市南湖区城乡体育指导员发展现状的调查研究.内蒙古体育科技(季刊),2011,24(1):116-117.

[155] 王健,胡庆山.以人为本——农村体育"科学发展"的新理念.北京体育大学学报,2005,28(12):1602-1609.

[156] 王进.休闲与生活质量的理论辨析.体育科学,2005,25(11):62-65,91.

[157] 王凯珍.对北京市城市社区体育现状的研究——兼论社区体育的定义及构成要素.体育科学,1994,14(6):17-24.

[158] 王凯珍.社会转型与中国城市社区体育发展.北京体育大学博士学位论文,2004.

[159] 王立利,胡青梅,梁修.农村老年人从事运动休闲的动机与选择行为研究——以巢湖市农村老年人为例.淮北职业技术学院学报,2013,12(2):106-108.

[160] 王立新.城市开敞空间在城市中的作用和意义.甘肃科技纵横,2007,36(2):81,145.

[161] 王丽娟,张登舟.从农村和城市青少年娱乐看青少年成长——张掖市、昌吉州两地青少年娱乐现状调查.思想理论教育,2010(20):29-33.

[162] 王丽岩.休闲体育:人性的回归.沈阳体育学院学报,2004,23(2):204-205.

[163] 王亭亭.河北省环京津旅游休闲产业带发展宏观战略思路与对策研究.河北学刊,2009,29(6):231-235.

[164] 王玮.南京市老年人休闲动机与休闲制约研究.南京师范大学硕士学位论文,2007.

[165] 王肖,黄绍梅.气候变暖对旅游客流的影响机制分析——以国际主要旅游市场为例.商场现代化,2010(628):138-140.

[166] 王学锋.体育概念研究中的两种"硬伤"——从概念分析到转变思维方式兼与熊斗寅先生商榷.体育与科学,2004,25(6):21,42-44.

[167] 王彦斌,吴晓亮.城市住宅小区居民的生活方式与生活意愿——对昆明752个调查对象资料的基本分析.昆明师范高等专科学校学报,2000,22(1):82-86.

[168] 王业斌.基于主成分分析的城乡一体化综合评价——以广西为例.商业

时代,2012(2):134-135.

[169] 王重鸣.管理心理学.北京:人民教育出版社,2001.

[170] 王子敏.我国城市化与城乡收入差距关系再检验.经济地理,2011,31(8):1289-1293.

[171] 维克多·马莱."跛脚"的亚洲城市化.金融时报,2006-8-16,检索自http://www.ftchinese.com/story/001006262? full=y,2007-9-20.

[172] 闻一平,王少春.论休闲体育的价值.浙江体育科学,2004,26(4):73-75,83.

[173] 吴名标.老孙的"城里人"生活.钱江晚报,2006-9-6,http://qjwb.zjol.com.cn/html/2006-09/06/content_1200500.htm 运动天地,2007-10-20.

[174] 吴贻刚.中外休闲体育研究的现状与问题.上海体育学院学报,2003,27(3):39-43.

[175] 吴云红.浅析社会体育指导员在全民健身发展中的作用.科学咨询(科技·管理),2011(4):33.

[176] 吴耘,张兆才.安徽省马鞍山、芜湖、铜陵城市社区体育的现状与对策研究——街道办事处的现状分析和研究.安徽体育科技,2007,28(2):35-39.

[177] 武燕燕.上海市职业女性参加健身锻炼动机的特点与影响因素的研究——以体育舞蹈俱乐部的个案分析为例.华东师范大学硕士学位论文,2007.

[178] 席玉宝,高升,杨彬.试论休闲与休闲体育.中国体育科技,2004,40(1):51-54.

[179] 肖磊.城市公园地形设计方法与实践研究.南京林业大学硕士学位论文,2012.

[180] 肖荣波,欧阳志云,李伟峰,张兆明,Tarver Jr. Gregory.城市热岛的生态环境效应.生态学报,2005,25(8):2055-2060.

[181] 肖卫.工业化和城市化过程中的城乡收入差距研究——基于中国改革30年的实证分析.产经评论,2010(3):33-40.

[182] 新华网彭水频道.走进彭水.自然地理.检索自:http://www.cqps.gov.cn/node_37728.htm,2014-3-21.

[183] 邢建辉.制约石家庄市成年人参加体育锻炼的社会心理因素分析.河北体育学院学报,2005,19(4):85-86,98.

[184] 熊斗寅."体育"概念的整体性与本土化思考——兼与韩丹等同志商榷. 体育与科学,2004,25(2):8-12.

[185] 熊欢.城市化与市民体育的兴起——美中城市体育发展之比较.体育科学,2008,28(1):13-21.

[186] 熊茂湘.体育环境导论.北京:北京体育大学出版社,2003.

[187] 熊文,张尚晏.关于体育概念界定的哲学反思.体育学刊,2007,14(1):9-14.

[188] 徐颂峰,欧阳秀雄,刘烨.农村体育发展的制约因素及其对策研究.沈阳体育学院学报,2006,25(1):26-28.

[189] 徐文俊.乡镇公园的基础性研究.安徽农业大学硕士学位论文,2010.

[190] 徐小翔,杨静.不舍柳莺情.钱江晚报,2006-9-27.http://qjwb.zjol.com.cn/html/2006-09/27/content_1223103.htm,2007-10-20.

[191] 阎德柏.在景观中运动:户外运动的环境美学初探.沈阳体育学院学报,2012,31(5):139-140.

[192] 杨杰,周游.大学生体育活动特点及参与动机的调查分析.吉林体育学院学报,2005,21(2):143-144.

[193] 杨树,李英.重庆市社区老年人体育锻炼动机调查研究.中山大学学报论丛,2005,25(2):18-20.

[194] 姚耀军.非正规金融发展的区域差异及其经济增长效应.财经研究,2009,35(12):129-139.

[195] 叶平.业余体育活动参加者与体育专业学生内在和外在动机的比较.成都体育学院学报,1999,25(1):55-59.

[196] 殷恒婵,丁雪琴,张小燕,高朝.京港青少年参加体育运动类型及运动动机的对比研究.体育与科学,1999,20(116):43,51-54.

[197] 尹博.运用跨理论模型对大学生体育锻炼行为改变的实证研究.华东师范大学博士学位论文,2007.

[198] 尹长江.大学生体育兴趣和锻炼动机的调查研究.运城学院学报,2007,25(2):70-71.

[199] 印罗观.对普通高校大学生参与课外体育活动主要动机分析.南京体育学院学报,2006,20(6):72-74.

[200] 于可红,梁若雯.从休闲的界定论休闲体育.中国体育科技,2003,39(1):21-23,31.

[201] 于可红,钱利安.浙江省金融系统职工参与休闲体育制约因素的调查分

析.北京体育大学学报,2005,28(1):29-31,34.

[202] 于向.新农村体育发展的制约因素分析与对策研究.北京体育大学学报,
2007,30(6):745-747.

[203] 余学锋,许小冬.成年人参加运动活动的持久性及其影响因素.北京体育
大学学报,2002,25(5):616-617,635.

[204] 俞爱玲.农村社区居民休闲体育制约因素调查与分析.绍兴文理学院学
报(自然科学版),2008,28(7):80-84.

[205] 原油泄漏威胁休闲垂钓产业.钓鱼,2010(16):63.

[206] 曾华,胡蝶.四川省小城镇健身运动发展现状调查与分析.大众文艺,
2010(8):32-33.

[207] 曾谁芬.工作、生活目标与休闲参与之研究.私立东海大学社会学研究所
硕士学位论文,1988.

[208] 曾永忠,赵苏喆.促进身体锻炼行为的社会生态理论模型研究述评.福建
体育科技,2008,27(1):20-21.

[209] 张钢.体育专业大学生人际关系之研究.上海体育学院学报,1995(19):
60-64.

[210] 张宏成,王政,王红福.大学生自主体育活动影响因素与推进策略.南京
体育学院学报(社会科学版),2008,22(4):22-25.

[211] 张华岳,王庆庆.不同生源地大学生体育消费动机的比较分析.湖北广播
电视大学学报,2011,31(7):145-146.

[212] 张兰君,郑亚绒.大学生人际关系敏感的心理与运动训练干预.中国心理
卫生杂志,2014,18(5):314-315,325.

[213] 张磊,吕润.发展休闲产业带动中国城市化进程.商业研究,2003(261):
137-138.

[214] 张文桥.影响社区居民体育锻炼坚持性的环境因素研究.体育科技文献
通报,2008,16(3):10-12.

[215] 张燕中,王静.我国城市化进程与家庭体育发展的探讨.首都体育学院学
报,2003,15(3):7-9.

[216] 张永科,王宁,杨兰生.现阶段我国休闲体育发展研究.成都体育学院学
报,2002,28(4):23-26.

[217] 张妤.哈尔滨市城市公园使用状况评价初步研究.东北林业大学硕士学
位论文,2006.

[218] 赵承磊.从大学阳光体育开展困境析大学课余体育之选择.北京体育大

学学报,2012,35(1):87-91,110.

[219] 赵龙.大学生运动休闲阻碍因素的分析.四川大学硕士学位论文,2003.

[220] 赵英魁,李元.我国不同区域"全民健身活动中心"建设管理情况的比较研究.运动,2012(42):143.

[221] 郑勤.地理环境与体育文化.华中师范大学学报(自然科学版),1994,28(3):419-423.

[222] 郑向敏,宋伟.运动休闲的概念阐释与理解.北京体育大学学报,2008,31(3):315-317.

[223] 郑笑容.我国城市化进程中社区体育发展问题探讨.浙江体育科学,2004,26(4):71-72,103.

[224] 陈至立在 2004 年全国体育局长会议上的讲话.检索自 http://www.olympic.cn/rule_code/sound/2004-05-11/165519.html,2014-8-8.

[225] 中国群众体育现状调查课题组.中国群众体育现状调查与研究.北京:北京体育大学出版社,1998.

[226] 中央人民政府网.http://www.gov.cn/gongbao/content/2007/content_609913.htm,2008-3-18.

[227] 中央人民政府网.http://www.gov.cn/gongbao/content/2007/content_609913.htm,2008-4-18.

[228] 周丽君,于可红,莱利·汉斯利.影响中、美两国青少年参加体育活动因素的比较研究.中国体育科技,2007,43(4):27-31.

[229] 周一星.城市研究的第一科学问题是基本概念的正确性.城市规划学刊,2006(1):1-5.

[230] 周一星,冯健.应用"主城"概念要注意的问题.城市规划,2008(8):46-50.

[231] 周一星,于海波.中国城市人口规模结构的重构(一).城市规划,2004,28(6):49-55.

[232] 朱菊芳,张天峰.对大学生体育锻炼动机的调查与分析.南京体育学院学报(社会科学版),2002,16(2):29,70-71.

[233] 朱丽红.高校体育文化资源与城市社区体育发展的调查研究.哈尔滨体育学院学报,2007,25(1):35-36.

[234] 朱璇,朱海森.我国自然保护区发展生态旅游的问题和对策——来自神农架自然保护区的调查.生态经济,2007(11):136-140.

外文文献

Ajzen, I. (1985) . From intentions to actions: a theory of planned behavior. In J. Kuhl & J. Beckman (Eds.), *Action-control: From cognition to behavior* (pp. 11-39), Heidelberg: Springer.

Ajzen, I. & Fishbein, M. (1980). *Understanding attitudes and predicting socialBehaviour.* Englewood Cliffs, NJ: Prentice-Hall.

Alderman, R. B. & Wood, N. L. (1976). An analysis of incentive motivation in young Canadian athletes. *Canadian Journal of Applied Sport Sciences, 1* ,169-176.

Alexandria, K. & Carroll, B. (1997a). An analysis of leisure constraints based on different recreational sport participation levels: results from a study in Greece. *Leisure Sciences, 19* ,1-15.

Alexandria, K. & Carroll, B. (1997b). Demographic differences in the perception of constraints on recreational sport participation: results from a study in Greece. *Leisure Studies, 16* (2),107-125.

Alexandria, K, Grouios, G. , Tsorbatzoudis, H. , & Bliatsou, P. (2001). Relationship between perceived constraints and commitment to recreational sport participation of university students in Greece. *International Journal of Sport Management, 2* , 282-297.

Alexandris, K. , Tsorbatzoudis, C. , & Grouios, G. (2002). Perceived constraints on recreational sport participation: investigating their relationship with intrinsic motivation, extrinsic motivation and amotivation. *Journal of Leisure Research, 34* (3),233-252.

Antonucci, T. C. (1990). Social supports and social relationships. *Handbook of Aging and the Social Sciences, 3* ,205-226.

Appleyard, D. (1981). *Livable Streets.* Berkeley, CA: University of California Press.

Aspinall, P. , Mavros, P. , Coyne, R. , & Roe, J. (2013). The urban brain: analysing outdoor physical activity with mobile EEG. *British Journal of Sports Medicine* ,doi:10. 1136/bjsports-2012-091877.

Atkinson, J. W. (1964). *An Introduction to Motivation*. Oxford, England: Van Nostrand.

Aytur, S. A. , Rodriguez, D. A. , Evenson, K. R. , & Catellier, D. J. (2008). Urban containment policies and physical activity: a time-series analysis of metropolitan areas, 1990-2002. *American Journal of Preventive Medicine*, *34* (4),320-332.

Ball, K. , Bauman, A. , Leslie, E. , & Owen, N. (2001). Perceived environmental aesthetics and convenience and company are associated with walking for exercise among Australian adults. *Preventive Medicine*, *33* (5), 434-440.

Bandura A. (1986). *Social Foundations of Thought and Action*. Englewood Cliffs. NJ: Prentice-Hall.

Bandura, A. (1994). *Self-efficacy*. John Wiley & Sons, Inc.

Bandura, A. (1997). *Self-efficacy: The Exercise of Control*. New York: Freeman.

Banks-Wallace, J. & Conn, V. (2002). Interventions to promote physical activity among African American women. *Public Health Nursing*, *19* (5),321-335.

Barker, R. G. (1968). Ecological psychology: concepts and methods for studying theenvironment of human behavior. Stanford, CA: Stanford University Press.

Bauman, A. , Smith, B. , Stoker, L. , Bellew, B. , & Booth, M. (1999). Geographical influences upon physical activity participation: evidence of a "coastal effect." *The Australian and New Zealand Journal of Public Health*, *23* ,322-324.

Bélisle, M. , Roskies, E. , & Lévesque, J. M. (1987). Improving adherence to physical activity. *Health Psychology*, *6* (2),159-172.

Berger, B. G. & Owen, D. R. (1983). Mood alteration with swimming-swimmers really do "feel better." *Psychosomatic Medicine*, *45* , 425-433.

Berger, B. G. (1984b). Running toward psychological well-being: Special considerations for the female client. In M. L. Sachs & G. W. Buffone (Eds.), *Running as Therapy: An Integrated Approach* (pp. 172-197). Lincoln, NE: University of Nebraska Press.

Bertrais, S., Preziosi, P., Mennen, L., Galan, P., Hercberg, S., & Oppert, J. (2004). Sociodemographic and geographic correlates of meeting current recommendations for physical activity in middle-aged French adults: the supplementation en Vitamines etMinerrausAntioxydants (SUVIMAX) study. *American Journal of Public Health*, *94*, 1560-1566.

Binstock, R. H. & Spector, W. D. (1997). Five priority areas for research on long-term care. *Health Services Research*, *32* (5), 715-730.

Blanchard, A. & Horan, T. (1998). Virtual communities and socialcapital. *Social Science Computer Review*, *16*, 293-307.

Booth, M. L., Owen, N., Bauman, A., Clavisi, O., & Leslie, E. (2000). Social-cognitive and perceived environment influences associated with physical activity in older Australians. *Preventive Medicine*, *31* (1), 15-22.

Boothby, J., Tungatt, M. F., & Townsend, A. R. (1981). Ceasing participation in sports activity: reported reasons and their implications. *Journal of Leisure Research*, *13* (1), 1-14.

Bouchard, C. E., Shephard, R. J., & Stephens, T. E. (1994). Physical activity, fitness, and health: International proceedings and consensus statement. In *International Consensus Symposium on Physical Activity, Fitness, and Health*, *2nd*, *May*, 1992, *Toronto*, *ON*, *Canada*. Human Kinetics Publishers.

Boutcher, S. H. & Landers, D. M (1988). The effects of vigorous exercise on anxiety, heart rate, and alpha activity of runners and nonrunners. *Psychophysiology*. *25*, 696-702.

Bray, G. A. & Popkin, B. M. (1998). Dietary fat intake does affect obesity! *The American Journal of Clinical Nutrition*, *68* (6), 1157-1173.

Brière, N. M., Vallerand, R. J., Blais, M. R., & Pelletier, L. G. (1995). Développementet validation d'unemesure de motivation intrinsèque, extrinsèque etd'amotivation en contexte sportif: L'Échelle de Motivation dans les Sports(EMS) [On the development and validation of the French form of the SportMotivation Scale]. *International Journal of Sport Psychology*, *26*, 465-489.

Broomhall, M. H. (1996). *Study of the availability and environmentalquality of urban open space used for physical activity*. Master of public health dissertation, Department of Public Health, The University of Western Australia, Perth.

Brown, J. D. (1987). *Evaluating one's abilities: The self-assessment versusself-enhancement debate revisited*. Manuscript submitted forpublication.

Brown, P. R., Brown, W. J., Miller, Y. D., & Hansen, V. (2001). Perceived constraints and social support for active leisure among mothers with young children. *Leisure Sciences, 23*, 131-144.

Brown, W. J., Young, A. F., & Byles, J. E. (1999). Tyranny of distance? The health of mid-age women living in five geographical areas of Australia. *Australia Journal of Rural Health, 7*, 148-154.

Browne, M. W., & Cudeck, R. (1993). Alternative ways of assessing model fit. *Sage Focus Editions, 154*, 136-136.

Byrne, B. M. (2001). Structural equation modeling with AMOS, EQS, and LISREL: Comparative approaches to testing for the factorial validity of a measuring instrument. *International Journal of Testing, 1* (1), 55-86.

Canada Fitness Survey, (1983). *Fitness and Lifestyle in Canada*. Ottawa, Ontario: Fitness and Amateur Sport, Government of Canada.

Cannon, W. B. (1932). *The Wisdom of the Body*. New York: WWNorton & Co.

Caplan, G. (1974). *Support Systems and Community Mental Health: Lectures on Concept Development*. New York: Behavioral Publications.

Carlson, S. A., Guide, R., Schmid, T. L., Moore, L. V., Barradas, D. T., & Fulton, J. E. (2011). Public support for street-scale urban design practices and policies to increase physical activity. *Journal of Physical Activity and Health, 8* (1), S125-134.

Carmines, E. G., & McIver, J. P. (1981). Analyzing models with unobserved variables: Analysis of covariance structures. In G. W Bohrnstedt and E. E Borgata (Eds.), *Social measurement: Current Issues* (pp. 65-115). Beverly Hills, CA: Sage.

Carroll, B. & Alexandris, K. (1997). Perception of constraints and strength of motivation: their relationship to recreational sport participation in Greece. *Journal of Leisure Research, 29*, 279-299.

Caspersen, C. J., Powell, K., & Christenson, G. M. (1985). Physical activity, exercise and physical fitness: Definitions and distinctions for health-related research. *Public Health Reports*, *100*, 126-131.

Centers for Disease Control and Prevention. (2004). Self-reported physical inactivity by degree of urbanization: United States, 1996. *Morbidity and Mortality Weekly Report*, *47*, 1097-1100.

Chantal, Y., Guay, F., Dobreva-Martinova, T., & Vallerand. R. J. (1996). Motivation and elite performance: An exploratory investigation with Bulgarian athletes. *International Journal of Sport Psychology*, *27*, 173-182.

Chatzisarantis, N. L. D., Hagger, M. S., Biddle, S. J. H., Smith, B. & Wang, J. C. K. (2003). A metal-analysis of perceived locus of causality in exercise, sport, and physical education context. *Journal of Sport and Exercise Psychology*, *25*, 284-306.

Churchill Jr, G. A. & Peter, J. P. (1984). Research design effects on the reliability of rating scales: a meta-analysis. *Journal of Marketing Research*, Vol. XXI, 360-375.

Clark, D. O. (1995). Racial and educational differences in physical activity among older adults. *The Gerontologist*, *35* (4), 472-480.

Cohen, J. (1992). A power primer. *Psychological Bulletin*, *112* (1), 155.

Cohen, C, Evans, G. W., Stokols, D, & Krantz, D. S. (1986). *Behavior, Health, and Environmental Stress*. New York: Plenum.

Coogan, P. F., White, L. F., Adler, T. J., Hathaway, K. M., Palmer, J. R., & Rosenberg, L. (2009). Prospective study of urban form and physical activity in the black women's health study. *American Journal of Epidemiology*, *170* (9), 1105-1117.

Crawford, D. W. & Godbey, G. (1987). Reconceptualizing barriers to family leisure. *Leisure Sciences 9*, 119-127.

Crawford, D. W., Jackson, E. L., & Godbey, G. (1991). A hierarchical model of leisure constraints. *Leisure Sciences*, *13*, 309-320.

Csikszentmihalyi, M. (1975). *Beyond Boredom and Anxiety: The Experience of Play in Work and Games*. San Francisco, CA: Jossey-Bass

Curtis, H. S. (1915). *Education through Play*, New York, The Macmillan

Company.

Curtis, H. S. (1917). *The Play Movement and Its Significance*, New York: Macmillan Co.

Deci, E. L. (1975). *Intrinsic Motivation*. New York: Plenum.

Deci, E. L., & Ryan, R. M. (1985). *Intrinsic Motivation and Self-determination in Human Behavior*. New York, NY: Plenum.

Diamantopoulos, A., Siguaw, J. A., & Siguaw, J. A. (2000). *Introducing LISREL: A Guide for the Uninitiated*. Sage.

DiLorenzo, T. M., Stucky-Ropp, R. C., Vander Wal, J. S., & Gotham, H. J. (1998). Determinants of exercise among children. II. A longitudinal analysis. *Preventive Medicine*, *27* (3), 470-477.

Dishman, R. K. & Sallis, J. F. (1994). Determinants and interventions for physical activity and exercise. In C., Bouchard, R. J., Shephard, & T. Stephens (Eds.), *Physical Activity, Fitness, and Health: International Proceedings and Consensus Statement* (pp. 214-238.) Champaign, IL: HumanKinetics Publishers.

Doganis, G. (2000). Development of a Greek version of the sport motivation scale. *Perceptual and Motor Skills*, *90*, 505-512.

Dong, E. (2006). Leisure lifestyles in urban China a case study in Hangzhou, Chengdu, Beijing, Shanghai, Qingdao, and Shenzhen. Unpublished dissertation, Penn State University Dong, E. & Chick, G. (2012). Leisure constraints in six Chinese cities. *Leisure Sciences*, *34*, 417-435.

Duncan, M., Mummery, K., Steel, R., Caperchione, C., & Schofield, G. (2009). Geographical location, physical activity and perceptions of the environment in Queensland adults. *Health & Place*, *15*, 204-209.

Durkheim, E. (1897). *Le suicide* [Suicide]. Paris: Felix Alcan.

Dwyer, J. J. M. (1988). *Development of the Sports Intrinsic Motivation Scale (SIMS)*. Paper presented at the American Psychological Association Convention.

Ebben, W. & Brudzynski, L. (2008). Motivation and barriers to exercise among college students. *Journal of Exercise Physiology*, *11* (5),

1-11.

Eccles, J. S. , Adler, T. F. , Futterman, R. , Goff, S. B. , Kaczala C, M. , et al. (1983). Expectancies, values, and academic behaviors. inJ. R. Spence(Ed), *Achievement and Achievement Motivation* (pp. 75-146). San Francisco: Freeman.

Eccles, J. S. & Harold, R. (1991). Gender differences in sport involvement: Applying the Eccles expectancy-value model. *Journal of Applied Sport Psychology, 3* ,7-35.

Eccles, J. S. & Wigfield, A. (1995). In the mind of the actor: The structure of adolescents' achievement task values and expectance-related beliefs. *Personality and Social Psychology Bulletin, 21* (3),215-225.

Eccles, J. S. & Wigfield, A. (2002). Motivation beliefs, values and goals. *Annual Review of Psychology, 53* , 109-132.

Evans, G. W. (1999). Measurement of the physical environment as a stressor. In S. L Friedman & T. D. Wachs (Eds.), *Measuring Environment across the Lifespan: Emerging Methods and Concepts.* American Psychological Association,249-277.

Evans, G. W. & Lepore, S. J. (1993). Household crowding and social support: a quasiexperimental analysis. *Journal of Personality and Social Psychology 65* , 308-16.

Eyler, A. A. , Baker, E. , Cromer, L. , King, A. C. , Brownson, R. C. , & Donatelle, R. J. (1998). Physical activity and minority women: a qualitative study. *Health Education & Behavior ,25* (5),640-652.

Eyler, A. A. , Brownson, R. C. , Donatelle, R. J. , King, A. C. , Brown, D. , & Sallis, J. (1999). Physical activity social support and middle- and older-aged minority women: Results from a US survey. *Social Science and Medicine , 49* , 781-789.

Fishbein, M. & Ajzen, I. (1975). *Belief, Attitude, Intention, and Behavior.* Reading. MA: Addison-Wesley.

Fitzhugh, E. C. , Bassett Jr, D. R. , & Evans, M. F. (2010). Urban trails and physical activity: anatural experiment. *American Journal of Preventive Medicine , 39* (3),259-262.

Foster, C. , Hillsdon, M. , & Thorogood, M. (2004). Environmental perceptions and walking in English adults. *Journal of Epidemiology and Community Health*, *58* (11),924-928.

Foster, M. F. (1992). Health promotion and life satisfaction in elderly black adults. *Western Journal of Nursing Research*, *14*,444-463.

Fotheringham, A. S. (1981). Spatial structure and distance-decay parameters. *Annals of the Association of American Geographers*, *71* (3), 425-436.

Francken, D. A. & Raaij, F. V. (1981). Satisfaction with leisure time activities. *Journal of Leisure Research*, *13* (4),337-352.

Frankish, C. J., Milligan, C. D., & Reid, C. (1998). A review of relationships between active living and determinants of health. *Social Science and Medicine*, *47* (3),287-301.

Frederick, C. M. & Ryan, R. M. (1993). Differences in motivation for sport and exercise and their relationships with participation and mental health. *Journal of Sport Behavior*, *16*,125-145.

Freysinger, V. J. & Chen, T. (1993). Leisure and family in China: The impact of culture. *World Leisure and Recreation*, *35*,22-24.

Fry,D. A. P., McClements, J. D., & Sefton,J. M. (1981). A report on participation in the Saskatoon Hockey Association. Saskatoon, Canada: SASK Sport.

Gao, G., Ting-Toomey, S., & Gudykunst, W. B. (1996). Chinese communication processes. In M. H. Bond (Ed.). *The Handbook of Chinese Psychology*(pp. 280-293). New York, NY: OxfordUniversity Press.

Gaskin, J. (2012). "Data screening", Gaskination'sStatWiki. http:// statwiki. kolobkreations. com/wiki/Main_Page. On August 14, 2014.

Gilbert, D. & Hudson, S. (2000). Tourism demand constraints: A skiing participation. *Annals of Tourism Research*, *27* (4), 906-925.

Giles-Corti, B. (1998). *The Relative Influence of, and Interaction between, Environmental and Individual Determinants of Recreational Physical Activity in Sedentary Workers and Home Makers*. Ph. D. thesis, Department of Public Health,TheUniversity of Western Australia,Perth.

Giles-Corti, B. & Donovan, R. J. (2002a). Socioeconomic status differences in recreational physical activity levels and real and perceived access to a supportive physical environment. *PreventiveMedicine*, *35* (6),601-611.

Giles-Corti, B. & Donovan, R. J. (2002b). The relative influence of individual, social and physical environment determinants of physical activity. *Social Science and Medicine*, *54*, 1793-1812.

Giles-Corti, B., & Donovan, R. J. (2003). Relative influences of individual, social environmental, and physical environmental correlates of walking. *American Journal of Public Health*, *93* (9),1583-1589.

Giles-Corti, B., Donovan, R. J., & Holman, D. (1997). Factors influencing the use of physical activity facilities: results from qualitative research. *Health Promotion Journal of Australia 7*, 16-21.

Gill, D., Gross, J. B., & Huddleston, S. (1983). Participation motivation in youth sports. *InternationalJournal of Sport Psychology*, *14*, 1-14.

Godbey, G., Crawford, D., & Shen. S. (2010). Assessing hierarchical leisure constraintstheory after two decades. *Journal of Leisure Research*, *42* (1),111-134.

Goodchild, M. F. & Booth, P. J. (1980). Location and allocation of recreation facilities: public swimming pools in London, Ontario. *Ontario Geography*, *15*, 35-51.

Gorokhov, V. A. & Lunts, L. B. (1985). *Parkimira* (*Parks of theWorld*), Moscow: Stroiizdat. Hamer, M., Karageorghis, C. I., & Vlachopoulos, S. P. (2002). Motives for exercise participation as predictors of exercise dependence among endurance athletes. *Journal of Sports Medicine and Physical Fitness*, *42*, 233-238.

Hansen, W. G. (1959). How accessibility shapes land use. *Journal of the American Institute of Planners*, *25* (2),73-76.

Hansmann, R., Hug, S. M., & Seeland, K. (2007). Restoration and stress relief through physical activities in forests and parks. *Urban Forestry and Urban Greening*, *6* (4),213-225.

Harrington, M., Dawson, D., & Bolla, P. (1992). Objective and subjective constraints on women'senjoyment of leisure. *Loisir et Societe/Society and Leisure*, *15* (1),203-221.

Harris, J. C. (1984). Interpreting youth baseball: Players' understandings of fun and excitement, danger, and boredom. *Research Quarterly for Exercise and Sport*, *55* (4),379-382.

Harter, S. (1982). The perceived competence scale for children. *Child Development*, *53* ,87-97.

Hatch, J. W. & Voorhoost, S. (1992). The church as a resource for health promotion activities in the black community. In D. M. Becker, D. R. Hill, J. S. Jackson, et al. (Eds.) *Health BehaviorResearch in Minority Populations: Access, Design and Implementation*. Washington: U. S. Govt. Printing Office; NIH Publication No. 92-2965.

Healey, W. E., Reed, M., & Huber, G. (2013). Creating a community-physical therapy partnership to increase physical activity in urban African-American adults. *Progress in Community Health Partnerships: Research, Education, and Action*, *7* (3),255-262.

Heesch, K. C., Brown, D. R., & Blanton, C. J. (2000). Perceived barriers to exercise and stage of exercise adoption in older women of different racial/ethnic groups. *Women's Health*, *30* (4),62-76.

Heine, S., Kitayama, S., Lehman, D. R., Takata, T., ide, E., Leung, C., & Matsumoto, H. (2001). Divergent consequence of success and failure in Japan and North America: An investigation of self-improving motivations and malleable selves. *Journal of Personality and Social Psychology*, *81* ,599-615.

Henderson, K. A. & Ainsworth, B. E. (2003). A synthesis of perceptions about physical activity among older African American and American Indian women. *American Journal of Public Health*, *93* (2), 313-317.

Henderson, K. A. & Bialeschki, M. D. (1991) A sense of entitlement to leisure as constraint and empowerment for women. *Leisure Sciences*, *13* , 51-65.

Henderson, K. A. & Bialeschki, M. D. (1993). Negotiating constraints to women's physical recreation. *Loisir et Society/Society and Leisure*, *16* (2),389-412.

Henderson, K. A., Bialeschki, M. D., & Liemohn, W. (1991). Women and the meaning of physical recreation. Paper presented at the

Abstracts of Research Papers presented at the San Francisco, California *Convention of American Alliance for Health, Physical Education, Recreation and Dance*. Reston, VA: USA.

Henderson, K. A., Neff, L. J., Sharpe, P. A., Greaney, M. L., Royce, S. W., & Ainsworth, B. E. (2001). "It takes a village" to promote physical activity: The potential for public park and recreation departments. *Journal of Park and Recreation Administration*, *19* (1), 23-41.

Henderson, K. A. & Shaw, S. M. (2003). Leisure research about gender and men: The weaker link. In 2003 *Leisure Research Symposium Abstracts*.

Henderson, K. A., Stalnaker, D., & Taylor, G. (1988). The relationship between barriers to recreation and gender-role personality traits for women. *Journal of leisure Research*, *20* (1), 69-80.

House, J. S. (1981). *Work stress and social support*. Reading, Mass: Addison-Wesley.

House, J. S., Kahn, R. L., McLeod, J. D., & Williams, D. (1985). Measures and concepts of social support. in S. Cohen & S. L. Syme (Eds.), *Social Support and Health* (pp. 83-108). New York: Academic Press, Inc.

House, J. S., Umberson, D., & Landis, K. R. (1988). Structures and processes of social support. *Annual Review of Sociology*, *14*, 293-318.

Hovell, M. F., Sallis, J. F., Hofstetter, C. R., Spry, V. M., Faucher, P., & Caspersen, C. J. (1989). Identifying correlates of walking for exercise: an epidemiologic prerequisite for physical activity promotion. *Preventive Medicine*, *18* (6), 856-866.

Hubbard, J. & Mannell, R. (2001). Testing competing models of the leisure constraint and negotiation process in a corporate employee recreation setting. *Leisure Sciences*, *23*, 145-163.

Jackson, E. L. (1988). Leisure constraints: A survey of past research. *Leisure Sciences*, *10* (3), 203-205.

Jackson, E. L. (2000). Will research of constraints still be relevant in the twenty-first century? *Journal of Leisure Research*, *32*, 62-69.

Jackson, E. L. (2005) *Constraints to Leisure*. State College, PA: Venture Publishing.

Jackson, E. L. & Dunn, E. (1991). Is constrained leisure an internally homogeneous concept? *Leisure Sciences*, *13* (3),167-184.

Jackson, E. L. , Henderson K. A. (1995). Gender-based analysis of leisure constraints. *Leisure Sciences*, *17* (1),31-51.

Jackson, E. L. & Rucks, V. C. (1993). Reasons for ceasing participation and barriers to participation: Further examination of constrained leisure as an internally homogeneous concept. *Leisure Sciences*, *15* (3), 217-230.

Jackson, E. L. & Scott, D. (1999). Constraints to leisure. In E. L. Jackson & T. L. Burton (Eds.), *Leisurestudies: Prospects for the* 21st *century* (pp. 299-321). State College, PA: Venture Publishing.

Jackson, S. A. , Ford, S. K. , Kimiecik, J. C. , & Marsh, L. W. (1998). Psychological correlates of flow in sport. *Journal of Sport and Exercise Psychology*, *20* , 358-378.

Janis, I. & Mann, L. (1979). *Decision Making. A Psychological Analysisof Conflict*, *Choice*, *and Commitment*. New York, ·The Free Press, A divisionof Macmillan Inc.

Jones, M. (1996). The relationship of perceived benefits of and barriers to reported exercise in older African American women. *Public Health Nursing* ,*13* (2),151-158.

Jones, M. & Nies, M. (1996). The relationship of perceived benefits of and barriers to reported exercise in older African American women. *Public Health Nursing*, *13* ,151-158.

Kaplan. R. & Kaplan, S. (1989). *The Experience of Nature: a Psychological Perspective*. New York: Cambridge University Press.

Kay, T. & Jackson, G. (1991). Leisure despite constraint: the impact of leisure constraints on leisure participation. *Journal of Leisure Research* , *23* , 301-313.

Kim, S. I. & Fesenmaier, D. R. (1990). Evaluating spatial structure effects in recreation travel. *Leisure Sciences*, *12* (4),367-381.

King, A. C. (1995). Environmental and policy approaches to cardiovascular disease prevention through physical activity: issues and opportunities. *Health Education andBehavior* , *22* (4),499-511.

King, A. C., Castro, C., Wilcox, S., Eyler, A. A., Sallis, J. F., & Brownson, R. C. (2000). Personal and environmental factors associated with physical inactivity among different racial-ethnic groups of U. S. middle-aged and older-aged women. *Health Psychology*, *19* (4),354-364.

King, A. C. & Frederiksen, L. W. (1984). Low-cost Strategies for increasing exercise behavior relapse preparation training and social support. *Behavior Modification*, *8* (1),3-21.

King, A. C., Jeffery, R. W., Fridinger, F., Dusenbury, L., Provence, S., Hedlund, S. A., & Spangler, K. (1995). Environmental and policy approaches to cardiovascular disease prevention through physical activity: issues and opportunities. *Health Education Quarterly*, *22* (4), 499-511.

King, A. C., Stokols, D., Talen, E, Brassington, G. S., & Killingsworth, R. (2002). Theoretical approaches to the promotion of physical activity forging a transdisciplinary paradigm. *American Journal of Preventive Medicine*, *23* (2Suppl),15-25.

Knox, P. L. (1978). Territorial social indicators and area profiles. *Town Planning Review*, *41* (9),75-83.

Koivula, N. (1999). Sport participation: Differences in motivation and actual participation due to Gender Typing *Journal of Sport Behavior*, *22* (3),360-378.

Korpela, K. & Hartig, T. (1996). Restorative qualities of favorite places. *Journal of Environmental Psychology*, *16* ,221-233.

Krenichyn, K. (2006). 'The only place to go and be in the city': women talk about exercise, being outdoors, and the meanings of a large urban park. *Health and Place*, *12* (4),631-643.

Kuo, J., Voorhees, C. C., Haythornthwaite, J. A., & Young, D. R. (2007). Associations between family support, family intimacy, and neighborhood violence and physical activity in urban adolescent girls. *AmericanJournal of Public Health*, *97* (1),101-103.

Lane, N. E., Block, D. A., Jones, H. H., Marshall, W. H., Wood, P. D. PhD; Fries, J. F. (1986). Long distance running, bone density, and osteoarthritis. *Journal of the American Medical Association*, *9* ,1147-1151.

Lazarus, R. (1966). *Psychological Stress and the Coping Process*. New York: McGraw-Hill.

Lefebvre, H. (1995). *Introduction to Modernity: Twelve Preludes*, *September* 1959-*May* 1961. London: Verso, 168-238.

Leslie, E., Owen, N., Salmon, J., Bauman, A., Sallis, J. F., & Lo, S. K. (1999). Insufficiently activeAustralian college students: perceived personal, social, and environmental influences. *Preventive medicine*, 28 (1), 20-27.

Lewin, K., Dembo, T., Festinger, L., & Sears, P. S. (1994). Level of aspiration, in J. McV. Hunt (Ed.), *Personaltiy and the Behavior Disorder* (pp. 333-378), New York: Ronald.

Li, F., & Harmer, P. (1996). Testing the simplex assumption underlying the sport motivation scale. *Research Quarterly for Exercise and Sport*, 67, 396-405.

Long, B. C. (1983). Aerobic conditioning and stress reduction: Participation or conditioning? *Human Movement Science*, 2, 171-186.

Long, B. C. & Haney, C. J. (1988a). Coping strategies for working women: Aerobic exercise and relaxation intervention. *Behavior Therapy*. 19, 75-83.

Long, B. C. & Haney, C. J. (1988b). Long-term follow-up of stressed working women: A comparisonof aerobic exercise and progressive relaxation. *Journal of Sport and Exercise Psychology*, 10, 461-470.

Long, B. C. (1985). Stress-management interventions: A 15-month follow-up of aerobic conditioning and stress inoculation training. *Cognitive Therapy and Research*, 9, 471-478.

Luepker, R. V., Perry, C. L., McKinlay, S. M., Nader, P. R., Parcel, G. S., Stone, E. J., Webber, L. S. Elder, J. P., Feldman, H. A., Johnson, C. C., Kelder, S. H., & Wu, M. (1996). Outcomes of a field trial to improve children's dietary patterns andphysical activity: the Child and Adolescent Trial for Cardiovascular Health (CATCH). *JAMA*, 275 (10), 768-776.

Lynch, K. (1960). *The Image of the City*. Cambridge, MA: MIT Press. Macintyre, S., Maciver, S., & Sooman, A. (1993). Area, class and health: should we be focusing on places or people? *Journal of Social Policy*, *22* (2),213-234.

Mallett, C. J. , Kawabata, M. , Newcombe, P. , Otero-Forero, A. , & Jackson, S. (2007). Sport Motivation Scale-6 (SMS-6): A revised six-factor sport motivation scale. *Psychology of Sport and Exercise*, *8* , 600-614.

Mannell, R. C. & Kleiber, D. A. (1997). *A SocialPsychology of Leisure*. State College, PA: Venture Publishing.

Marcus, B. H. & Stanton, A. L. (1993). Evaluation of relapse prevention and reinforcement interventions to promote exercise adherence in sedentary females. *Research Quarterly for Exercise and Sport*, *64* (4), 447-452.

Marlatt, G. A. & Gordon, J. R. (1985). *Relapse Prevention: Maintenance Strategies in Addictive Behavior Change*, New York: Guilford.

Martin, J.E. , Dubbert, P. , Katell, A. , Thompson, J. K. , Raczynski, J. R. , Lake,M. , Smith, P. O. , Webester, J. S, Sikora, T. & Cohen, R. (1984). Behaviour control of exercise in sedentary adults. *Journal of Consulting and Clinical Psychology*, *52* , 795-811.

Maslow, A. H. (1943). A theory of human motivation psychological review. *Psychological Review* ,*50* (4),370-396.

Mayo, K. (1992). Physical activity practices among African American working women. *Qualitative Health Research* , *2* , 318-333.

McAuley, E. , Duncan, T. E. , & Tammen, V. V. (1989). Causal attributions and affective reactions to disconfirming outcomes in motor performance. *Journal of Sport and Exercise Psychology*, *11* (2),187-200.

McElroy, M. (2002). *Resistance to Exercise: A Social Analysis of Inactivity*. Champaign, Ill: Human Kinetics.

McGuire, F. A. (1984). A factor analytic study of leisure constraints in advanced adulthood. *Leisure Sciences* , *6* , 313-326.

McLeroy, K. R. , Bibeau, D. , Steckler, A. , & Glanz, K. (1988). An ecological perspective onhealth promotion programs. *Health Education* , *15* , 351-77.

McNeill, L. H. , Kreuter, M. W. , & Subramanian, S. V. (2006). Social environment and physical activity: a review of concepts and evidence.

Social Science and Medicine, *63* (4),1011-1022.

Milo, N. (1986). Multisectoral policy and health promotion: Where to begin? *Health Promotion International*, *1* (2),129-132.

Minkler, M. (1989). Health education, health promotion and the open society: an historical perspective. *Health Education andBehavior*, *16* (1), 17-30.

Minkler, M. , & Wallerstein, N. (1997). Improving health through community organization and community building. In K. Glanz, F. M. Lewis, B. K. Rimer, et al. (Eds.),*Health Behavior and Health Education: Theory, Research, and Practice*. San Francisco: Jossey-Bass.

Mock, S. , Mannell, R. C. , & Guttentag, D. (in press). Psychology of leisure, positive psychology, and "psychologizing" leisure theory. In G. J. Walker, D. Scott, & M. Stodolska (Eds.), *Leisure Matters: The State and Future of Leisure Studies*. State College, PA: Venture.

Morgan, W. P. (1987). Reduction of state anxiety following acute physical activity. In W. P. Morgan & S. E. Goldston (Eds.), *Exercise and Mental Health* (pp. 105-109). Washington, DC: Hemisphere.

Navarro, J. E. J. , Sanz, J. L. G. , Del Castillo, J. M. , Izquierdo, A. C. , & Rodríguez, M. M. (2007). Motivational factors and physician advice for physical activity in older urban adults. *Journal of Aging and Physical Activity*, *15* (3),241-256.

Nelson, L. , Badger, S. , & Wu, B. (2004). The influence of culture in emerging adulthood: Perspectives of Chinese college students. *International Journal of Behavioral Development*, *28* , 26-36.

Newman, O. (1973). *Defensible Space: Crime Prevention through Urban Design*. New York: Collier Books.

Nies, M. A. , Reisenberg, C. E. , Chruscial, H. L. , & Artibee, K. (2003). Southern women's response to a walking intervention. *Public Health Nursing*, *20* , 146-152.

Nies, M. A. , Troutman-Jordan, M. , Branche, D. , Moore-Harrison, T. , & Hohensee, C. (2013). Physical activity preferences for low-income sedentary urban African American older adults. *Journal of Gerontological Nursing*, *39* (6),20-29.

Nies, M. A., Vollman, M., & Cook, T. (1999). African American women's experiences with physical activity in their daily lives. *Public Health Nursing*, *16* (1),23-36.

Ntoumanis, N. (2001). A self-determination approach to the understanding of motivation in physical education. *British Journal of Educational Psychology*, *71* (2),225-242.

Nunnally, J. C. (1978). *Psychometric Theory*. New York: McGraw-Hill. Ojiambo, R. M., Easton, C., Casajús, J. A., Konstabel, K., Reilly, J. J., & Pitsiladis, Y. (2012). Effect of urbanization on objectively measured physical activity levels, sedentary time, and indices of adiposity in Kenyan adolescents. *Journal of Physical Activity and Health*,*9*,115-123.

Ortega, F. B., Ruiz, J. R., Labayen, I., Martínez-Gómez, D., Vicente-Rodriguez, G., Cuenca-García, M., et al., & Castillo, M. J. (2014). Health inequalities in urban adolescents: role of physical activity, diet, and genetics. *Pediatrics*, *133* (4),e884-895.

Paffenbarger, R. S., Wing, A. L., & Hyde, R. T. (1978). Physical activity as an index of heart attack risk in college alumni. *American Journal of epidemiology*, *108* (3),161-175.

Paffenbarger, R. S., Wing, A. L., Hyde R. T., & Jung, D. L. (1983). Physical activity and incidence of hypertension in college alumni. *American journal of epidemiology*, *117* (3),245-257.

Palm,J. (1978). Mass media and the promotion of sports for all. In F. Landry & W. Orban,(Eds.),*Physical Activity and Human Well being*(pp. 273-279). Miami, FL: Symposium Specialists.

Parks, S. E., Housemann, R. A., & Brownson, R. C. (2003). Differential correlates of physical activity in urban and rural adults of various socioeconomic backgrounds in the United States. *Journal of Epidemiology and Community Health*, *57*,29-35.

Patra, L., Mini, G. K., Mathews, E., & Thankappan, K. R. (2013). Doctors' self-reported physical activity, their counselling practices and their correlates in urban Trivandrum, South India: should a full-service doctor be a physically active doctor? *British Journal of Sports Medicine*. Doi: 10. 1136/bjsports-2012-091995.

Pearce, J. R. & Maddison, R. (2011). Do enhancements to the urban built environment improve physical activity levels among socially disadvantaged populations. *International Journal for Equity in Health*, *10* (1),1-9.

Pelletier, L. G. , Vallerand, R. J. , & Sarrazin, P. (2007). The revised six-factor Sport Motivation Scale (Mallett, Kawabata, Newcombe, Otero-Forero, & Jackson, 2007): Something old, something new, and something borrowed. *Psychology of Sport and Exercise*,*8* ,615-621.

Pelletier, L. G. , Fortier, M. S. , Tuson, K. M. , & Briere, M. N. (1995). Toward a new measure of intrinsic motivation, extrinsic motivation, and amotivation in sport : The sport motivation scale (SMS). *Journal of Sport & Exercise Psychology*, *17* ,35 - 53.

Perkins, D. , Meeks, J, & Taylor, R. (1992). The physical environment of street blocks and resident perceptions of crime and disorder: implications for theory and measurement. *Journal of Environmental Psychology*, *12* ,21-34.

Petri, H. L. (1981). *Motivation: Theory, Research andApplications*. Wadsworth, Belmont, CA.

Prior, G. (1999). Physical activity, InB. Erens & P. Primatesta (Eds.),*Health Survey for England: Cardiovascular Disease* 98, *Volume* 1 *Findings*. London: Stationery Office.

Prochaska, J. O. (1979). *Systems of Psychotheapy: A TranstheoreticalAnalysis*. Homewood, IL: Dorsey Press.

Putnam, R. D. (1995). Bowling alone: America's declining social capital. *Journal of Democracy*,*6* ,68.

Quick, J. D. , Nelson, D. L. , Matuszek, P. A. , Whittington, J. L. , & Quick. J. C. (1996). Social support, secureattachments, and health. In G. L. Cooper (Ed.), *Handbook of Stress*, *Medicine*, *and Health* .CRC Press, Inc.

Rastogi, D. , Khan, U. I. , Isasi, C. R. , & Coupey, S. M. (2012). Associations of obesity and asthma with functional exercise capacity in urban minority adolescents. *Pediatric Pulmonology*, *47* (11),1061-1069.

Raymore, L. A. , Godbey, G. , Crawford, D. W. , & Von Eye, A.

(1993). Nature and process of leisure constraints: An empirical test. *Leisure Sciences*, *15*, 99-113.

Reis, J. P., Bowles, H. R., Ainsworth, B. E., Dubose, K. D., Smith, S., & Lalitka, J. N. (2004). Nonoccupational physical activity by degree of urbanization and US geographic region. *Medicine and Science in Sport Exercise*, *36*, 2093-2098.

Richardson, E. A., Pearce, J., Mitchell, R., & Kingham, S. (2013). Role of physical activity in the relationship between urban green space and health. *Public Health*, *127* (4), 318-324.

Ries, A. V., Voorhees, C. C., Roche, K. M., Gittelsohn, J., Yan, A. F., & Astone, N. M. (2009). A quantitative examination of park characteristics related to park use and physical activity among urban youth. *Journal of Adolescent Health*, *45* (3), S64-S70.

Romsa, G., & Hoffman, W. (1980). An application of nonparticipation data in recreation research: testing the opportunity theory. *Journal of Leisure Research*, *12* (4), 321-328.

Rostow, W. W. (1971). *Politics and the Stages of Growth*. Cambridge Books.

Ryan, A. J. (1983). Exercise is medicine. *The Physician and Sportsmedicine*. 11:10

Ryan, R. M., Frederick, C. M., Lepes, D., Rubio, N., & Sheldon, K. M. (1997). Intrinsic motivation and exercise adherence. *International Journal of Sport Psychology*, *28*, 335-354.

Ryan, R. M., & Deci, E. L. (2000). Intrinsic and extrinsic motivations: classic definitions andnew directions. *Contemporary Educational Psychology*, *25*, 54-67.

Ryan, R. M., Frederick, C. M., Lepes, D., Rubio, N., & Sheldon, K. M. (1997). Intrinsic motivation and exercise adherence. *International Journal of Sport Psychology*, *28*, 335-354.

Sallis, J. F., Bauman, A., & Pratt, M. (1998). Environmental and policy interventions topromote physical activity. *America Journal of Preventive Medicine*, *15*, 379-397.

Sallis J. Cervero R, Ascher. W, Henderson K., Kraft M, & Kerr. J.

(2006). An Ecological Approach to Creating Active Living Communities. *Annual Review of Public Health*, *27*, 297-322.

Sallis, J. F., Hovell, M. F., Hofstetter, C. R., & Barrington, E. (1992). Explanation of vigorous physical activity during two years using social learning variables. *Social Science & Medicine*, *34* (1), 25-32.

Sallis, J. F., Hovell, M. F., Hofstetter, C. R., Elder, J. P., Hackley, M., Caspersen, C. J., & Powell, K. E. (1990). Distance between homes and exercise facilities related to frequency of exercise among San Diego residents. *Public Health Reports*, *105* (2), 179-185.

Sallis, J. F. & Hovell, M. F. (1990). Determinants of exercise behavior. In J. O. Holloszy & K. B. Pandolf (Eds). *Exercise and Sport Sciences Reviews* (pp. 307-330). Baltimore, MD: Williams & Wilkins.

Sallis, J. F., Hovell, M. F., & Richard Hofstetter, C. (1992). Predictors of adoption and maintenance of vigorous physical activity in men and women. *Preventive Medicine*, *21* (2), 237-251.

Sallis, J. F. & Owen, N. G. (1998). *Physical Activity and Behavioral Medicine*. Thousand Oaks, CA: Sage.

Sallis, J. F., Richard Hofstetter, C., Faucher, P., Elder, J. P., Blanchard, J., Caspersen, C. J., ... & Christenson, G. M. (1989). A multivariate study of determinants of vigorous exercise in a community sample. *Preventive Medicine*, *18* (1), 20-34.

Samdahl, D. M., Jekubovich, N. J. (1997). A Critique of Leisure constraints: Comparative analyses and understandings. *Journal of Leisure Research*, *29* (4), 430-452.

Sampson, R. J., Raudenbush, S. W., & Earls, F. (1997). Neighborhoods and violent crime: A multilevel study of collective efficacy. *Science*, *277* (5328), 918-924.

Sanderson, B. K., Foushee, H. R., Bittner, V., Cornell, C. E., Stalker, V., Shelton, S., & Pulley, L. (2003). Personal, social, and physical environmental correlates of physical activity in rural African-American women in Alabama. *American journal of preventive medicine*, *25* (3), 30-37.

Sanders-Phillips K. (2000). Health promotion in ethnic minority families: the impact of exposure to violence. In J. M. Schneider & D. Stokols (Eds.),*Promoting Human Wellness: New Frontiers for Research , Practice, and Policy*(pp. 294-324). Berkeley, CA: University of California Press.

Sarrazin, P. , Vallerand, R. , Guillet, E. , Pelletier, L. G. , & Curry, F. (2001). Motivation and dropoutin female handballers: A 21-month prospective study. *European Journal of SocialPsychology*, *32* , 395-418.

Schoggen, P. (1989). *Behavior Settings: a Revision and Extension of Roger G. Barker's Ecological Psychology*. Stanford, CA: Stanford University Press.

Seals, D. R. & Hagberg, J. M. (1984). The effect of exercise training on human hypertension: a review. *Medicine and Science in Sports and Exercise*, *16* ,207-215.

Searle, M. S. & Jackson, E. L. (1985a). Socioeconomic variation and barriers to recreation participation among would-be participants. *Leisure Sciences*, *7* , 227-249.

Seclén-Palacín, J. A. , & Jacoby, E. R. (2003). Sociodemographic and environmental factors associated with sports physical activity in the urban population of Peru. *Revista Panamericana de SaludPública* , *14* (4), 255-264.

Shao, J. F & Shen, H. Y. (2010). Some views about the high cost of medical care in China. *Southeast Asian Journal of Tropic Medicine and Public Health* , *41* (1),240-242.

Shaw, S. M. , Bonen, A. , & McCabe, J. F. (1991). Do more constraints mean less leisure? Examining the relationship between constraints and participation. *Journal of Leisure Research* , *23* ,286-300.

Siegel, S. R. , Malina, R. M. , Peña Reyes, M. E. , Cárdenas Barahona, E. E. , & Cumming, S. P. (2011). Correlates of physical activity and inactivity in urban Mexican youth. *American Journal of Human Biology*, *23* (5),686-692.

Siscovick, D. S. , Laporte, R. E. , Newman, J. F. (1985). The disease-specific benefits and risks of physical activity and exercise. *Public Health Reports* , *100* ,180-188.

Sit, C. H. P. , Kerr, J. H. , & Wong, I. T. F. (2008). Motives for and barriers to physical activity participation in middle-aged Chinese women. *Psychology of Sport and Exercise*, *9*, 266-283.

Son, J. S., Mowen, A. J., & Kerstetter, D. L. (2008). Testing alternative leisure constraint negotiation models: An extension of Hubbard and Mannell's study. *Leisure Sciences*, *30* (3), 198-216.

Sorokin, P. & Zimmerman, C. C. (1929). *Principles of Rural-urban Sociology*. New York: Henry Holt.

Ståhl, T., Rütten, A., Nutbeam, D., Bauman, A., Kannas, L., Abel, T., et al. & van der Zee, J. (2001). The importance of the social environment for physically active lifestyle—results from aninternational study. *Social Science and Medicine*, *52* (1), 1-10.

Steptoe, A. & Cox, S. (1988). Acute effects of aerobic exercise on mood. *Health Psychology*, *7* (4), 329-340.

Steptoe, A., Wardle, J., Fuller, R., Holte, A., Justo, J., Sanderman, R., & Wichstrøm, L. (1997). Leisure-time physical exercise: prevalence, attitudinal correlates, and behavioral correlates among young Europeans from 21 countries. *Preventive Medicine*, *26* (6), 845-854.

Steptoe, A. & Bolton, J. (1988). The short-term influence of high and low intensity physical exerciseon mood. *Psychology and Health*, *2*, 91-106.

Sternfeld, B., Ainsworth, B. E., & QuesenberryJr, C. P. (1999). Physical activity patterns in a diverse population of women. *Preventive Medicine*, *28* (3), 313-323.

Stevenson, H. M. & Burke, M. (1991). Bureaucratic logic in new social movement clothing: the limits of health promotion research. *Health Promotion International*, *6* (4), 281-289.

Stokols, D. (1992). Establishing and maintaining healthy environments: toward a social ecology of health promotion. *American Psychologist*, *47* (1), 6-22.

Stokols D. (1996). Translating social ecological theory into guidelines for healthpromotion. *American Journal Health Promotion*, *10*, 282-298.

Stokols, D. (1999). Human development in the age of the Internet: conceptual andmethodological horizons. In S. L. Friedman & T. D. Wachs (Eds.), *MeasuringEnvironment across the Lifespan: Emerging Methods and Concepts* (pp. 327-356). Washington, DC: American Psychological Association.

Stokols, D. & Montero, M. (2002). Toward an environmental psychology of theInternet. In R. B. Bechtel & A. Churchman (Eds.), *New Handbook of EnvironmentalPsychology* (pp. 661-675). New York: John Wiley & Sons.

Tabachnick, B. G. & Fidell, L. S. (2013). *Using Multivariate Statistics* (6thed). Boston, MA: Allyn and Bacon.

Taylor, C. B. , Sallis, J. F. , & Needle, R. (1985). The relation of physical activity and exercise to mental health. *Public Health Reports*, *100* , 195-202.

Taylor, R. B. (1988). Human territorial functioning. New York: Cambridge University Press.

Tesh, S. N. (1988). *Hidden Arguments*: *Political Ideology and Disease Prevention Policy*. Rutgers University Press.

Thayer, R. E. (1987). Energy, tiredness, and tension effects of a sugar snack versus moderate exercise. *Journal of Personality and Social Psychology*, *52* , 119-125.

Tipton, C. M. , Vailas, A. C. , & Matthes, R. D. (1986). Experimental studies on the influences of physical activity on ligaments, tendons and joints: a brief review. *ActaMedica Scandinavica* (Supplement), *711* , 157-168.

Toliver, J. C. & Banks-Scott, P. M. (1990). Exercise: The outcomes of a program for elderly clients. *Journal of the Black Nurses Association*, *2* , 30-37.

Tolman, E. C. (1932). *Purposive Behavior in Animals and Men*. New York: The Century Company.

Tönnies, F. (2001). *Community and Civil Society* (first published in 1887), Cambridge University Press.

Triandis, H. C. (2006). Cultural intelligence in organizations. *Group and Organization Management*, *31* (1), 20-26.

Triandis, H. C. (1995). *Individualism & collectivism*. Boulder, CO: Westview Press.

Troped, P. J. , Saunders, R. P. , Pate, R. R. , Reininger, B. , Ureda,

J. R. , & Thompson, S. J. (2001). Associations between self-reported and objective physical environmental factors and use of a community rail-trail. *Preventive Medicine*, *32* (2),191-200.

Trost, S. G. , Owen, N. , Bauman, A. E. , Sallis, J. F. , & Brown, W. (2002). Correlates of adults' participation in physical activity: review and update. *Medicine and Science in Sports and Exercise*, *34* ,1996-2001.

Tu, W. , Stump, T. E. , Damush, T. M. , & Clark, D. O. (2004). The effects of health and environment on exercise-class participation in older, urban women. *Journal of Aging and Physical Activity*, *12* ,480-496.

Turner, R. J. & Marino, F. (1994). Social support and social structure: A descriptive epidemiology. *Journal of Health and Social Behavior*, *235* ,193-212.

U. S. Department of Health and Human Services. (1996). Physical activity and health: A report of the surgeon general. Washington, D. C: U. S. Government Printing Office.

Ulrich, R. S. (1983). Aesthetic and affective response to natural environment. In I. Altman & J. F. Wohlwill (Eds.), *Behavior in the Natural Environment: Human Behavior and Environment*, *Advances inTheory and Research*. *Vol*.6 (pp. 85-125). New York: Plenum.

Ura, C. , Taga, T. , Yamazaki, S. , & Yatomi, N. (2010). The factors influencing motivation to start exercise among elderly people in an urban area. *Nihon Ronen Igakkaizasshi*. *JapaneseJournal of Geriatrics*, *48* (4), 345-351.

Van Tuyckom,C. (2011). Macro-environmental factors associated with leisure-time physical activity: a cross-national analysis of EU countries. *Scandinavian Journal of Public Health* ,*39* , 419-426.

Walker, G. J. , Jackson, E. L. , & Deng, J. (2007). Culture and leisure constraints: A comparison of Canadian and mainland Chinese university students. *Journal of Leisure Research*.*39* ,567-590.

Wang, H. , Xu, T. , & Xu, J. (2007). Factors contributing to high costs and inequality inChina's health care system. *The Journal of American Medical Association*, *298* (16),1928-1930.

Wankel, L. M. (1982). *Factors affecting sport participation*. Ottawa:

Fitness and Amateur Sport.

Wankel, L. M. (1985). Personal and situational factors affecting exercise involvement: The importance of enjoyment. *Research Quarterly for Exercise and Sport*, *56* (3),275-282.

Wankel, L. M. (1988). Exercise adherence and leisure activity: Patterns of involvement and interventions to facilitate regular activity. In R. K. Dishman (Ed.), *Exercise Adherence: Its Impact upon Public Health* (pp. 369-396). Champaign, IL: Human Kinetics.

Weaver, G. D. & Gary, L. E. (1996). Correlates of health-related behaviors in older African American adults: Implications for health promotion. *Family and Community Health*, *19*, 43-57.

Weiss, M. R., Bredemeier, B. J., & Shewchuk, R. M. (1985). An intrinsic/extrinsic motivation scale for the youth sport setting: A confirmatory factor analysis. *Journal of Sport Psychology*, *7* (1),75-91.

Wen, M. & Zhang, X. (2009). Contextual effects of built and social environments of urban neighborhoods on exercise: a multilevel study in Chicago. *American Journal of Health Promotion*, *23* (4),247-254.

Wicker, A. W. (1979). Ecological psychology: Some recent and prospective developments. *American Psychologist*, *34* (9),755-765.

Wigfield, A. & Eccles, J. S. (1992). The development of achievement task values: A theoretical analysis. *Developmental Review*, *12* (3),265-310.

Wilbur, J., Chandler, P. J., Dancy, B., & Lee, H. (2003). Correlates of physical activity in urban Midwestern Latinas. *American Journal of Preventive Medicine*, *25* (3),69-76.

Wilcox, S., Castro, C., King, A., Housemann, R., & Brownson, R. (2000), Determinants of leisure-time physical activity in rural compared with urban older and ethnically diverse women in the United States. *Journal of Epidemiology and Community Health*, *54*, 667-672.

Wilhelm Stanis, S. A., Schneider, I. E., & Russell, K. C. (2009). Leisure Time Physical Activity of Park Visitors: Retesting Constraint Models in Adoption and Maintenance Stages. *Leisure Sciences*, *31* (3),287-304.

Wills, T. A. & Fegan, M. F. (2001). Social networks and social support. In A. Baum, T. A. Revenson & J. E. Singer(Eds.), Handbook of health psychology (pp. 209-234). Mahwah, NJ: Erlbaum.

Wilson, C. (1985). *Dictionary of Demography*, Basil Blackwell, Oxford.

Wilson, V. E. , Berger, B. G. , Bird, E. I. (1981). Effects of running and of an exercise class on anxiety. *Perceptual and Motor Skills*, *53* , 472-474.

Wirth, L. (1938). Urbanism as a Way of Life. *American Journal of Sociology*, *44* (1),1-24.

Witt, P. A. & Goodale, T. L. (1981). The relationships between barriers to leisure enjoyment and family stages. *Leisure Sciences*, *4* (1), 29-49.

Wolff, D. & Fitzhugh, E. C. (2011). The relationships between weather-related factors and daily outdoor physical activity counts on an urban greenway. *International Journal of Environmental Research and Public Health* ,*8* (2),579-589.

Worpole. K. (2002). Take a hike: Public spending on gyms andurban parks scarcely represents the numbers using them. What ever happened to health andleisure for all? *The Guardian Manchester* (UK): May 31, Pg. 21.

索 引

附 录 城市化与运动休闲参与关系的调查问卷

尊敬的住户：您好！

　　我们小区正在开展一项关于"城市化与运动休闲参与关系"的调查。本调查采用不计名方式。在答题之前，请您先认真阅读下面的填表说明。您的宝贵信息和建议对我们的调查和我们小区的建设具有重要意义！谢谢您的参与和支持！

小区居民管理委员会
"城市化与运动休闲"课题组
2008 年 5 月

　　填表说明：

　　1.城市化就是农村人口不断转化为城市人口的过程；运动休闲活动就是您"在自由时间里以身体运动为主要形式的休闲活动"。

　　2.问卷填写者须年满 18 周岁或以上。

　　3.问卷内容只用于研究用途，您填的所有信息绝对保密。

　　4.对于问卷中需要您从 1 到 5 选择表示的赞同或重要程度的问题：

　　　　选择"1"表示非常不赞同，或非常不重要；

　　　　选择"2"表示不赞同，或不重要；

　　　　选择"3"表示"中立"，既不赞同也不反对；

　　　　选择"4"表示赞同或者重要；

　　　　选择"5"表示非常赞同，或者非常重要。

　　5.请在您选择项目的数字下面打勾。

第一部分　您参与运动休闲活动的情况

1.过去的六个月中您参加过以下哪些运动休闲活动?(可多选)。

(1)太极　　　(2)瑜伽　　　(3)气功　　　(4)健美操　　　(5)舞蹈

(6)散步　　　(7)慢跑　　　(8)跑步　　　(9)爬山　　　(10)打乒乓球

(11)打篮球　　(12)踢足球　　(13)打羽毛球　　(14)打高尔夫

(15)游泳　　　(16)钓鱼　　　(17)自行车运动　　(18)打网球

(19)其他(请列出)＿＿＿＿＿＿＿＿＿＿＿＿＿

2.请按顺序列举出您经常参加的3种运动休闲活动,并标明您在哪里参加这些活动,以及选择这些地点的原因。

经常参加的3种体育活动	地　点	原　因
第一:		
第二:		
第三:		

地点选项:(1)家里;(2)小区的空地;(3)小区内的人行道;(4)小区的室内健身场馆;(5)小区户外安装了健身设施的地方;(6)小区户外场所;如网球场、篮球场;(7)小区外面的街道;(8)小区外面的广场;(9)小区外面的健身中心;(10)工作单位;(11)公园里;(12)其他

3.您平均每月参加多少次运动休闲活动?＿＿＿＿＿＿次。

4.您每次参加活动的时间大概多长?＿＿＿＿＿＿小时/分钟。

5.您对自己参加运动休闲情况的满意程度是?

非常不满意→非常满意

1　　　　　2　　　　　3　　　　　4　　　　　5

6.请指出您在多大程度上赞同下面各项是您参加运动休闲的原因。

选项/赞同程度	非 常 不 赞 同 → 非 常 赞 同				
(1)为了快乐	1	2	3	4	5
(2)为了学习技能	1	2	3	4	5
(3)为了活动所带来的好感觉	1	2	3	4	5
(4)为了调节情绪	1	2	3	4	5
(5)为了锻炼意志	1	2	3	4	5
(6)为了自我感觉更好	1	2	3	4	5
(7)为了身体健康	1	2	3	4	5
(8)为了放松	1	2	3	4	5
(9)为了减轻压力	1	2	3	4	5
(10)为了保持身材	1	2	3	4	5
(11)为了减肥	1	2	3	4	5
(12)为了认识更多人	1	2	3	4	5
(13)为了和朋友在一起	1	2	3	4	5
(14)为了增加家庭成员之间的感情	1	2	3	4	5
(15)为了逃离日常生活	1	2	3	4	5
(16)其他(请列出)	1	2	3	4	5

7.请指出下列因素在促进您参加运动休闲过程中起到多大程度的作用?

选项/重要程度	非 常 不 重 要 → 非 常 重 要				
(1)朋友和熟人	1	2	3	4	5
(2)丈夫或妻子,以及家人和亲戚	1	2	3	4	5
(3)工作场所	1	2	3	4	5
(4)学校	1	2	3	4	5
(5)期刊/报纸	1	2	3	4	5
(6)电视/收音机	1	2	3	4	5
(7)网络	1	2	3	4	5
(8)健康保险	1	2	3	4	5
(9)医生	1	2	3	4	5
(10)社区	1	2	3	4	5

8.您是否赞同下面各项是限制您参加运动休闲活动的原因?

选项/赞同程度	非 常 不 赞 同 → 非 常 赞 同				
(1)我很害羞,不好意思参加	1	2	3	4	5
(2)我没有兴趣参加	1	2	3	4	5
(3)缺乏技能	1	2	3	4	5
(4)缺乏伙伴	1	2	3	4	5
(5)缺乏家人的支持	1	2	3	4	5
(6)缺乏交通工具	1	2	3	4	5
(7)停车不方便	1	2	3	4	5
(8)缺乏时间	1	2	3	4	5
(9)缺钱	1	2	3	4	5
(10)缺乏设施和场所	1	2	3	4	5
(11)参加运动休闲的地方太拥挤	1	2	3	4	5
(12)其他(请列出)	1	2	3	4	5

第二部分　您居住的小区情况

9.请谈谈您对您现在居住社区的看法:

选项/赞同程度	非 常 不 赞 同 → 非 常 赞 同				
这个社区的人都很乐意帮助别人	1	2	3	4	5
这个社区的人拥有同样的价值观	1	2	3	4	5
这是一个亲密的社区	1	2	3	4	5
住在这个社区的人可以信任	1	2	3	4	5
住在这个社区的人相处得很好	1	2	3	4	5
社区有很好的体育活动设施	1	2	3	4	5
社区有很好的自然环境	1	2	3	4	5
社区附近有方便到达的操场、公园健身房等	1	2	3	4	5

第三部分　您的个人信息

10.您的性别是？(1)女　　　(2)男

11.您出生的年份是？19 _____年

12.您最后的教育程度是？

(1)小学　　　(2)初中　　　(3)高中　　　(4)大专

(5)本科　　　(6)硕士　　　(7)博士或其他专业职称

13 您的户口是(1)农村户口　　　(2)城市户口

14.您的职业是？ _____

15.您家庭的月收入是？

(1)少于 1000 元　　　(2)1000 元至 3000 元　　　(3)3001 元至 5000 元

(4)5001 元至 7000 元　(5)7001 元至 9000 元　　　(6)9001 元至 10000 元

(7)10001 至 13000 元　(8)13001 元至 15000 元　(9)15001 至 20000 元

(10)20000 元以上

本问卷到此结束,请检查是否有漏填的项目,再次感谢您的帮助!

——▌后　记

　　本书是在笔者博士论文基础上拓展和深化而成。

　　在攻读博士学位过程中,有幸获得了众多良师益友的帮助:

　　首先,感谢导师凌平教授,他敏锐的学术鉴别力和人文情怀,让我领略了休闲体育的魅力,导师强大的凝聚力,也让我体会到团队的温暖和力量! 同时感谢浙江大学体育人文社会科学丛湖平教授、于可红教授和王进教授的精彩授课和对我论文的具体指导。

　　其次,感谢浙江大学外国语言文化与国际交流学院的领导和同事们,感谢他们为我在职攻读博士学位提供了各种便利,以及对跨学科研究的支持! 同时,也感谢浙江大学亚太休闲教育研究中心的领导和同事们,他们的帮助和关心也深深地鼓励着我!

　　再次,感谢国家留学基金委和美国国务院提供的"中美富布赖特联合培养博士项目"奖学金,让我获得一年在美国宾夕法尼亚州立大学完成博士论文写作的机会。在此也向宾夕法尼亚州立大学的 Linda Caldwell 教授、Garry Chick 教授及 Geoffrey Godbey 教授,致以衷心感谢!

　　最后,诚挚感谢浙江大学出版社张琛主任和蔡圆圆编辑为本书得以顺利出版所给予的支持! 深深感谢家人多年来给予我无私的爱和奉献!

刘慧梅

2014 年 8 月 25 日于浙江大学

图书在版编目（CIP）数据

城市化与运动休闲 / 刘慧梅著. —杭州：浙江大
学出版社，2014.9
ISBN 978-7-308-10782-2

Ⅰ.①城… Ⅱ.①刘… Ⅲ.①城市化－关系－文娱性
体育活动－研究 Ⅳ.①F291.1②G89

中国版本图书馆 CIP 数据核字（2012）第 268855 号

城市化与运动休闲

刘慧梅　著

责任编辑	张　琛	
文字编辑	蔡圆圆	
封面设计	项梦怡	
出版发行	浙江大学出版社	
	（杭州市天目山路 148 号　邮政编码 310007）	
	（网址：http://www.zjupress.com）	
排　　版	杭州中大图文设计有限公司	
印　　刷	德清县第二印刷厂	
开　　本	710mm×1000mm　1/16	
印　　张	15	
字　　数	269 千	
版 印 次	2014 年 9 月第 1 版　2014 年 9 月第 1 次印刷	
书　　号	ISBN 978-7-308-10782-2	
定　　价	38.00 元	